掌尚文化

Culture is Future

尚文化·掌天下

本书出版得到聊城大学学术著作出版基金和
山东省高等学校青创科技支持计划（2023RW051）的共同资助

CORPORATE GOVERNANCE AND
ENTERPRISE INNOVATION

聊城大学商学院 · 青年学者文库

公司治理与企业创新

王健忠 著

经济管理出版社
ECONOMY & MANAGEMENT PUBLISHING HOUSE

图书在版编目（CIP）数据

公司治理与企业创新 ／ 王健忠著. -- 北京 ：经济
管理出版社，2024. -- ISBN 978-7-5096-9937-9

Ⅰ. F279. 246

中国国家版本馆 CIP 数据核字第 202483DF22 号

组稿编辑：张　　昕
责任编辑：钱雨荷
责任印制：许　　艳
责任校对：王淑卿

出版发行：经济管理出版社
　　　　　（北京市海淀区北蜂窝 8 号中雅大厦 A 座 11 层　　100038）
网　　　址：www. E-mp. com. cn
电　　　话：(010) 51915602
印　　　刷：北京晨旭印刷厂
经　　　销：新华书店
开　　　本：720mm×1000mm/16
印　　　张：14. 25
字　　　数：264 千字
版　　　次：2024 年 11 月第 1 版　　2024 年 11 月第 1 次印刷
书　　　号：ISBN 978-7-5096-9937-9
定　　　价：98. 00 元

前　言

　　企业创新一直是学术界和企业界关注的焦点。随着我国经济结构的不断调整以及国内外市场竞争的日趋激烈，企业创新必将成为下一步经济可持续发展的重要支撑，因此如何提升企业创新能力是重中之重。我国正处于转型的关键时期，其资源配置模式正从以政府为主导的政治导向型配置向以市场为主导的能力导向型配置转变。不可否认的是，政府依然在其中扮演着重要的角色并掌握着关键资源的审批权力。对于企业而言，身处这种特殊的制度环境中，选择以政治导向型为主的关系型战略还是选择以能力导向型为主的创新型战略取决于多种复杂的因素。其中，公司治理作为企业资源配置和权利配置的机制设计对企业战略选择发挥着举足轻重的作用。

　　董事会治理作为公司治理的核心对企业创新战略的选择具有最直接和最根本的影响。由此可见，探究董事会治理对企业创新战略选择的影响具有重大的理论意义和实践意义。其中，董事会的一个非常重要的职责便是对经理层的监督。首席执行官（CEO）作为创新的主导者，董事会对企业创新的影响主要表现在如何让 CEO 发挥巨大的创新潜能。事实上，企业创新具有高风险性和高投入性，经理人在面对创新失败后的声誉损失和离职风险时，更倾向于选择一些能带来稳定现金流的短期非创新型项目。因此，如何更好地激励经理人积极开展创新活动是一个重要的课题。

　　党的十九大报告也着重强调要"激发和保护企业家精神，鼓励更多社会主体投身创新创业，建设知识型、技能型、创新型劳动者大军，弘扬劳模精神和工匠精神"。本书根据董事会的职能及与经理人的关系将董事会治理模式分为控制干预型和监督合作型，并重点关注哪种董事会治理模式更有利于经理人作出创新研发决策。控制干预型治理模式是董事会和经营层的战略对抗，董事会对经理人的过度干预导致经理人的潜能不能有效地发挥，从而不利于激发经理人作出创新研发决策的积极性。从我国目前的状况可以看出，即便是两职分离，也有一些企业是董事会主导创新，此时 CEO 只是被动服从决策，这是由于董事会对 CEO 不信任导致的，其表现就是董事会难以向 CEO 充分授权，使董事会权力过大，这也是控制干预型董事会的一个典型特征。而监督合作型董事会可能更容易与经理层形成和谐融洽的关系，促进二者实现信息共享，为董事会向经理层提供更好的建议与服务创造了良好的条件，能够提高企业创新成功的概率。

首先，本书主要围绕两部分内容展开研究：董事会治理水平与企业创新和董事会治理模式与企业创新。这两部分的研究遵循从一般到特殊的分析逻辑。在第一部分中，研究董事会治理水平对企业创新的影响。为了更好地衡量董事会治理水平，在实证检验部分，采用北京师范大学公司治理与企业发展研究中心主持开发的中国上市公司治理分类指数数据库中的"董事会治理指数"来进行理论的回归验证，分别从董事会治理评价即董事会结构、董事会独立性、董事会行为和董事的激励与约束四个维度分析其对企业创新的影响机制。董事会治理评价是根据现有的一套整体的、系统的标准和规则进行的，并且可以从外部获得公开的数据。因此，从董事会治理水平的视角研究董事会治理对企业创新的影响具有研究的一般性。在第二部分董事会治理模式与企业创新中，从经理人和董事会的收益支付函数入手，并引入董事会控制干预和监督合作等变量，探讨其对经理人创新决策的影响机制。这是从董事会内部决策机制的视角来探讨董事会治理对企业创新的影响，不同的企业也表现出不同的治理模式，因此从董事会治理模式的视角研究董事会治理对企业创新的影响具有研究的特殊性。

其次，主要围绕企业家能力与企业创新的关系进行研究，研究显示企业家能力与企业创新之间存在着密切的关系。一般来说，企业家的能力在很大程度上影响着企业的创新能力和创新成果。企业家通常具备敏锐的洞察力、果断的决策能力、创新思维和冒险精神等特质。他们能够发现市场机会、引领企业发展方向，并勇于尝试新的业务模式和技术创新。通过他们的领导和推动，企业能够更容易地引入新的理念、产品或服务，从而在市场中获得竞争优势。此外，企业家的能力还体现在组织和管理方面。他们能够搭建合适的创新团队，激发员工的创造力和积极性，提供良好的创新环境和资源支持。同时，企业家也需要具备战略眼光，制定长期的创新战略，以确保企业的可持续发展。

当然，企业创新不仅依赖于企业家个人的能力，而且受到多种因素的影响，如企业文化、市场环境、技术水平等。在本书中，主要从董事长和 CEO 关系方面考察对企业创新的影响。基于我国公司治理的实践，我国很多上市公司都是董事长起到了领袖的作用，董事长的影响力一般会比 CEO 大，CEO 作为创新的主要发起者和执行者，将研究董事长和 CEO 的组合特征对企业创新的影响，其中代际年龄差距是研究重点。

再次，围绕着自愿性信息披露与企业创新的关系展开研究。这部分主要考察自愿性信息披露对企业创新的影响。自愿性信息披露的目的通常是为了提高企业的透明度和公信力，增强投资者对企业的信心，提升企业的市场价值。通过自愿性信息披露，企业可以更好地展示自身的竞争优势和发展潜力，吸引更多的投资者支持。

最后，围绕着中小投资者保护与企业创新的关系展开研究。这部分主要考察中小投资者保护对企业创新的影响机制。随着中小投资者不断增加，保护中小投资者处于公司治理的核心地位，《OECD 公司治理准则》强调各类股东都应该享受平等的待遇，其中中小投资者是应该被重点保护的。在我国的公司治理实践中普遍存在"一股独大"的现象，中小投资者就成为弱势股东，这就不可避免地产生中小投资者利益侵害问题。随着互联网的蓬勃发展，数字经济和人工智能技术的崛起，中小投资者参与决策的途径和渠道也越来越多了，因此上市公司不得不重视中小投资者的权益保护。本书将探讨中小投资者在企业创新中所起到的作用，并将对上述问题进行实证检验。

本书力求突出以下特色：

1. 全面性和系统性

本书将从四个层面探讨公司治理与企业创新的关系，包括董事会治理、企业家能力、自愿性信息披露和中小投资者保护。通过系统的章节安排和逻辑框架，构建一个完整的知识体系，有助于全面理解公司治理影响企业创新的关键要素及其相互关系。

2. 理论与实践相结合

在阐述相关理论的基础上，本书将结合我国公司治理的现实，不仅是对原有西方公司治理理论的检验，而且通过理论与实证相结合，展示公司治理和企业创新在不同情境下的具体应用，为解决现实问题提供指导。

3. 数据支撑

本书采用北京师范大学公司治理与企业发展研究中心编制的"中国上市公司

公司治理分类数据库"的数据，利用该数据库中的董事会治理指数、企业家能力指数、自愿性信息披露指数和中小投资者保护指数进行实证检验，该数据库都有连续五年以上的可比数据，本书的结论基于坚实的数据支持，能够更加客观地评估和借鉴。

4. 前瞻性思考

除了总结现有研究成果和实践经验，本书还将关注公司治理与企业创新领域的未来发展趋势。通过对新兴议题的探讨和对未来趋势的预测，提供前瞻性的思路和策略建议，更好地应对不断变化的商业环境。

目　录

第一章　绪论

企业创新问题是理论界和实务界关注的焦点。董事会治理是现代公司治理的核心，在当前经济结构转型的背景下，研究董事会治理对企业创新的影响具有重要的理论和现实意义。本章介绍选题背景和研究意义，说明研究思路、研究内容和研究方法，并指出全书结构和主要创新点与不足。

一、选题背景及研究意义

（一）选题背景

随着经济体制改革和市场经济的不断发展和完善，我国经济取得了巨大成就，面对经济结构的调整和转型，企业也面临着越来越复杂的竞争环境，创新必然成为企业可持续发展的有效途径，越来越多的企业将创新放在了重要的战略位置，对创新的认识也越来越深刻。那么，影响创新的关键因素是什么？这是学术界和企业界普遍关注的热门话题。20世纪30年代伯利和米恩斯提出公司的所有权和经营权分离问题以来，公司治理的研究随之兴起，两权分离使没有经营能力的所有者必然选择称职的经营者来保障公司的长久发展，但同时也带来了两难问题。在1976年Jensen和Meckling提出的委托代理问题。委托代理问题的产生是由于股东作为公司的所有者，其目标是公司价值的最大化，而经理人的目标是自身价值的最大化，由于信息不对称等原因，经营者可能存在机会主义行为而损害股东的利益，两者可能会产生矛盾冲突。公司治理是一套企业正式和非正式制度的集合，通过内部和外部的治理机制，协调所有利益相关者的关系，保证决策的科学化并达到公司利益最大化的目标。毫无疑问，公司治理对企业创新影响的研究是不可忽略的。公司治理涉及企业利益相关主体之间的权利配置、利益分配和责任机制，涉及投资者、董事会、经理人、信息披露和市场监管等，关乎整个企业创新的方方面面。其中，董事会是整个公司运转的中心枢纽，同样肩负着企业重大战略决策的重要使命。董事会治理关系到战略决策的前瞻性和科学性，在公司选择关系型战略还是创新型战略的抉择中起到关键性作用。对于企业而言，只有不断地创新才能保持企业的竞争优势。那么，由谁来引领创新呢？本章认为企业创新的引领者应该是CEO，而并非董事长，这是由于董事会作为一个群体决策机构，董事之间的权利应该是平等的，董事长扮演着董事会"召集人"的角色而并非天然的"一把手"。因此，如何激发CEO的创新潜能是应重点关注的，在本书中出现的企业家及企业家能力都是以CEO为样本的。

根据委托代理理论，由于创新是高风险、高投入的行为，管理层出于自身利益的考虑而忽视股东的利益，会选择短期内能带来稳定现金流的投资项目，而对能带来长期收益的创新型项目比较排斥。为了解决代理问题，企业一般通过内部治理机制弥补外部治理机制失灵的方式来减轻和解决代理问题，其中董事会与管理层之间的良性互动是关键的内部治理机制，也是影响企业研发活动的重要因素。随着我国资本市场的不断发展和完善，中小投资者保护问题越来越受到关注。对于企业而言，保护中小投资者权益应该是公司治理的核心内容，我国上市公司普遍存在"一股独大"，加之市场经济不成熟、法律法规不完善，无论是选择信息披露还是保护中小投资者权益，都还有较长的路需要走。本书从中小投资者权益保护对企业创新所起到的作用证明我国的投资者权益保护对企业创新存在积极的作用，中小投资者不仅是"搭便车者"，而且是企业创新的"推车者"。由于其信息不对称、专业知识不足等原因，中小投资者往往处于弱势地位，容易受到欺诈和侵权行为的侵害。但是随着互联网时代的发展，中小投资者权益保护是否能够改变中小投资者，从原本的"搭便车者"转变对企业创新产生推动作用。

中小投资者投资决策依赖于上市公司提供的信息，不同投资者的投资需求不同，对信息的需求也不同。然而上市公司强制披露的信息已经不能满足投资者需求。企业都是追求利益最大化的"理性人"，在选择披露信息时，在法律法规许可的范围内，肯定会规避对自己不利的信息。除强制性信息披露外，一些企业也会尽可能地向利益相关者公布真实的、及时的、全面的信息，这是资本市场中企业诚信的重要体现。因此，本书将讨论上市公司进行自愿性信息披露对企业创新的影响。

验证上述方面的内容，必须更科学和更全面地衡量公司治理水平，本书将利用北京师范大学公司治理与企业发展研究中心开发的中国上市公司治理分类指数数据库（以下简称"中国上市公司治理分类指数数据库"）中的"董事会治理指数""企业家能力指数""自愿性信息披露指数""中小投资者权益保护指数"来检验上述关系。以上分类指数基本涵盖了董事会治理的全部内容，也为本书实证衡量公司治理水平提供了权威的数据支持。

概括来讲，本书将研究并实证检验以下问题：董事会治理水平如何影响企业的创新战略选择？董事会治理水平对创新投入有什么影响？什么类型的董事会治理模式更加利于管理层创新？不同产权性质如何影响上述关系？企业家能力对企业创新的影响？董事长和 CEO 关系如何影响企业研发投入？企业的自愿性信息披露对企业创新的影响机制是什么？中小投资者权益保护是否能够促进企业创新？本书通过深入探讨以上问题，将为改善我国公司治理水平以及模式，促进企业作出创新战略决策和提升公司的创新能力提供合理的政策建议。

（二）研究意义

（1）理论意义：从理论的角度来看，公司治理作为公司治理的核心内容，公司治理水平的提升不仅可以保证科学和高效的决策，还可以减轻由经理人的道德风险带来的代理成本，将有助于企业选择科学的战略，并能提升企业的创新水平。在我国经济转型的宏观背景下，大多数的研究只是从公司治理的某一个方面出发研究其是如何影响企业创新发展的，其内在影响机理的研究也相对匮乏。另外，公司治理的评价数据也相对较少且缺乏年度连续数据。因此，本书将为提高企业的创新水平提供新的研究视角，弥补现有研究的不足，并采用科学全面的分类评价数据库评价公司治理，为激发企业创新提供数据支撑。

（2）现实意义：公司治理能否真正地发挥作用要看制度是否符合我国的文化背景。我国企业基于我国特有的文化背景下，我国公司治理的实践研究对改善董事会治理水平及模式将有深远的现实意义，尤其是在我国深化改革的背景下，提升企业的创新水平已经成为社会各界的共识，科学和高效的决策机制将提高企业创新成功的概率。虽然我国的市场经济机制在不断完善，但是政府依然掌握着大量的资源，企业面临着关系型战略还是创新型战略的选择，公司治理作为公司的决策机构将直接影响公司的战略选择，而战略选择也将决定公司未来的命运。因此，深入研究公司治理，科学地指导企业做出正确的战略选择具有较强的现实意义。

二、研究思路

我国经济正处于从以政府为主导的政治导向型配置转向以市场为主导的能力导向型配置发展。在以政府为主导的政治导向型配置逻辑中，政府对资源配置和项目审批拥有绝对的权力，企业为获得自身发展所需的资源倾向于进行关系型战略，在逐渐转型的过程中，企业只有依靠创新型战略来获得市场的认可，才能创造和维持可持续发展的核心竞争力。在企业的创新决策中，公司治理水平将直接影响企业战略的选择，由于公司治理涵盖的内容较多，为了更好地评价公司水平，本书采用权威"中国上市公司治理分类指数数据库"中的董事会治理指数、企业家能力指数、自愿性信息披露指数和中小投资者权益保护指数，来详细探讨企业公司治理对创新战略选择的影响机理。

由于所采用的公司治理评价指标体系具有系统性、标准性和规范性，因此从公司治理水平评价的视角研究其对创新的影响具有研究的一般性。本书遵循从一般到特殊、从外部到内部的分析过程，进一步深入内部创新决策机制探讨公司治理对企业创新的影响，不同的企业具有不同的特征，因而形成了不同的治理模式，这体现了研究的特殊性。具体而言，由于创新的高投入性和高风险性以及收益的滞后性造成经理人特别排斥创新活动，董事会治理和企业家能力是从企业内部治理的角度来讨论的，合理的董事会治理模式将为解决经理人的创新困境提供新的思路。我们将董事会治理模式分为控制干预型和监督合作型，并探讨哪种董事会治理模式更有利于经理人作出创新决策。控制干预型董事会的理论基础为代理理论，通过抑制经理人的败德行为，并利用目标导向来激励和约束经理人。监督合作型的董事会整合了代理理论和管家理论及资源依赖理论，认为股东和经理人双方的利益是一致的，在合理的监督水平下，董事会通过向经理人提供建议和咨询并建立良好关系，能够促使经理人积极开展创新研发活动，进而实现利益最大化。

自愿性信息披露和中小投资者权益保护是从外部治理的角度来探讨公司治理对企业创新的影响。一方面，企业的自愿性信息披露水平决定着资本市场的信息质量，企业可能更倾向于选择性地披露企业的相关信息，这导致了投资者和企业之间的信息不对等。如此一来，不仅外部投资者的权益难以保障，企业也难以获得用于创新的资金支持。另一方面，根据委托代理理论的假设，经理人可能会有投机行为。面对创新失败后的信任危机和离职风险，他们更倾向于选择风险较小、能带来稳定现金流量的非创新项目，从而缺乏创新动力。造成以上困境的根本原因是信息不对称。因此，加大自愿性信息披露力度，可能会成为缓解企业与外部市场、股东与经理人之间信息不对称的关键途径。中小投资者权益保护是另一个非常重要的外部治理机制，中小投资者通常在公司中持股比例较小，相对缺乏对公司决策的直接影响力。因此，他们更容易受到公司内部治理问题的影响，如管理层的不当行为、信息不对称等。保护投资者权益一般要通过监管机构强制进行，而上市公司不会主动保护中小投资者，那么保护中小投资者权益是否可以起到促进企业创新的作用，是本书要解答的问题。本书的研究思路如图1-1所示。

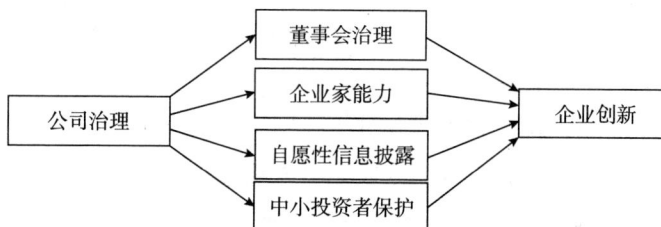

图1-1 本书的研究思路

三、研究内容

（一）研究内容

根据本书的研究思路，本书的主要研究内容为董事会治理对企业创新的影响机制，并从外部显性的董事会治理水平深入到内部隐性的董事会治理模式展开研究。企业创新是当前经济发展的重头戏，那么研究影响企业创新的因素至关重要，特别是我国正面临着经济结构的转型，资源的配置逻辑也正从以政府为主的政治分配转变为以市场为主导的能力分配方式转变，这意味着企业也将逐渐摆脱以关系型为主的战略发展模式，从而转向创新型战略发展模式。公司治理关乎企业的资源配置和决策制定，对企业开展创新型战略具有重要影响。本书认为董事会治理、企业家能力、自愿性信息披露和中小投资者保护将影响企业的决策行为，分别为创新战略决策提供能力支持、动力支持和制度保障支持，并且公司治理评价指数为本书研究公司治理水平对企业创新的影响机理提供了数据支持。根据委托代理理论，经理人由于惧怕创新的风险性而不愿积极地作出创新战略决策。本书围绕以上问题，开展以下方面的研究：

第一，构建董事会治理对企业创新影响的基本分析框架。一方面，基于公司治理的基本理论，从董事会治理评价的四个维度（董事会结构、董事会独立性、董事会行为和董事激励与约束）分别分析其对企业创新战略决策制定的影响，并探讨相应的影响机制。本书通过逻辑推演的方法并结合创新决策的特点分别从创新的能力机制（董事会结构）、动力机制（董事会独立性）和制度保障机制（董事会行为和董事激励与约束）来分析董事会治理水平对企业创新战略决策的影响机制。另一方面，构建董事会治理模式对企业创新决策影响的数理分析模型。根据相关理论构建经理人的收益方程，分析控制干预型和监督合作型董事会对 CEO 开展创新决策的影响，进而在经理人收益最大化的条件下解出经理人进行创新决策的影响因素。并区分在 CEO 可能选择主动向董事会汇报创新中的不利情形和选择不向董事会汇报创新中的不利情形两种情况下，不同的董事会治理模式对 CEO 创新决策的影响。在此基础上，继续探究 CEO 选择主动向董事会汇报创新中的不利情形以得到董事会专业建议的条件。

第二，检验企业家能力对企业创新的影响。企业家能力的释放是公司治理的重要方面，也是传统委托代理理论重点解决的问题，从企业家能力的视角展开论述企业家能力与企业创新的关系，并从企业内部董事长与 CEO 代际年龄差距进行论述。企业家能力对企业创新的影响非常大。企业家是企业的领导者和决策者，他们的能力和素质直接影响着企业的创新能力和发展水平。企业家需要具备敏锐的市场洞察力和创新意识，能够及时发现市场需求和变化，并带领企业进行创新和变革。他们需要有勇气和决心去尝试新的业务模式和技术，不断推动企业的发展和进步。企业家能力是企业创新的重要保障，且只有具备优秀的企业家能力，企业才能在激烈的市场竞争中不断创新和发展。

在我国的公司治理实践中，也有一些企业将董事长看作是绝对的权威，权力远大于 CEO，CEO 的潜能并不能得到有效的发挥。这是因为董事会难以信任外聘的 CEO，因此很难充分授权，不允许 CEO 自己进行决策，权力依然掌握在董事长手中，本书也将讨论哪种董事长—CEO 的组合特征有利于企业创新。

第三，自愿性信息披露与中小投资者保护对企业创新的影响。上文提到的董事会治理和企业家能力涉及的是企业内部治理的两个重要方面，随着中国资本市场的不断发展，中小投资者所占的比重及投资规模也在不断增加，尤其是随着互联网的发展，中小投资者发挥着越来越重要的作用。如果投资者不去投资，资本市场投资的功能也就没有意义了。在本书中将要讨论上市公司进行自愿性信息披露对企业创新的影响。

第四，利用北京师范大学公司治理评价分类指数数据库中的"董事会治理指数""企业家能力指数""自愿性信息披露指数""中小投资者权益保护"，通过多元回归的方法实证检验公司治理及其分项指数对企业创新的影响，并且在回归中考虑产权性质对以上关系的影响。

（二）本书的结构

本书共分为十章：

第一章是绪论。阐述选题背景及研究意义、研究思路、研究内容和研究方法，以及本书主要创新与不足。

第二章是相关理论基础及文献综述，梳理公司治理及其对企业创新影响的文献脉络，指出现有研究的不足之处。

第三章是董事会治理对企业创新的影响机制：基于董事会治理水平视角的分析。介绍董事会职能及北京师范大学公司治理与企业发展研究中心开发的中国上市公司治理分类指数数据库中的"董事会治理评价指数"。

第四章是董事会治理对企业创新的影响机制：基于董事会治理模式视角的分析。本章探究董事会治理对企业创新战略选择的影响机理，分别从创新的能力机制、动力机制和制度保障机制进行阐述。董事会结构对应于企业创新的能力机制，董事会独立性对应于企业创新的动力机制，董事会行为和董事激励与约束则对应于企业创新的制度保障机制。为了进一步理解上述影响机制，本章利用董事会治理评价指数实证检验董事会治理对企业创新的影响机理，在回归中，分别对董事会治理的总指数和分项指数进行回归，并区分不同的产权性质进行讨论。

第五章是董事长—CEO 代际年龄差距对企业创新影响研究。通过构建 CEO

利益最大化的方程，利用一阶条件得出影响 CEO 开展创新决策的影响因素，并区分 CEO 选择主动向董事会汇报创新中的不利因素和选择不向董事会汇报创新中的不利因素，研究控制干预型还是监督合作型的董事会治理模式更利于 CEO 开展创新决策，并进一步探讨 CEO 选择主动向董事会汇报创新中不利因素的条件。通过实证分析董事会监督程度（董事会会议次数）和董事会干预程度（CEO 权力指标）对企业创新决策的影响研究何种董事会治理模式更利于企业创新战略决策。

第六章是自愿性信息披露与企业创新。本章认为外部融资约束和内部代理冲突是制约企业创新的重要因素，降低二者对创新的不利影响需要高效的资本市场和互信的股东与经理层关系，这有赖于企业充分的信息披露。利用上市公司自愿性信息披露指数，探究自愿性信息披露能否促进企业创新，并从声誉效应、治理效应和安全网效应三个方面深入研究其影响机理。

第七章是中小投资者权益保护对企业创新的影响机制研究。本章认为外部融资约束和企业家能力得不到有效发挥是制约企业创新的两个关键因素。由于来自中小投资者的投资已经占据资本市场的半壁江山，因此他们在缓解企业融资约束及改善公司治理上的作用日趋凸显。利用我国上市公司中小投资者权益保护指数，实证检验了中小投资者权益保护对企业创新的影响，并从声誉效应和企业家能力释放效应两个角度分析了中小投资者权益保护对企业创新的影响机制。

第八章是研究结论与政策建议。总结全书，提出相应的政策建议，并指出本书的研究局限及对下一步研究方向进行展望。

四、研究方法

本书遵循从一般到特殊、从外部到内部的分析过程。具体来讲，将围绕两条主要的线索董事会治理水平—企业创新和董事会治理模式—企业创新开展研究，随后再进行实证分析。这两条主线之间并非是相互割裂的，而是具有内在逻辑关系。关于董事会治理水平和治理模式之间的逻辑关系将进行以下说明：

（1）从一般到特殊的分析。董事会治理水平的评价是根据现有的一套整体的、系统的标准和规则进行构建的。本书利用北京师范大学公司治理与企业发展研究中心开发的董事会治理评价指标体系，分别从董事会结构、董事会独立性、董事会行为和董事激励与约束四个方面构建了董事会治理水平对企业创新影响机制的分析框架。这四个方面基本涵盖了董事会治理的全部内容，具有研究的一般性，所有的上市公司都可以采用这套评价体系来进行评价。而董事会治理模式的研究则选择董事会与 CEO 之间的关系为出发点，并将两者之间的治理模式分为控制干预型和监督合作型，构建了 CEO 创新决策的理论模型。不同的企业可以采用不同的治理模式，与企业文化和企业本身的属性有一定的关系，因此具有研究的特殊性。

（2）从外部到内部的分析。董事会治理水平的评价是一种外部显性的评价，是通过上市公司披露的公开信息获得评价的指标。董事会结构和董事会独立性是从董事会治理形式上进行评价的指标，而董事会行为和董事激励与约束则是从董事会履职的角度来评价董事会治理是否是实际有效的指标。总体来讲，以上两个方面都是从企业外部获得的，而董事会治理模式则很难从企业外部直接观察得到，需要深入董事会内部来考察。本书通过相关理论分析控制干预型董事会和监督合作型董事会对企业创新活动的影响，这是从企业外部深入企业内部的探索，也是董事会治理对企业创新影响的本质研究。

在上述逻辑关系的基础上，本书先采用理论分析的方法研究董事会治理对企业创新的影响机制，再采用实证分析的方法对以上研究进行验证。

（1）理论分析。第一，采用理论逻辑演绎的方法探究董事会治理水平对企业创新的影响机制。结合董事会治理指数的四个维度，并建立相应创新决策的能力机制、动力机制和制度保障机制的分析框架，董事会结构对应于企业创新的能力机制，董事会独立性是企业创新的动力机制，董事会行为和董事激励与约束则形成企业创新的制度保障机制，进而阐明董事会治理水平对企业创新战略选择的影响机理。第二，采用数理模型的分析方法探究董事会治理模式对创新的影响机制。

（2）实证分析。第一，利用中国上市公司治理分类指数数据库中"董事会治理指数"来检验董事会治理水平对企业创新战略选择的影响。第二，利用 CCER 经济金融数据库中的"董事会会议次数"衡量董事会监督程度。采用北京师范大学开发的中国上市公司治理分类指数数据库中的"企业家能力指数"的部分数据构建董事会干预指标，分别实证检验控制干预型董事会和监督合作型董事会对 CEO 开展创新研发决策的影响，并进一步检验监督合作型董事会对企业创新影响的三大机制，即安全网效应、治理效应和 CEO 能力释放效应。

五、主要创新与不足

本书的主要创新包括以下四点：

（1）从微观视角探究创新研发决策的影响因素。公司治理对企业战略决策起着举足轻重的作用，从公司治理的视角探究创新的决定因素是对创新理论的拓展。具体来讲，本书从董事会治理、企业家能力、自愿性信息披露和中小投资者保护四个方面来展开研究，将为企业创新的理论实践提供新的研究思路。

（2）首次运用中国上市公司治理分类指数数据库中的董事会治理指数、企业家能力指数、自愿性信息披露指数、中小投资者权益保护指数，来验证公司治理水平对企业创新的影响，还能够在很大程度上克服现有研究中公司治理内容不完善、数据可靠性较低的缺点。

（3）将整合委托代理理论和管家理论、资源依赖理论三种理论，突破了现有研究的分析范式，在传统委托代理理论的框架下可能很难对企业创新中的问题做出全面解释，我国企业受到传统的文化影响，只有寻找能契合我国文化背景的理论才能合理地解释CEO的创新行为，并为激励CEO创新提供合理的政策建议。相比委托代理理论，管家理论和资源依赖理论更适应我国文化背景，更容易培育容忍创新失败的企业文化，进而形成和谐的董事会—CEO关系，有利于创新研发决策的制定，因此我们试图将三种理论相结合，提出新的理论假设。

（4）在董事会治理模式对企业创新绩效影响的分析中，针对创新的风险性和收益滞后性，尝试构建企业创新决策模型，将董事会监督职能和服务职能衍生出的控制干预型和监督合作型的董事会治理模式纳入创新决策模型中，并探讨哪种类型的董事会治理模式更利于企业创新。

尽管本书在以上方面进行了有力探索，并且具有一定的创新性，但不可否认的是，本书仍存在一些不足：第一，虽然本书从公司治理的视角研究企业创新，但是研究视角还需要进一步拓展，如探索行业特征、市场需求等方面对创新的影响。第二，本书的研究对象基本涵盖了所有的A股上市公司，但是研究结论是否适用于处于创业阶段的创新型非上市公司还需进一步探索。

第二章　相关理论基础及文献综述

对相关文献和现有理论进行梳理是理论分析的基础，首先，我们对企业创新的相关影响因素进行分析，包括内部因素和外部因素。其次，对董事会治理相关理论基础进行阐释，主要的理论基础为代理理论、管家理论和资源依赖理论。最后，对董事会治理与创新关系的相关理论进行回顾，主要包括董事会外在显性特征和内在隐性特征等方面。

一、创新理论研究

自熊彼特提出创新理论以来，创新一直受到学术界和企业界的广泛关注。Solow 模型将技术进步作为资本贡献和劳动贡献以外的提升经济增长的关键变量，不仅促进经济增长理论的发展，而且引发了更多学者对企业创新的关注。那么什么因素决定创新？这是理论界和实务界关心的话题，大多数的研究集中在探究企业创新的影响因素上，大致将影响创新的因素分为内部因素和外部因素。

（一）影响创新的内部因素

从企业内部来研究创新，也就是从微观的视角探究影响创新的因素。一个不可忽略的重要因素是企业家精神，企业家精神的内涵在于创造性破坏。熊彼特称企业家精神是资本主义的灵魂，企业家精神对经济的增长有重要贡献（Schmitz，1989；Baumol，1990；李宏彬等，2009）。另外，企业家的一些个人特征也会影响企业家的创新行为，Hambrick 和 Mason（1984）提出了高阶理论，该理论认为企业的战略选择行为、组织绩效不仅与企业所处的环境有关系，而且在很大程度上受到高层管理者特征的影响。Serfling（2014）研究了 CEO 年龄对风险承担行为的影响，发现随着 CEO 年龄的增长，CEO 为了降低公司风险会减少高风险的投资行为，尤其是创新研发领域的投资。饶育蕾等（2015）通过对我国上市公司的数据进行研究得出了同样的观点。CEO 任期同样对公司绩效有重要的影响，Musteen 等（2006）发现，随着任期的延长，CEO 对环境变化会趋于保守态度。进一步研究表明，CEO 这种保守态度会影响团队的风险承担倾向进而影响企业对创新目标的追求，最终影响企业绩效（Simsek，2007）。

熊彼特假说（Schumpeter's Hypotheses）的提出引发了学者对企业规模如何影响创新的探讨。熊彼特认为企业规模对创新有积极的影响，企业规模越大，企业的创新投入就越大。与小企业相比，大企业更有资源禀赋的优势进行研发投入。简单来说，大企业会比小企业的创新性强。这个假说也得到一些学者的认同，如 Kleinknecht（1989），然而也有一些学者得出了不同的观点，如 Oakey 等（1980）认为，企业规模较大的公司，其单位人均创新数量可能会低于企业规模较小的公司。

（二）影响创新的外部因素

企业创新不仅取决于企业内部因素，企业是否有良好的外部创新环境同样重要。在众多的外部影响因素中，政府行为对企业创新的影响机制是研究的热点。众所周知，政府对创新影响的一个直接的途径是对企业进行补贴。Lee 和 Cin（2010）利用韩国 2000~2007 年政府对中小型高新技术制造业公司的补贴数据，研究了政府补贴对企业创新的作用。结论表明，政府补贴可以分担企业风险，帮助中小企业克服创新的障碍，能在很大程度上促进企业创新。Jaffe 和 Le（2015）实证检验了新西兰的政府创新津贴对企业创新产出的影响。结果表明，接受政府津贴可以在很大程度上促进企业产品专利申请数量增长。我国政府在企业研发创新上的补贴逐年增多，尤其是对战略性新兴产业，这引起了国内学者对政府补贴效用的关注。陆国庆等（2014）研究了我国政府对战略性新兴行业进行补贴的绩效，结果证明存在显著效果，并且公司治理和财务风险都可能会影响补贴对创新的作用。除此之外，政府补贴的效用还与所有制和地区市场化程度有关，非国有企业以及地方生产要素扭曲程度低的地区的政府补贴对创新的效用显著（杨洋等，2015；陈明明等，2016）。毛其淋和许家云（2015）通过倾向评分匹配

（PSM）和双重差分（DID）的方法探究了政府补贴影响企业创新的传导机制。研究表明，政府对企业创新的补贴力度存在一个最优区间。具体而言，企业补贴在一定范围内可以延长企业创新的持续时间，但是高额补贴有可能会对创新产生抑制作用，这是因为企业通过一些非正式的渠道得到高额补贴可能会损害企业的创新动力。因此，政府对企业的补贴可以采取动态调整的政策。这一结论与林洲钰等（2015）的研究一致，他们认为政府补贴与企业创新之间是倒"U"形的关系，政府补贴超过了一定的临界点后，会表现出对创新的抑制作用。

二、董事会治理相关理论研究

公司治理理论的诞生为创新理论的研究开辟了新的视角，董事会治理是公司治理的内核，从董事会治理的角度对创新理论的研究也非常活跃，研究方法日趋科学，理论也日臻完善，成果日益增多，下面将梳理本书的理论基础。

（一）董事会治理理论基础——代理理论

伴随着企业所有权和经营权的分离，委托代理问题随之产生。基于理性人的假设，委托人和代理人都致力于自身目标效用函数最大化，但两者目标函数是不一致的，股东作为委托人追求企业长远发展带给公司的收益，而代理人则追求自身利益的最大化，这有可能导致代理人的事前机会主义和事后道德风险。委托代理理论主要解决当委托人和代理人利益不一致时，委托人如何设计最优的方案来激励代理人，使代理人在主观上追求自身利益最大化的同时，可以在客观上达到委托人的目标效用的最大化。

经典的委托代理理论存在三个假设：第一，委托人和代理人双方分别具有不同的个体效用函数。第二，两者存在信息不对称，委托人看不到也无法准确地测量代理人的努力程度。第三，委托人可以通过企业的经营状况如企业利润等指标来对比代理人的薪酬。

在信息不对称的情况下，代理人的努力程度是不可观测的，委托人可以通过企业的利润来推断代理人的努力程度，企业的利润只取决于代理人的努力程度，假设代理人的努力程度为 e，企业的利润函数是 $\pi(e)=e$。我们可以写出代理人的目标函数，代理人为努力付出的成本为 $c(e)=ke^2/2$，假设代理人的工资水平为 w，委托人的效用水平为利润函数减去代理人的工资水平 w，即为 $V=\pi(e)-w$。那么代理人的效用水平就是代理人工资和其努力成本之间的差值，$U=w-c(e)$。假定委托人为激励代理人采取线性工资的模型，其工资由两部分组成，固定收益 α，利润提成 $\beta\pi(e)$，则 $w=\alpha+\beta\pi(e)$。那么，代理人的效用 $U=\alpha+\beta\pi-ke^2/2$。那么要保证委托代理关系的成立，还要满足两个条件：第一，参与约束（PC）即代理人参与合同的最低期望效用不能低于代理人的保留效用 U'，即 $U=w-c(e)>U'$。第二，激励相容约束（IC），即代理人可以在委托人提供一定份额的利润作为激励时付出自己最大化的努力程度。因此委托人的决策模型为：

$$\max V=\pi(e)-w=(1-\beta)e-\alpha$$

$$\text{s. t. } \pi(e)=e \qquad\qquad (\text{IC})$$

$$\alpha+\beta\pi-ke^2/2\geq U' \qquad\qquad (\text{PC})$$

委托代理理论是公司治理理论的基石，以上便是经典委托代理理论的基本框架。由此可知，委托人效用函数和代理人效用函数是不一致的。企业的利润分享机制将委托人函数和代理人函数两者变成一个整体，假定委托人知道代理人的反应函数，通过给予代理人一定的利润份额，便可以促进代理人付出高的努力程度，代理人也会为了自身更加合理的报酬而付出更高的努力程度。产生委托代理问题的一个关键因素是信息不对称性，也就是代理人行为的不可观测性，如果代理人的行为很容易观测，那么就能简单地处理委托代理问题了。此时，委托人就可以根据代理人的努力程度付出相应的报酬，而代理人也可以根据自身所想获得的报酬而付出自己的努力。

创新是企业创造和维持可持续发展竞争优势的重要手段，这已经成为业界的共识，股东尤其注重公司长远发展带给企业的利益。但是创新行为与生俱来的风险性和不确定性导致代理人一旦作出创新研发决策，必然将面临着创新失败后的信任危机和离职风险，这就可能造成委托人和代理人的利益冲突。由于利益冲突的存在，代理人有动机为自身争取更大的利益或者做出背离股东和公司长远利益的行为，如选择一些短期可以带来稳定现金流的投资项目。在信息不对称的情况下，由于委托人不能直接观察到代理人的行为，即便是可以从其他方面间接观察到代理人的行为，这些指标的真实可靠性同样值得探讨，这就为代理人背离委托人的利益提供了机会。

针对以上经理人的创新困境，通过委托代理理论可以得出相应的治理思路：

第一，董事会的主要职责是监督经理人，加强监督可以降低代理人的道德风险。第二，要通过相应的激励措施来使两者的目标趋于一致。从公司治理的实践来看，该理论依然存在一些缺陷。委托人较高的监督强度需要投入大量的时间和精力，并且从制度上来讲，如何监督"监督者"同样是一个难题。另外，过强的监督是建立在对代理人机会主义假设前提下的，这会引起代理人对监督措施的排斥，可能会强化冲突并降低经理人的工作积极性，尤其是在面对创新行为时。因此，哪种方式及强度的监督都值得探讨。此外，委托人为了降低代理冲突，必然会采取一系列的激励措施，但是信息的不对称，代理人很难表现出真实的能力水平，薪酬契约的设计更是难题。

（二）资源依赖理论

资源依赖理论属于组织理论的范畴，该理论最核心的假定是组织的生存需要依赖外界环境资源，而非组织内部供给，由于外界环境的不确定性和资源的稀缺性，组织倾向于从外部获得更多的资源来降低不确定性。从资源依赖理论的视角来看，董事会的主要职能是帮助经理人从外界获得资源，并在公司重大战略决策中给予经理人帮助和建议，以期带来良好的组织绩效。董事会向经理层提供其所需的资源主要通过两个途径——董事会的人力资本和社会资本。Pfeffer 和 Salancik（1978）从资源提供职能的视角研究了董事会—CEO 关系与企业绩效的关系，得出连锁董事是组织获得外部资源的重要战略手段，董事会的战略决策水平也有赖于连锁董事所构建的社会关系网络，这为董事会向经理人提供建议和咨询创造了有利的条件，最终提升了组织绩效。资源依赖理论认为董事主要的职能是向经理人提供建议，那么这是否减弱或者损害董事会的监督职能呢？Gulati 和 Westphal（1999）研究发现董事会与经理人之间的友好关系非但没有损害董事会的监督功能，还促进了董事会中非执行董事积极地向经理人提供建议和咨询，最终也提升了组织绩效。国内的学者也开始关注董事会资本对组织绩效及创新绩效的关系，得出董事会资本在很大程度上利于企业创新及绩效的提升（马连福和冯慧群，2014；严子淳和薛有志，2015；范建红和陈怀超，2015；严若森和钱晶晶，2016）。

三、董事会治理与企业创新

众所周知，创新是经济可持续发展的不竭动力，新产品和新技术的应用可以为企业创造利润和降低成本，还可以带来新的经济增长点。公司治理是一套内部治理和外部治理机制的集合，一是可以保障决策的科学性和公正性，二是可以保证监督和激励的有效性，这可以降低创新的风险性和不确定性，促进企业创新效率的提升，对企业创新起着决定性的作用（党印，2012）。本节分别从企业内部和企业外部梳理公司治理对企业创新影响机制的相关文献。

1. 企业内部

（1）股权结构。杨建君等（2015）发现，当股权集中度较高时，控股股东的投资偏好将直接影响企业的投资决策，其更倾向于谋取个人私利而放弃长期高风险的创新项目；当股权分散度越高时，各中小股东更倾向于追求短期收益，代理人为了个人收益和规避风险的需要会迎合股东的需求更加不愿进行长期投资。而适度的股权集中度能形成一定的股权制衡，不仅可以抑制大股东的控制权收益，而且还能分散创新的风险，因此更利于企业的自主创新。罗正英等（2014）得到了上述同样的结论，但是他们认为股权集中度越高会越挤占创新投资，这是因为股权集中度的提高使企业与第一大股东的关联交易变得频繁，因此创新投资减少。杨慧军和杨建君（2015）进一步证明了经理人激励在股权集中度和企业创新之间起到中介作用，并且不同的激励方式会影响不同类型的创新活动。李文贵和余明桂（2015）从混合所有制改革的角度入手，通过研究发现，非国有股份比例的提升对民营化的企业创新效率的提高具有积极的影响，这是因为非国有股份比例的提升能够减轻政府干预对企业创新的消极影响，并且更有利于企业监督和激励经理人，减轻代理问题。

（2）股权激励。对于高管股权激励的实施是否能够真正地促进创新是一个有争议的话题，有学者认为，股权激励能够减轻代理问题减少非效率投资，也有学者担心股权激励是一种变相的福利，并且管理层会过度关注股价所带给自身财富的变化，导致其短视行为而不利于创新。田轩和孟清扬（2018）采用倾向得分匹配和双重差分的方法，根据 2008 年中国证监会公布的《股权激励有关事项备忘录 3 号》作为外生冲击，得到股权激励对企业创新具有积极影响的结论，研究发现股权激励在民营企业、股价信息含量较高的企业具有显著的积极作用，并且对核心研发人员的激励更为显著。许婷和杨建君（2017）研究发现股权激励能够激发企业高管的创新动力进而促进企业的创新行为，而且股权激励和创新动力还受到企业文化的影响，创新型的文化能够起到正向的调节作用，而官僚型的企业文化则起到相反的作用。

2. 企业外部

（1）机构投资者。机构投资者对于企业治理来说是一个外部治理机制，充分发挥机构投资者对企业治理的积极推动作用，通过影响董事会来实现自身的利益诉求。Aghion 等（2013）研究了机构投资者与企业创新的关系，得出两者具有显著的正相关关系，在"懒惰经理人"假设的前提下，机构投资者持股比例与市场竞争之间是替代关系，而根据职业生涯管理理论得出二者是互补关系。同时，职业生涯管理理论认为机构投资者持股比例越高，在企业绩效下滑时 CEO 离职的概率会越低，而"懒惰经理人"假设则相反。随着我国资本市场的不断完善，一些学者也开始关注我国的机构投资者在资本市场所产生的经济后果，赵洪江和夏晖（2009）认为，我国的机构投资者基本不发挥作用，但通过对机构投资者进行分类发现，压力抵抗型投资者对企业创新具有积极的作用。

（2）兼并与收购。Cloodt 等（2006）研究了四个高科技行业中企业并购后的创新绩效，发现非技术收购并不利于后续企业的创新绩效，对于技术收购来讲，被收购方相对较大规模的知识储备减小了收购方的创新绩效。周城雄等（2016）对我国 A 股市场中的并购行为进行研究发现，参与并购的企业一般都是创新能力较弱的企业，相对于创新能力较强的企业来说，这些企业通过并购提升了创新绩效。

董事会是公司治理的核心，是企业的最终决策机构，对企业创新战略决策的制定发挥着举足轻重的作用。董事会治理对企业创新的影响机理可以从董事会结构等外在显性特征和董事会行为等内在隐性特征两个方面来进行梳理，并且关注由此产生的经济后果，特别是对企业创新的影响。

（一）董事会外在显性特征

（1）董事会结构。董事会结构是外生的还是内生的，在研究中产生分歧。一部分学者认为董事会结构的产生并非企业、市场最终博弈的结果，而是根据监管机构的相关法律法规而不断调整的结果，即董事会结构是外生的。董事会结构的外生性看似符合我国的现实情况，但是这又很难解释企业之间董事会结构的显著差异。另一部分学者则认为董事会结构的产生受到企业异质性的影响，会根据其所处环境、自身特点等决定企业适合的最优董事会结构而获得最大利益，因此董事会结构也不是一成不变的。周翼翔（2011）研究发现董事会结构与企业绩效之间存在动态性的调整，即董事会结构存在内生的动态性。无论董事会结构是内生的还是外生的，其是否能够带来决策效率的提升是学者进一步研究方向的话题。谢绚丽和赵胜利（2011）通过研究中小企业董事会结构和企业多元化战略选择的关系，研究表明制约企业多元化战略的因素并非委托代理问题而是缺乏相应资源。周建和李小青（2012）通过研究董事会成员的异质性对创新战略的影响，发现董事会成员背景多样性、受教育程度的异质性和董事会群体断裂带对创新战略有积极的意义，其基本的影响机理是董事会成员的异质性能带给团队广博的知识和新的视角，提高决策水平，促进创新。谢志华等（2011）研究了互补性董事会结构和决策效率的关系。互补性董事会结构可以根据内外部董事、董事与企业利益相关性、董事的专业背景、董事的偏好类型划分为不同的结构类型，研究表明互补性的董事会结构可以提高决策的效率和创新成功的概率。Sharma（2016）研究了董事会成员的性别多样性、国家文化多样性、种族多样性、年龄多样性对企业创新的影响，研究结论表明多样性提高了异质性代理人的互动交流，总体来看，对企业创新具有积极的影响。

（2）独立董事的作用。委托代理理论认为董事会的主要职能是监督经理层，独立董事扮演着重要的监督角色。从资源依赖理论的视角来看，独立董事作为外部董事可以为企业发展带来所需要的资源，这两个理论都支持独立董事比例越大，越有利于提升企业绩效的观点。Luan 和 Tang（2007）研究了企业外部独立董事的任命与企业绩效之间的关系，在控制了以往的公司绩效后发现公司外部独立董事可以促进企业绩效的提升。一些文献也发现独立董事在财务信息质量（王跃堂等，2008）、盈余信息质量（胡奕明和唐松莲，2008）等方面有着积极的作用。在对企业创新的影响上，赵旭峰和温军（2011）在代理问题的框架下研究了董事会治理与公司创新之间的关系，得出独立董事占比与企业创新之间是显著的正相关关系，并且独立董事比例较高的公司其创新能力显著高于独立董事占比较低的公司。叶志强和赵炎（2017）发现，独立董事通过监督经理人（声誉机制）和提供专业的建议来影响创新决策和创新进程，但是独立董事作用的发挥会受到产权性质和法律环境等制度的影响。

（3）领导权结构。公司领导权结构即董事长和 CEO 是否兼任。一种观点认为，两职合一可以降低代理成本，提升企业价值。吴建祖等（2016）发现，公司 CEO 的创新注意力与企业创新之间是显著正相关的，董事长和 CEO 两职合一有正向的调节作用，这是因为董事长和 CEO 两职合一提升了高管团队的决策自主权，更重要的是战略决策的落实会更加到位。夏芸和唐清泉（2008）认为两职合一可以促进研发投入的提升，丁维国等（2015）得出了同样的观点。另一种观点认为，两职合一所产生的成本要大于其带来的收益（Brickley et al.，1997），这是因为两职合一导致权力过度集中，决策的科学性比较差。

（二）董事会内在隐性特征

随着公司治理理论的发展及相关监管部门的不断努力，董事会结构也在不断完善，甚至是"标准化"，但即便是相同的董事会结构特征在决策层面的表现也是千差万别，因而越来越多的学者开始关注董事会结构背后的董事会决策机制，相关研究不仅限于研究如何创建最优董事会结构，不仅关注董事会结构、规模、人员特征等表层特征，而且关注董事会的运作过程即董事会行为及其相关决策机制，这就能从根本上理解董事会运行的本质规律及其所产生的经济后果。

（1）董事会行为。董事会行为，即董事会如何行动、如何行使其职责（申尊焕，2008）。宁家耀和王蕾（2008）将董事会行为定义为董事会会议频率，并研究了中国上市公司董事会行为与公司绩效之间的关系，研究结论表明董事会独立性越强，其会议频率就越高，特别是对于上一期企业绩效较差的企业会更加明显。Lipton 和 Lorsch（1992）认为，公司的董事会会议能保证董事有足够的时间来履行监督的职能，其研究建议是公司应该尽可能多地召开董事会会议，董事会会议的频率越高，董事越能尽责地维护股东的利益。但与此相反，也有一些学者认为董事会会议的形式重于内容，并未真正起到监督管理层的作用（Jensen，2009）。何强和陈松（2012）研究了董事会行为在研发投入和企业价值之间的调节作用，结果表明，在高科技的制造业中研发投入与企业价值之间的关系是显著正相关的，而董事会会议次数的增加会减弱这种正相关关系。Vafeas（1999）通过研究董事会会议次数与企业绩效之间的关系发现，董事会会议频率与企业绩效之间是负相关关系，这是因为在企业绩效下滑时，董事会将探讨采取哪种对策来应对企业绩效的下滑，因此董事会会议频率会增加。

不仅董事会参与战略决策的制定，而且与经理层的关系也将影响企业的创新活动。2001 年美国爆发了让世人震惊的"安然事件"，安然公司的欺诈行为使投资者越来越不满意"橡皮图章"式的董事会，董事会的职能发生了一些重大的变化，董事会在战略决策中的参与力度也越来越大，董事会作为企业战略决策制定的主体，哪种类型的董事会特征更利于提高企业的决策效率呢？MacAvoy 和 Millstein（1999）通过实证检验发现，相比被动的"橡皮图章"式的董事会，更加积极的和独立的董事会将为股东带来更多的利润回报。随着研究的深入，蒋小敏（2011）认为董事会过分的监督可能会造成董事会与经理层之间的对抗行为，这并不利于创新决策的制定，而友好型的董事会能够更好地发挥建议咨询功能，能与经理层共同提出科学有效的决策。对于以上研究的一个疑问是，友好型的董事会是否会削弱董事会的监督水平导致败德行为的产生？事实上，Westphal（1999）的实证发现董事会与 CEO 之间的社会关系加强了两者之间的合作，而并没有损害董事会的监督职能。

（2）董事会职能。董事会两个最重要的职能分别是监督职能和建议职能，绝大多数董事会治理模式的研究，都是在董事会监督职能的基础上开展的（War-ther，1998；Hermalin and Weisbach，1998；Hermalin，2005），但具体哪种董事会治理模式更利于提高企业的决策效率，并没有一个明确的结论。Adams 和 Ferrei-ra（2007）将董事会治理的两种模式放到一个模型框架中，通过分析 CEO 与董事会之间的信息传递，得出友好型董事会，即在董事会监督功能比较弱时，可能会带来较好的绩效。其机制是 CEO 想要获得董事会的建议，就要向董事会提供更多的信息，导致其在获得建议和帮助的同时，也会因为向董事会提供更多的信息带来董事会更强的监督，因此 CEO 不愿提供准确的信息，董事会也就无法根据准确的信息提供更好的建议，从而难以作出更科学的决策。因此，友好型董事会可以解决 CEO 的两难困境，更利于企业绩效的提升。

根据代理理论，董事会的主要职责是监督经理层而达到对公司事务监控的目的，从而也会对企业创新产生影响。一些相关文献主要从董事会规模方面展开。其中，董事会规模与企业绩效的关系是研究的重点。学术界普遍认为董事会规模与企业绩效之间是负相关关系（Yermack，1996；Conyon and Peck，1998；Eisen-berg et al.，1998；Mak and Kusnadi，2005；Nguyen and Rahman，2015），基本的逻辑是董事会规模越大，董事越有可能在监督经营层时"搭便车"，从而降低了监督和决策的效率，而董事会规模越小凝聚力就越强，能较快地适应内外环境的变化，决策和监督的效率就越高，更有利于提高企业价值。那么董事会规模由什么因素决定呢？Boone 等（2007）根据董事会规模的影响因素提出了"经营假说""监督假说"和"沟通假说"，并通过数据实证检验了这三个假说，同时也证明了董事会规模随着企业发展和经理人特征的不同而发生变化。Zahra 等（2000）认为，董事会规模和企业家精神之间并非简单的线性关系。对企业创新来讲，较小规模的董事会可能会提高决策效率，更加利于创新的决策。但有的学者认为，较大的董事会规模会使董事会监督能力提升及董事会成员异质性增强，这会对创新有利。

四、现有研究评述

随着公司转型升级的压力日趋紧迫，创新战略的实施将为公司可持续发展开辟新的征程，董事会治理将成为公司转型升级和创新发展的关键变量。董事会治理水平影响创新战略的选择，而合理的董事会治理模式对创新决策的制定和创新绩效的提升具有重要的影响。

企业进行关系型战略主要可以从制度和文化两个方面来解释：从制度方面来说，发展中国家都处在经济转型中，由于制度不完善、信息不对称等原因，企业可以通过关系网络的建设来获得各种资源或各种优惠政策；从文化方面来说，东亚国家特别重视关系网的建设，这可能已经内化为其文化的一部分。董事会作为企业的决策机构，其职能已经不仅是监督和激励经理人，而且是要渗透到公司决策的方方面面，对企业创新战略的制定有重要影响。

现有研究对企业创新的影响因素进行了详尽的讨论，分析了企业内部因素如企业家个人特征、企业规模等，外部因素如政府补贴等，但这些研究都忽视了企业决策层面的因素，并没有揭示创新的本质，具体表现为以下几个方面：

首先，公司治理研究的兴起给企业创新打开了一扇新的窗口，大多数的研究往往是在委托代理理论的框架下来分析如何更好地设计激励机制来降低代理成本，激励经理人创新。然而在委托代理理论的框架下，董事会的主要职能是其监督功能，在研究中很少将董事会的建议咨询职能放入模型中分析。

其次，现有董事会治理研究的实证分析中没有完整地反映董事会治理的指标体系。研究企业的董事会治理的前提是合理地评价董事会治理，多数研究只反映出董事会治理的某一个方面内容，如董事会结构、董事会规模、董事会会议频率和董事会领导权结构对企业绩效的影响，很难涵盖董事会治理的全部内容。另外，在数据收集方面，目前我国上市公司信息披露的质量在逐步提高，这样对公司治理的评价可能带来一定的偏差。

最后，董事会治理模式的研究理论基础比较薄弱且不完整。董事会最重要的职能是监督或者咨询建议，抑或两者兼具，这也就形成了控制干预型的董事会和监督合作型的董事会。但现有的理论大都是以委托代理理论为基础的，委托代理理论为控制干预型的董事会提供了理论依据，但监督合作型的董事会就不能完全按照委托代理理论的分析框架进行解释。实际上，在我国企业文化背景下，信任是社会中最基本的交往准则，对于企业来讲，尤其是对创新型企业，对经理人的信任与创新失败的容忍更利于其开展研发活动。因此，本书将试图融合代理理论、管家理论及资源依赖理论，构建董事会监督和合作的模型，为激励经理人开展创新活动提供理论基础。

第三章　董事会治理对企业创新的影响机制：基于董事会治理水平视角的分析

本章将从董事会治理水平的视角研究董事会治理对企业创新的影响机制。那么，什么是董事会治理呢？高明华（2017）指出"董事会治理是董事会作为治理主体，通过一系列正式或非正式制度安排，实现委托人的利益诉求和公司的可持续发展。其主要内容包括：董事会作为代理人如何做到对委托人尽职尽责？董事会作为决策者如何做到科学决策？董事会作为监督者如何做到监督到位而不会被经营者（被监督者）所干扰？董事会作为利益主体如何做到既有动力又不被利益所'俘虏'（激励与约束)？"

根据董事会治理的科学内涵，高明华教授及其课题组成员构建了董事会治理指标体系以此衡量董事会治理水平，并将董事会治理分为董事会结构、董事会独立性、董事会行为和董事激励与约束四个评价维度。围绕董事会治理的这四个方面，本章探讨其在企业创新战略选择中的具体作用机制。当前，创新越来越成为新兴市场国家获得未来企业核心竞争力的必然途径，越来越多的企业已经意识到实施创新战略的重要性，企业创新战略选择包括对一些新的产品或项目进行R&D 投资等，创新具有以下两个特点：

（1）长周期性及不确定性。由于创新行为可能面临着较为复杂的技术瓶颈，因此需要更多的资金支持，并且具有长周期性。创新活动的高投入性及长周期性与企业所处环境的动态性和投资者的不稳定性相冲突。企业所处环境的动态性是指企业所处竞争环境的不断变化可能造成企业创新的方向不能适应市场的变化，导致创新成果不能获得预期的回报，加之竞争的不确定性，即便是企业获得创新的成功，但由于竞争者的存在，使其创新的收益不足以弥补创新的投入，更有直接导致企业破产的可能性，其中不乏一些曾经的行业巨头；投资者的不稳定性是由于创新过程的长期性及不可预测性导致投资者不能在短期内获得较高的回报，或者投资者对企业创新失败的容忍度较低，导致投资者投资意愿下降，造成创新型企业的融资约束，从而延缓了创新的进程。

（2）高风险性。风险性是创新行为最本质的特征，创新的主体并不能准确地预测创新过程中出现的各种意外，从而导致创新的高风险性。创新的风险性使企业对创新行为比较排斥。一方面，对于经理层而言，创新使其承担着较大的风险，但高风险同样伴随着较高的收益。如果创新获得成功，企业可以获得超额的收益，经理人同样可以得到较高的薪酬及受到经理人市场更多的关注，例如"微信之父"张小龙及其团队在微信获得巨大成功后获得巨大收益，同时拥有较高的声誉。但退一步讲，一旦创新失败企业绩效下滑，经理人可能面临着声誉受损甚至被迫离职的风险，因此造成经理层对研发项目的排斥。在"风险厌恶"的假设下，经理人很难作出企业研发决策，更愿意选择具有稳定现金流的低风险的非创新性项目，企业创新便也无从谈起。另一方面，基于我国渐进式的经济体制改革特点，政府在资源配置的过程中仍然发挥着重要的作用，例如企业项目的审批和信贷的获得等方面。但是企业即便获得这些关键资源也并非用于一些创新性的关键项目，而是将其用于短期获利较大的项目，以便尽快弥补为获得资源而付出的成本，这会使这些企业很难构建自身的核心竞争力体系，造成创新乏力。

虽然创新具有高投入性和高风险性两大特征，但是如何解释越来越多的企业选择研发创新活动呢？企业到底是如何作出创新研发决策的呢？大量的文献从企业内部和企业外部进行企业创新影响因素的探究（如前文所述），如市场竞争、企业家精神、企业规模等，然而缺少从研发决策过程的角度去探讨。企业是否决定进行研发投资、实施创新型战略及研发投入的规模多大，这些都与公司治理机制息息相关（宿金香，2008；Belloc，2012）。

随着公司治理理论的发展和现代企业制度的不断完善，一些学者试图将创新理论纳入到公司治理理论的范畴，这不仅是公司治理理论的延伸，而且也从理论上为突破创新研究的"瓶颈"找到新的方向，企业组织控制理论应运而生。该理论的核心观点认为，企业的最终目标为创新而并非利润最大化。创新具有三个显著特点：累积性、集体性和不确定性。累积性是指创新的本质是一个不断学习的过程，生产更高质量、更低成本的产品必然要通过积累的过程。学习过程可以分为个人学习过程和集体学习过程，集体学习的活力主要依赖参与到集体学习中的个人的经验和创新，除了个人对工作的直接经验和创新外，集体成员之间的社会关系也为学习创造了新的机会，因而通过集体学习，知识便得到了共享和传播。因此，创新行为依赖于创新团队集体经验和知识的积累。不确定来自生产的不确定性和竞争的不确定性，学习过程的失败可能带来生产的不确定性，使企业创新前期的投资不能收回。竞争的不确定性是指即便企业获得创新的成功，但由于竞争者的存在，造成企业难以获得应有的收益。

　　基于创新的以上两个特点，企业对资源的开发利用必然要遵循开发性、组织性和战略性的原则。创新型的企业治理要做到以下三个方面：第一，创新的财务承诺。财务承诺就要保障企业创新资金的充足性和连续性，直到不确定性的创新项目产生收益为止，不能因为中途资金的退出导致项目的失败。并且创新项目所产生的收益应该继续投入到组织的集体学习中，保证集体参与创新成果的连续性。第二，创新的组织整合。创新需要团队的默契合作，创新是一种有组织的集体行为，只有通过有效组织整合才有利于知识的产生与传播。另外，在组织内部形成有效的激励和约束机制，更能激发组织内人员的创新潜能。第三，内部人控制。创新资源的配置是战略性的，创新战略的执行者必须拥有资源的最终配置权力，他们必须保证战略资源向创新方向配置。此外，战略执行者必须和创新团队整合为一个整体，共同参与集体学习与创新。

　　基于以上理论基础，董事会治理作为公司治理的核心，其为一套合理的激励和监督制度的安排，能够为企业创新提供物质、资金及人员的保障支持。企业在由关系型战略向创新型战略转型的过程中，董事会作为企业的战略决策机构将发挥重要作用，董事会的运作与企业创新决策机制是紧密相连的。本章从董事会治理水平的视角探究董事会治理对企业创新影响，将遵循以下分析框架：首先，企业创新战略决策需要董事会具有相应的决策能力，创新战略决策是一种相对特殊的决策，其必要的条件是董事会成员要有相应的专业知识储备，更重要的是董事会决策并非董事会成员个人决策而是集体决策，因此董事会成员所具备的能力应该具有多样性以及互补性。能力条件也是企业创新决策的基础条件。其次，董事会成员具有了相应的决策能力，更需要一定的动力去发挥，即创新战略决策的动力条件。保证董事会决策动力就需要让一些具备决策能力的董事具有相应的独立性，也就是说，董事会要保持一定的独立性，大股东或者实际控制人不应该直接行使话语权，其中独立董事的作用是不可忽视的。最后，虽然董事会成员既有决策能力也有足够的动力去做出创新决策，但是同样更需要相应的制度保障创新决策具有科学性、独立性和公正性。例如董事会成员要具有充足的时间参加董事会决策，并且能够相互了解和沟通决策信息，保证董事会成员能在一定的规则下参与决策并且具有完善且有效的激励约束机制。

结合北京师范大学公司治理与企业发展研究中心提出"董事会治理评价指数"的四个一级指标，即董事会结构、董事会独立性、董事会行为和董事的激励与约束，我们可以将其对应以上企业创新决策的三个方面的机制。具体表现为以下几个方面：

（1）董事会结构与企业创新战略决策的能力机制。董事会结构应该具有两个主要的特征：完整性和互补性。董事会成员年龄、学历及业务专长的多样性是董事会结构完整性的体现，而互补性保证了董事会成员专业能力的互补性以及决策过程的制衡性。因此本书认为董事会结构发挥了企业创新战略决策的能力机制。

（2）董事会独立性与企业创新战略决策的动力机制。董事会的独立性能够保证决策的独立性和公正性，公司的战略决策并非大股东掌握话语权，其不仅受到独立董事的监督，而且也接受独立董事的专业咨询，因此董事会独立性是保障企业制定创新战略决策的动力机制。

（3）董事会行为和董事激励与约束与企业创新战略决策的制度保障。董事会结构和董事会独立性是从形式上来评价董事会治理的两个维度，而董事会行为和董事激励与约束是从实质上即从董事会相关制度的建立和执行情况来评价董事会实际履职情况，例如内部董事和外部董事是否有明确的沟通制度、投资者关系建设、是否存在董事会提交的决议事项或草案被股东大会撤销或者否决的情况、是否有规范的《董事会议事规则》、财务控制、董事会是否有明确的高管考评和激励制度、是否披露股东大会出席率等。董事会行为的评价也能反映出战略决策成员的团队凝聚力，以及是否能够有相应的制度来解决集体决策中不可避免的认知冲突，同样也是决策质量的保证。董事的激励与约束则是评价董事会成员激励与约束机制是否健全的重要一级指标，激励与约束机制的健全使董事会成员能够有机会评估自身对相关决策的贡献并获得相应的激励，同时也能加强董事的责任意识。综上所述，董事会行为和董事激励与约束是创新战略决策的制度保障，直接影响创新战略决策的质量。

董事会治理水平对企业创新的影响机制如图3-1所示。

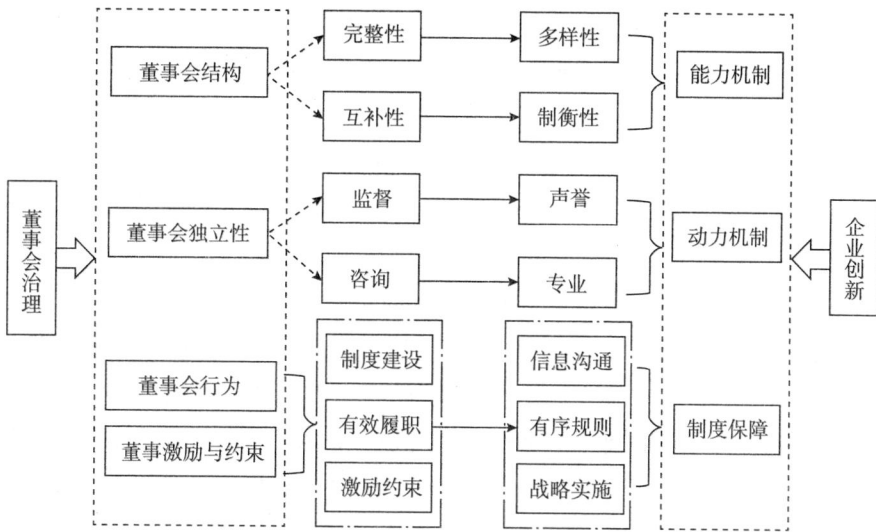

图 3-1 董事会治理水平对企业创新的影响机制

下面将从董事会治理指数的四个维度，对以上机制进行详细的探究。

一、董事会结构与企业创新战略决策的能力机制

董事会是现代公司的决策机构，同时也是企业资源配置的中心枢纽，其最重要的功能是作出正确且有效率的决策，董事会结构是企业作出科学决策的先决条件，其将决定公司决策的正确性进而影响企业创新战略的制定。董事会结构是指董事会成员构成及其机构设置情况，建立合理的董事会结构是现代公司治理研究的重要课题之一。

关于董事会结构的经济后果国内外已有大量文献报道，一方面的文献是董事会结构对企业绩效的影响，早期的一些文献，例如 Schellenger 等（1989）认为以外部董事为主导的董事会结构可以提高公司绩效。相较于内部董事而言，Weisbach（1988）通过研究发现外部董事比例的提升提高了 CEO 离职的业绩的敏感性。Kiel 和 Nicholson（2003）通过研究董事会人口统计特征与企业绩效的关系发现，在控制了企业规模后董事会规模与企业绩效正相关，而且内部董事的比例与企业市场绩效正相关。为了进一步验证董事会构成与企业绩效的关系，Baysinger

和 Butler（1985）通过研究董事会构成以及董事会成员的变动及企业绩效的关系，发现外部董事的比例对企业绩效只具有温和的作用，并且还具有一定的滞后性，而董事会成员的变动并没有显著地影响企业绩效。另外，外部董事比例的提高可以显著降低企业财务舞弊的可能（Beasley，1996）。另一方面的文献研究了董事会规模与企业绩效的关系，Yermack（1996）表明较小的公司规模具有较高的市场价值，并且拥有比较有利的财务比率和更强的 CEO 激励程度。

董事会结构有效性的发挥必须建立在董事会结构形式的健全性，即在董事会结构完整性的基础上，结构的完整性意味着董事会成员决策能力的多样性。当然，董事会结构形式上的健全并不意味着董事会结构形式上的有效，这也是公司治理领域需要重点研究的课题。而最能体现董事会结构价值的应该是董事会结构的互补性，主要包含以下内容：第一，专业能力的互补性。可以将互补性分为董事会成员的先天互补性和后天互补性。董事会成员先天特征的互补性是指董事会成员之间性别、年龄、性格等方面可以相互地取长补短。这种先天互补性可以带来决策思维的多元性，企业创新战略决策的制定往往面对的都是非常规的问题，特别需要决策思维的多元性。此外，董事会成员后天互补性也可称为资源互补性，董事会成员不仅要在年龄、性格之间形成良性的互补，而且能够实现其拥有各类资源的互补。资源互补性是指董事会成员能够在专业技能、关系网络等方面形成互补，将会带来巨大的协同效应，使企业能够保证决策的科学性。第二，决策过程的制衡性。董事会决策的科学性在于决策的制定是通过董事会成员集体决策而非个人决策，董事会成员通过投票的方式共同决策能形成董事之间决策的制衡机制。由于我国公司治理还处于过渡时期，加之股权集中度较高，存在"一股独大"的现象。同样，在公司重大决策时这些公司的董事会容易成为大股东或者董事长的"一言堂"，这不仅可能导致决策的失误，而且可能造成对中小股东利益的侵害。董事会结构的制衡性可以保证决策的主体之间能够相互监督、相互制约，防止大股东过分干预决策制定及防止内部人控制等现象。

本书将选取董事会结构的完整性和互补性方面，分别展开论述。

1. 董事会结构完整性与决策能力多样性

董事会成员年龄、学历及业务专长的多样性是董事会结构完整性的体现，这保证了董事能力的多样性，能力多样性决定了董事会成员参与战略决策的能力和条件。尤其是随着互联网时代的到来企业创新周期缩短，所处环境的竞争压力越来越大，更需要具有较高综合素质的企业管理人员。高阶理论的提出和发展为解释高管人员个人特征与企业绩效的关系提供了理论基础。该理论认为，高层管理者的个人特征会影响其认知基础和价值观，例如管理者的受教育程度、年龄等将影响其决策过程中的信息识别、收集和处理能力。我国正处于经济结构调整和转型的时期，企业面临的不确定性增强，并且企业面临的大多都是非常规性、非结构性的问题，依靠旧有的思维方法或者通过简单模仿已经难以达到预期效果，企业决策者需要根据对环境的认识结合个人的判断作出战略决策（马骏等，2007）。因此，决策者的认知能力和认知水平至关重要，杨林和俞安平（2016）通过研究发现，企业家认知和知识创造对于创新变革前瞻性的形成具有直接的影响，而企业家知识创造过程具有中介效应。

另外，董事会成员的年龄组合特征同样对创新战略具有重要影响。Serfling（2014）研究了 CEO 年龄对风险承担行为的影响，发现随着 CEO 年龄的增长，CEO 为了降低公司风险会减少高风险的投资行为，尤其是创新研发领域的投资。饶育蕾（2015）通过对我国上市公司的数据进行研究得出了同样的观点。Mc-Clelland 和 O'bnen（2011）从交易费用的角度证明了年长的 CEO 和持有更多股份的 CEO 对风险存在过分的厌恶。因此，如果董事会成员年龄偏大，则可能不利于企业作出企业创新战略，尤其是在经济结构不断升级，互联网时代的到来，年轻化的董事能够更富有创新意识。因此，合适的董事会成员年龄结构组合更有利于企业的创新（王健忠，2018）。

2. 董事会结构的互补性与能力互补性及决策制衡性

下文将从外部董事比例和董事会领导权结构两个方面阐释董事会结构的互补性与能力互补性及决策制衡性的关系。

第一，外部董事比例。按照董事的内外部特征可以将董事分为内部董事和外部董事。学术界研究较多的是外部董事，因为考虑到董事会结构的互补性和制衡性，外部董事可以发挥较大的作用。战略决策是董事会的重要功能，但是董事会参与公司战略决策的程度却不尽相同，一些公司只针对 CEO 的提案提出针对性的建议，有的公司董事会提出全面的战略构想，而董事会结构是产生这种差别的重要因素（龚红，2004）。

外部董事的存在使企业能够更好地发挥其应有的作用。根据董事会结构的互补性和制衡性，外部董事的聘任可以通过以下两个方面弥补内部董事的不足进而在创新战略决策中发挥作用。一是外部董事利用自身的专业知识和行业经验评估创新项目，能够弥补内部董事知识结构和知识储备的不足。转型时期面临的竞争环境更加特殊、更加复杂，外部董事和内部董事的互补能够减轻行为个体存在的有限理性所导致的个体对事物认知的选择性过滤和认知局限对整体创新战略的制定和实施的消极影响（周建和李小青，2012）。另外，专业技能越强的董事越倾向于通过技术创新而非进行关系型战略来达到获得市场认可的目的，尤其是企业面临着从关系型战略向创新型战略转型的过程中，需要更多的外部董事为董事会带来更多样的思维和资源。二是外部董事可以起到协调大股东与中小股东利益关系的作用。外部董事越多，其对内部董事的制衡作用也就越强，对企业战略决策的影响也越强，在创新战略的制定中更倾向于通过利用企业本身的技术优势而非政府关系。

第二，董事会领导权结构。董事会领导权结构是指董事长与 CEO 是否兼任，如果董事长与 CEO 兼任则称为两职合一，否则称为两职分离。毫无疑问，董事会的领导权结构是影响董事会决策效率的重要因素，对公司的代理成本、企业变革具有重要影响（周建和许为宾，2015）。从我国上市公司治理的实践来看，两职分离的比例也越来越高，北京师范大学高明华教授主持编撰的《中国上市公司治理报告》中指出，2015 年上市公司董事长和 CEO 两职分离的比例达到了53.8%，并且这个比例呈不断上升的趋势。但董事长和 CEO 是否兼任与企业绩效关系的研究，学术界还没有得出一致的结论（Finkelstein et al.，2009）。在传统的委托代理治理框架下，董事会的主要职能是履行对经理层的监督，而董事长和 CEO 的兼任造成 CEO 权力过大，不利于董事会监督职能的发挥，降低了 CEO 离职的业绩敏感性，即便是在 CEO 绩效较差的时候，董事会也难以更换 CEO（Goyal and Park，2002）。而现代管家理论则认为 CEO 两职合一可以减轻代理问题，可以增加经理层的自由裁决量，能够更大程度地发挥经理人的主观能动性。关于董事会领导权结构是否利于创新的研究更是学者关注的话题。夏瑞卿（2014）认为，决定董事长和 CEO 是否兼任的关键问题是解决董事会独立性与 CEO 创新自由度的平衡关系，两职合一使经理人的权力增大，其拥有较大的创新自由裁决量。因此更利于创新，但是两职合一带来监督的有效性下降，而不兼任可能损害 CEO 创新的积极性。

事实上，研发活动是企业的内生选择，在两职分离时，董事长和 CEO 的互动是企业进行研发投入的重要决定因素。一般来讲，在我国的公司治理实践中，董事长作为公司的"一把手"或创始人，其关注的是企业的长期发展并且更注重通过企业创新研发带给公司及自身的长期收益。与之相反，委托代理理论认为由于存在信息不对称等原因，CEO 可能的机会主义行为和事后道德风险使其为了一己私利而忽视股东的利益，尤其是在研发投入上。这是因为研发的不确定性和风险性使 CEO 产生"职业忧虑"，与其面对研发失败带来的离职风险不如选择平静的生活（Bertrand et al.，2006），其表现为只注重企业短期绩效的提升。在转型时期市场发育不完善，制度供给不足的情况下，企业实施创新型战略时会面临更加复杂的外部环境。而两职合一能够克服转型时期政策不确定性带给企业 CEO 创新决策的忧虑，尤其是在中国特有的制度背景下（王健忠，2018）。

二、董事会独立性与企业创新战略决策的动力机制

董事会独立性是指董事会决策的独立性，公司董事既不能只代表几个大股东的利益，也不能被管理层控制，需要制定出公正、科学的利于全体股东利益的决策。特别是在美国安然公司和世通公司的丑闻发生后，美国出台了《萨班斯—奥克斯利法案》（以下简称《SOX 法案》），并且开始在公司董事中增加独立董事，以增强公司董事会的独立性。《OECD 公司治理准则》中对董事会独立性的阐释如下："董事会对公司事务应该能够行使客观独立的判断。①董事会应该考虑指派足够数量的、有能力的非执行董事，对潜在的利益冲突事项行使客观独立的判断。关键的责任是确保财务和非财务报告的完整性、审核关联交易、任命董事会成员、确定关键经营主管人员和董事会的报酬等。②当董事会专业委员会设立时，他们的任命、构成和工作程序应该定义明确并由董事会公告。③董事会成员应该承诺有效地履行他们的职责。"

大部分学者的研究围绕着董事会独立性的经济后果展开，如独立董事可以影响 CEO 的薪酬（Faleye et al.，2011）、任命及变更（Knyazeva et al.，2013）。自独立董事制度引入国内以来，独立董事的有效性也是研究的热点。王跃堂等（2008）通过研究发现，由于我国特殊的"一股独大"的公司治理结构，容易造成大股东对中小股东利益的侵害，而独立董事制度能够起到制衡大股东的作用，并且可以提升公司的财务信息质量。王鹏和张俊瑞（2009）同样证明了董事会独立性与会计稳健性的关系，独立董事比例的提升可以显著提升会计稳健性。郑志刚和吕秀华（2009）认为，独立董事的作用发挥是间接的而不是直接的，并且是与另外的治

理机制交互影响发挥作用，实证研究表明独立董事制度与大股东监督和管理层薪酬激励是互补关系，而与法律环境的改善和股权制衡是替代关系。李维安和徐建（2014）进一步研究表明，继任总经理会引起公司战略的调整变化，独立董事可以对战略变化中不利于股东利益的行为起到一定的监督作用。

在企业进行战略转型时期，先要保证董事会的独立性，董事会独立性能确保创新战略决策的独立性。即便是建立在从长期来看创新战略有利于公司长远发展的假设下，由于创新活动的风险性导致高管对创新决策的排斥，因此，创新战略是企业一种较为特殊的战略。相较于内部人为主导的董事会，相对独立的董事会通过制定相应的激励政策来鼓励管理层创新（彭中文等，2015），这是促进企业创新的动力所在。董事会独立性对创新战略实施的影响主要有董事会的监督职能和董事会的专业性两个方面的原因：

（1）董事会的监督职能。初旭（2013）认为，在既定战略制定的情况下，原有的公司利益和资源分配格局已经被决策层（股东和董事会）打破，战略执行最大的难度在中层和基层的职能部门，因此董事会可以通过各种措施如聘任经理人、制定激励政策来保障公司中层和基层积极有效地执行战略。一方面，独立性越强的董事会对经理人的监督作用就越强，经理人由于业绩下滑而离职的概率就会明显增加，这会促使 CEO 能够尽可能完成高质量的业绩成果，如积极开展长期的、高风险性的创新项目为股东创造更多的价值。独立董事对创新的影响也主要通过监督经理人实现，监督可以减少潜在的代理冲突，使经理人的机会主义行为减少，更加利于企业目标的达成。Jiraporn 等（2018）研究了董事会独立性增强对企业创新的影响，作者利用《SOX 法案》的出台作为外生冲击，通过双重差分的方法进行了实证的检验，得出董事会独立性的增强可以显著地促进企业创新投入和产出的增加。此外，独立董事的声誉机制对其监督作用的发挥具有重要影响（Fama and Jensen，1983），独立董事越是重视自身的声誉越能更好地发挥监督作用。拥有丰富行业经验的独立董事一般会更加重视自身声誉，因此会对企业创新活动的各个环节严格地把控，保证企业创新的顺利实施。另一方面，监督力度的增强可能会损害经理人与董事之间的战略互信（Holmstrom，2005），并且当董事会监督力度增强时，经理人不会主动甚至不向董事会汇报战略信息（Adams，2009）。这可能会影响董事会与经理层的信息沟通，并不利于企业创新战略的制定和实施。

（2）董事会的专业性。董事会的独立性不仅表现在独立董事的来源和决策的独立性，而且表现在独立董事的专业性。创新型企业拥有较高不确定性，外部环境往往比较复杂，因此具有较高的咨询需求。董事会聘用拥有丰富行业经验的独立董事不仅可以更好地把握创新的方向，而且能够带来更有价值的建议，保证创新战略的实施。例如独立董事拥有会计或者法律背景，不仅可以有效保证企业财务报告的真实性，而且能对董事会日常行为起到一定的监督作用。胡元木和纪端（2017）在借鉴 SCP 分析模型的基础上提出了"董事会专业—创新效率—企业绩效"分析范式，并且认为技术专家型董事能够指导和整合创新项目资源，与其他类型董事形成"协同效应"，在声誉效应的激励下能够更好地促进创新项目的实施；另外，技术专家型董事扮演"边界扳手"的角色为企业提供其需要的外部资源。

综上所述，董事会独立性越强，一方面，能更好地发挥其监督职能降低代理冲突，独立董事声誉激励的发挥使独立董事不会轻易被大股东或实际控制人控制，并能制定出利于企业长远发展的企业决策。另一方面，独立董事行业专长也可以保证战略决策的科学性和可行性。由于董事的精力和时间是有限的，对于监督和咨询两个重要职能来说，其将时间和精力过多用在监督方面时会占用咨询建议职能的时间精力，这并不利于咨询建议职能作用的发挥。一项调查表明，84%的董事认为他们更多的时间精力用在了监督职能而非是战略职能上，也有相关的研究表明董事的监督职能和咨询职能是相互替代的，两者是此消彼长的关系，相较于低咨询需求的企业而言，具有显著高咨询建议需求的公司如果同时具有较高监督强度时，其创新产出将会减少 8.9%（Faleye et al.，2011）。因此董事会独立性发挥对创新影响的积极作用一方面取决于企业的咨询需求，另一方面取决于监督强度和咨询强度的替代程度。

三、董事会行为、董事激励约束与创新战略决策的制度保障机制

从董事会治理评价的维度来讲，以上两个董事会治理的维度（董事会结构和董事会独立性）都是从董事会形式上是否健全的角度展开的，而以下两个维度（董事会行为和董事激励与约束）则是从实质上探讨董事会成员履职是否积极有效，制度形式上的健全是制度有效的前提和基础。对于创新型的企业来讲，创新决

策的制定及创新项目的开展是一个非常复杂的系统工程，在决策制定时需要内外部董事充分的信息沟通及有序的议事规则等机制来保障决策的科学性，并且基于董事会积极有效地履职以及拥有健全的激励约束制度才能保障创新活动的顺利进行。

（一）董事会行为与企业创新

董事会行为维度是从董事会运行的角度衡量董事会成员履职的有效性。我国现代企业制度的建立时间比较晚，公司治理理论也并非源于我国本土，目前来看我国健全的公司治理结构、合乎规定的独立董事人数不完全是由企业、市场和监管部门三者长期博弈带来的，而是监管部门对独立董事等相关制度积极引入和强制推行的结果。使其只注重形式上的规范性，而忽视了董事会本身应有的作用，董事会是否能够发挥作用在于董事会如何采取具体的行动。随着研究的深入越来越多的学者开始关注董事会行为，即董事会的实际运作过程和运行机制对企业绩效的影响，如果只关注董事会结构如外部董事比例、董事会领导权结构、董事会成员的构成及独立董事的比例等方面，而忽略董事会如何运作及其产生的效果，很难理解董事会行为的本质，即便是具有相同董事会结构也可能会因为千差万别的运作过程而产生不同的决策后果（王斌和童盼，2008）。本书中，董事会治理指数中的董事会行为分项指数得分越高，则说明有效履职度越高，能较好地促进企业创新战略决策制定和实施，具体影响机制如下：

1. 保障企业战略转型决策的信息沟通

外部董事和内部董事的沟通可以促进企业战略决策的制定。充分的信息是外部董事参与决策制定的首要条件。外部董事由于对公司的财务、战略等情况并不熟悉，而内部董事一般在管理层任职，熟悉企业经营的方方面面，这往往会造成外部董事和内部董事的信息不对称。外部董事因为对企业经营情况了解有限，就会影响决策判断，因此很难有效地发挥外部董事的积极作用。内部董事和外部董事交流是信息共享的重要方式，能够为外部董事更好地履职创造条件。

2. 保障董事会制定创新决策的有序规则

企业在面临战略变革时，需要能适应新的创新战略的要求，从市场中寻求新思维、新方法和新战略，但是这种转变并非一朝一夕就能完成的，因为在面对外部环境的改变和内部"组织惰性"的阻碍时，创新战略的决策和实施也会遇到各个方面的阻力。那么董事会成员在进行战略决策时不可避免地会产生认知上的冲突，因此可能会产生董事会成员之间较低的组织认同和凝聚力（王斌和童盼，

2008），便会出现一些对抗行为如董事会成员列席董事会的比例较低、投票时弃权甚至董事会成员的非正常离职等，这些都很难保证决策的质量。有序的董事会议事规则是保证创新战略决策科学性的重要因素。

3. 明确的高管评价机制保证创新战略的实施

合理的高管评价机制的设计能够保证创新战略的顺利实施。高管评价机制是对高管的内在监督机制，能够降低代理冲突。评价机制的设计可以明确高管努力的方向和目标，可以保证创新战略能够顺利地实施。需要注意的是，创新型企业高管的评价体系要体现出董事会对创新失败拥有较高的容忍度，但是这也需要在合理的监督水平前提下。

（二）董事激励约束与企业创新

创新战略决策的制定和实施具有较高的风险性，创新决策的成功将带给董事巨大的收益，而一旦决策失误则会造成董事的声誉损失。董事会的一项重要职能是对董事会成员的行为进行评估，并建立相应的激励与约束机制。一方面，组织成员都期望得到组织内部的认可，并在组织中获得成就感，作为董事会成员同样需要相应的制度来评估自身对组织团队及决策结果的贡献。另一方面，董事会作为一个集体监督和决策的机构，归根结底还是由人员组成的，由于成员之间的个体效用函数并非完全一致，可能导致人际摩擦和利益冲突，造成监督和决策效率低下，因此需要相应的激励与约束机制来减少组织内非效率行为。董事的激励可以分为外生激励和内生激励。外生激励一般是指契约导向型的显性物质激励，内生激励是指效用导向型的隐性声誉激励。下面将对董事激励约束机制与企业创新战略实施的关系进行论述。

1. 物质激励与企业创新战略

衡量董事激励的一个最重要指标是董事的薪酬。董事的薪酬激励不仅可以缓解股东与经营层之间由于委托代理问题产生的冲突，降低代理成本，而且能够为董事会积极作出创新战略转型决策提供动力，并保障创新战略的实施。对 CEO 来说，是否进行创新决策取决于创新成功后的收益和付出成本之间的权衡，而经理人的收益又完全取决于企业的经营成败，因此经理人更惧怕风险，创新的风险性使 CEO 更看重短期收益，造成企业创新乏力。对管理层实施合理的薪酬激励能够降低委托代理问题，引导 CEO 作出创新研发决策（Balkin et al.，2000；Coles et al.，2006）。Lin 等（2011）研究发现，通过薪酬激励可以显著促进企业的创新水平，并且销售收入的激励契约要比销售利润的激励契约更有效果。这与张宗益和张湄（2007）的研究一致，其研究表明高科技的企业高管的平均薪酬与企业的创新投入力度是正相关的。然而激励措施容易造成激励者过分地看重激励物而忽视团队的整体利益和长远目标。对于董事会而言，董事薪酬也并不是越高越好，薪酬越高越容易造成董事为了保住自身所得收益而进行机会主义行为，对创新关注度下降。因此董事薪酬的制定需要与企业业绩挂钩，董事会成员只有达到董事会的考核要求时才能获得更多的薪酬收入。

2. 声誉激励与企业创新战略

董事声誉激励是可以代替薪酬激励的重要激励约束治理机制。经理人通过提高企业业绩来向外界传递自身能力的信号，并获得利益相关方的评价和认可，不仅可以促进双方合作的稳定性和持久性，而且能达到提升职业生涯竞争力的目的。同时，声誉效应可以减轻经理人市场的逆向选择，抑制经理人的机会主义行为。

随着资本市场走向成熟，使理性的投资者更倾向于投资拥有较好声誉的创新型企业，企业选择进行创新型战略不仅具有一定的声誉效应，而且其核心高管层也容易获得经理人市场的认可，这又能更进一步地促进企业创新。一方面，企业进行创新活动能在行业中积累一定的声誉，吸引更多更优秀的创新型企业与之展开研发项目方面的合作，能够形成良好的创新网络，还可以增强投资者的投资意愿，促进创新活动的顺利开展。另一方面，企业开展创新战略形成的良好声誉可以吸引更多创新型人才的加盟，这可以维持和巩固其在行业中的地位（刘善仕等，2017）。

通过董事会治理对企业创新战略选择的影响机制进行分析，本章认为董事会治理水平越高，越能保证企业创新战略决策的能力机制、动力机制和制度保障机制的作用发挥，从而可以促进企业选择创新战略，并能提高研发经费的投入。

四、研究设计

（一）研究假设

从董事会治理水平的视角详细探究了董事会治理对企业创新的影响机制，据此可知，董事会治理水平对企业创新影响的基本逻辑为完整且互补的，董事会结构是企业创新战略决策的基础能力条件，相对独立的董事会为企业创新战略决策提供动力支持，并且能更好地发挥监督和咨询的功能，董事会行为和董事激励与约束为企业创新战略提供制度保障。由此提出以下假设：

假设 3-1： 董事会治理水平越高，企业进行创新型战略的积极性就越高。

（二）数据来源

本书采用的董事会治理指数来自于中国上市公司治理分类指数数据库，北京师范大学公司治理与企业发展研究中心分别对 2012 年、2014 年、2015 年和 2016 年的上市公司董事会治理进行了评价，为了结论的严谨性，本书只采用连续三年即 2014 年、2015 年和 2016 年的董事会治理评价数据。企业创新的衡量采用企业的研发费用，数据来自于同花顺 iFinD 终端，其他的控制变量如企业成长性、资产负债率等指标同样来自于同花顺 iFinD 终端。此外，本书删除了董事会治理评价缺失的企业，共得到 8009 个样本。

（三）变量定义

1. 董事会治理水平

董事会治理水平的衡量采用北京师范大学高明华教授主持编撰的"中国公司治理分类指数数据库"中的董事会治理评价指数，该指数分别从董事会结构、董事会独立性、董事会行为和董事会激励与约束四个方面全面地衡量了中国上市公司的董事会治理评价水平，将这四个维度加总并计算平均值，就得到董事会治理总指数。

2. 企业创新

这里的企业创新采用三个变量来衡量。①企业是否实施创新型战略的虚拟变量。借鉴周小宇等（2016），如果该公司在本年度进行了研发经费的投入，那么我们就认为该企业实施了创新型战略。因此，如果企业实施了创新型战略，则赋值为 1，否则为 0。②研发经费。借鉴学术界的普遍做法，本书采用研发经费的自然对数来衡量企业创新。③企业发明专利价值。为了保证结论的稳健性，本书采用企业专利价值从企业创新产出的角度来衡量创新，继续对相关结论进行验证。

为了保证回归结果的准确性，还要考虑一些重要的控制变量。①企业规模，企业规模可能会影响企业创新战略的实施，企业规模越大，越有可能实施创新型战略，进行大量的研发投资活动。②企业资产负债率。企业的资本结构对企业的创新同样具有一定的影响，资产负债率越高的企业可能对于创新投入的态度就会越谨慎。③成长性。企业成长性与企业进行创新活动显著相关。④营运能力。企业营运能力与企业创新战略的实施同样关系密切，企业营运能力越强，其对企业资源利用效率越高，同样更加利于企业创新战略的实施。各变量定义及测量方法如表3-1所示。

表 3-1　变量定义及测量方法

变量类型	变量名称	变量符号	测量方法
因变量	企业创新型战略	*innov*	如果企业进行了创新型战略则赋值为1，否则为0
		lgrfunds	研发经费投入的对数
		pvalue	专利价值
	关系型战略	*bservei*	业务招待费与销售收入的比值（%）
自变量	董事会治理总指数	*ccbi*	董事会治理评价指标体系
	董事会结构分项指数	*bs*	
	董事会独立性分项指数	*bi*	
	董事会行为分项指数	*bb*	
	董事会激励与约束分项指数	*bir*	
控制变量	资产负债率	*lev*	资产负债率
	资产收益率	*roa*	总资产收益率
	成长能力	*pincome*	营业收入增长率
	现金比率	*xjbl*	经营活动现金流量净额/总资产
	第一大股东持股比例	*fistc*	排名第一的股东持股比例（%）
	前10大股东持股比例	*tenstoc*	前十大股东的持股比例之和
	企业规模	*size*	企业总资产的对数
	营运能力	*fturnover*	销售收入/固定资产
	盈利能力	*pincome*	总利润/营业收入

资料来源：笔者整理。

（四）模型设定

为了验证本章的假设，将建立以下模型来进行检验。为了检验董事会治理是否可以促进企业实施创新型战略，采用模型（3-1）的 Probit 回归方法来检验董事会治理对创新战略的实施和研发经费投入强度的影响，模型（3-1）如下：

$$Probit(innov_{i,t}=1)=\alpha+\beta_1 board_{i,t}+\beta_2 control_{i,t}+\sum Industry+\sum Year+u_{i,t} \qquad (3-1)$$

其中，$innov_{i,t}$ 为企业是否实施创新战略的虚拟变量，$board_{i,t}$ 为董事会治理评价指数，包括董事会结构（bs）、董事会独立性（bi）、董事会行为（bb）和董事会约束与激励（bir）四个方面，$Control_{i,t}$ 包括变量定义中的一些控制变量，此外模型还控制了行业以及年份的影响，$u_{i,t}$ 为模型误差项。

模型（3-1）检验了董事会治理水平是否影响企业创新战略的选择，为了实证结果的稳健性，在模型（3-2）中，我们继续探究董事会治理水平对企业研发经费投入的影响，并以研发经费投入为模型的因变量进行回归分析，模型（3-2）如下：

$$\lg rfunds_{i,t} = \alpha + \beta_1 board_{i,t} + \beta_2 control_{i,t} + \sum Industry + \sum Year + u_{i,t} \qquad (3-2)$$

其中，$\lg rfunds_{i,t}$ 为研发经费投入的对数，其他变量解释如模型（3-1）。模型（3-1）和模型（3-2）研究了董事会治理对创新战略的影响，通过上文的理论分析得知，受制度、环境不确定性的影响，企业可能会通过实施关系型战略如与政府建立良好的关系等手段来获得企业发展所需要的关键资源，因此模型（3-3）以企业披露的业务招待费为因变量进行回归分析，模型（3-3）如下：

$$bservei_{i,t} = \alpha + \beta_1 board_{i,t} + \beta_2 control_{i,t} + \sum Industry + \sum Year + u_{i,t} \qquad (3-3)$$

五、描述性统计

本部分将对样本进行描述性统计，并且对董事会治理评价指数进行分析。从表3-2可以看出，上市公司各个变量基本都处于正常合理的区间内，同时也与既有研究保持一致。

表3-2　变量的描述性统计

变量	变量名称	样本数	平均值	标准差	最小值	最大值
$innov$	创新战略实施	8009	0.80	0.40	0.00	1.00
$lgrfunds$	研发投入	8009	14.09	7.20	0.00	23.27
bs	董事会结构	8009	43.11	10.83	5.45	87.64
bi	董事会独立性	8009	59.06	11.57	14.82	90.00

变量	变量名称	样本数	平均值	标准差	最小值	最大值
bb	董事会行为	8009	47.62	14.35	8.04	92.66
bir	董事会激励与约束	8009	52.25	9.10	11.11	88.89
ccbi	董事会治理总指数	8009	50.51	6.33	26.91	71.58
roa	资产报酬率	7866	5.29	21.26	−1610.96	727.53
pvalue	专利价值	3008	15.11	2.67	0.00	22.09
pincome	利润收入比	7991	5.55	56.55	−1916.65	1391.53
npincom	净利润收入比	7991	5.44	68.17	−3643.70	1513.84
fturnover	营运能力	7990	14.96	135.89	0.02	6456.44
fists	第一大股东持股比例	7992	34.13	14.98	0.29	89.99
tenstkcon	前10大股东持股比例	7992	57.19	15.46	1.32	101.16
bsalary	董事长薪酬	7082	67.92	100.66	0.00	2037.77
csalary	总经理薪酬	7632	79.13	94.54	0.00	1683.25
rincome	成长性	7991	21.72	181.55	−100.00	8748.37
fzl	负债率	7992	44.81	55.86	0.91	4615.94
xjbl	现金比率	7863	91.10	199.80	0.08	7041.00
size	企业规模	7992	22.25	1.47	14.94	30.81
age	企业年龄	7992	10.65	6.88	0.00	26.00

资料来源：笔者根据 Stata 整理。

总体来看，我国上市公司董事会治理指数的得分偏低，总指数及分项指数的得分平均值都小于 60 分，总指数的平均得分只有 50.51。分项指数的得分也较低，平均值最大的是董事会独立性指标为 59.06。

表 3-3 为 2014~2016 年董事会治理总指数和各分项指数平均值的比较，通过表可以看出，每年的董事会治理总指数相差不大且数值较低，如果以 60 分为及格标准，这三年上市公司的董事会治理水平处于及格水平以下，这也反映了我国董事会治理水平普遍比较差。从 2014~2016 年董事会治理总指数来看，董事会治理水平连续上升，但是上升幅度较小。从分项指数来看，各分项指数的得分也普遍比较低，只有 2015 年的董事会独立性分项指达到了 60 分，但情况依然不容乐观。

表 3-3　2014~2016 年董事会治理指数比较

年份	样本量	总指数	分项指数			
			董事会结构	董事会独立性	董事会行为	董事会激励与约束
2014	2514	50.34	49.06	57.10	42.66	52.53
2015	2655	50.40	40.28	60.57	48.61	52.13
2016	2840	50.77	40.49	59.38	51.09	52.12

资料来源：《中国公司治理分类指数报告 No.16》。

　　图 3-2 为董事会治理总体指数行业的年度比较，董事会治理指数各行业变动幅度都比较大，其中需要注意的是，金融业在 2014 年的表现突出，但是在 2015 年其董事会治理指数下降明显，而这可能与 2015 年股灾的发生有一定的联系，董事会治理水平的下降是股灾导致的重要原因。

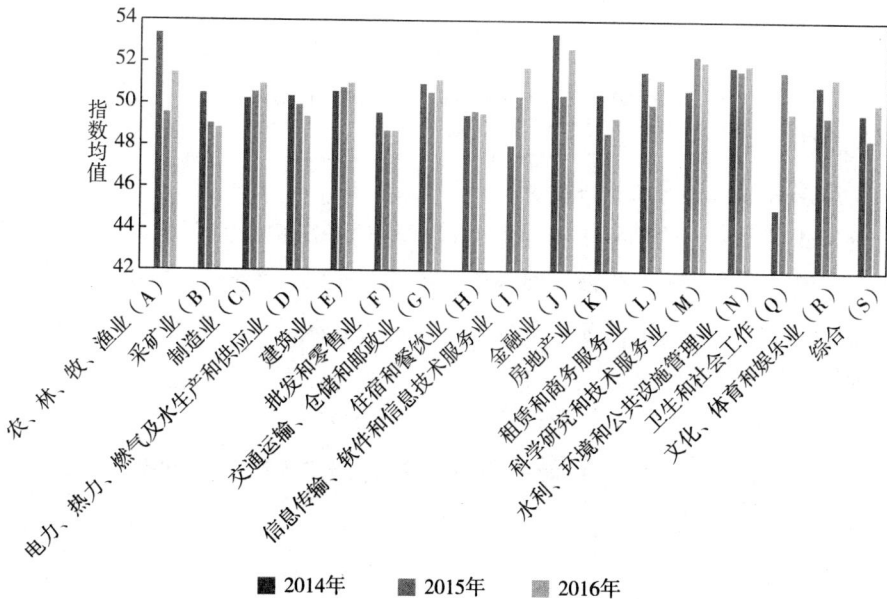

图 3-2　董事会治理总指数分行业年度比较

资料来源：《中国公司治理分类指数报告 No.16》。

六、回归结果及讨论

（一）董事会治理水平与企业创新的回归结果

本章利用中国上市公司董事会治理评价指数来检验董事会治理水平与企业创新的关系。认为完整的且具有互补性的董事会结构能够保证董事会成员有能力作出科学的创新决策；董事会独立性能够避免董事会成为大股东的"一言堂"，从而促使董事会成员有动力参与公司决策，并能保证决策的独立与公正；规范的董事会行为表明董事会内部有足够的沟通和信息分享能力，并且有一定的规则保证董事会整体的合作大于每个董事个体贡献之和；完善的激励与约束机制可以有效地评估董事会成员对董事会以及公司的贡献，并激励其积极地参与各项战略决策。另外，还能约束董事的非效率行为。因此推测董事会治理将有利于企业作出创新战略决策，并且董事会治理水平越高，企业的研发投入越高，企业的业务招待费就越低。

1. 董事会治理水平与企业创新战略

表3-4是董事会治理水平与企业创新战略选择影响的回归结果。在回归中，采用创新战略实施的虚拟变量为因变量，董事会治理总指数及其分项指数为自变量，需要注意的是，为了保证各个分项指数之间互不干扰，本书对每个分项指数分别进行回归，回归结果如表3-4所示。

表3-4　董事会治理水平与企业创新战略选择关系的回归结果

变量	(1) *innov*	(2) *innov*	(3) *innov*	(4) *innov*	(5) *innov*
ccbi	0.00200*** (2.90)				
bs		0.000312 (0.91)			
bi			-0.00114*** (-3.89)		

续表

变量	（1）innov	（2）innov	（3）innov	（4）innov	（5）innov
bb				0.000877*** (3.61)	
bir					0.00124*** (3.33)
roa	-0.00299*** (-7.74)	-0.00106*** (-3.50)	-0.00108*** (-3.60)	-0.00108*** (-3.57)	-0.00108*** (-3.57)
fturnover	-0.000287*** (-9.03)	-0.000112*** (-4.53)	-0.000113*** (-4.56)	-0.000112*** (-4.53)	-0.000110*** (-4.43)
fists	-0.00203*** (-5.27)	-0.000264 (-0.88)	-0.000293 (-0.97)	-0.000209 (-0.69)	-0.000265 (-0.88)
tenstkcon	0.00289*** (7.76)	0.00153*** (5.28)	0.00154*** (5.31)	0.00148*** (5.09)	0.00153*** (5.27)
size	-0.00528 (-1.45)	0.0389*** (13.09)	0.0379*** (12.73)	0.0396*** (13.36)	0.0395*** (13.34)
fzl	-0.00138*** (-9.26)	-0.000479*** (-4.12)	-0.000484*** (-4.16)	-0.000481*** (-4.14)	-0.000476*** (-4.09)
xjbl	-0.00000958 (-0.42)	-0.00000458 (-0.26)	-0.00000616 (-0.35)	-0.00000435 (-0.25)	-0.00000264 (-0.15)
rincome	-0.000807*** (-3.37)	-0.0000465** (-2.49)	-0.0000449** (-2.41)	-0.0000473** (-2.53)	-0.0000464** (-2.49)
_cons	0.816*** (9.39)	-0.219*** (-3.14)	-0.114 (-1.57)	-0.254*** (-3.63)	-0.279*** (-3.88)
年份和行业	控制	控制	控制	控制	控制
N	7858	7858	7858	7858	7858

注：*、**、***分别表示在10%、5%、1%的水平上显著，括号内为t值。

列（1）为董事会治理总指数的回归结果，列（2）至列（5）分别是四个分项指数的回归结果。列（1）只考虑了董事会治理总指数对创新战略实施的影响，在控制了行业和年份后，发现董事会治理指数对企业创新战略影响的系数是显著为正的。这说明，董事会治理水平越高，企业越有可能实施创新战略。这是因为，随着董事会治理水平的提升，企业越能认识到创新战略的重要性，并且董事会治理水平越高越能保证战略决策的科学性以及战略的实施。因此，董事会治理水平的提升可以促进企业创新战略的实施，假设 3-1 得证。由于董事会治理总指数是四个分项指数简单平均得到的，总指数的回归结果可能会有一定的偏差，因此我们继续采用各个分项指数进行回归。列（2）是董事会结构分项指数的回归结果，结果表明董事会结构对创新战略影响的系数为正，但是并不显著。这说明董事会结构对创新战略实施的积极影响是不显著的，这与原有假设相悖，可能是因为董事会结构形式的健全未必可以带来其应有的效果。列（3）是董事会独立性分项指数的回归结果，结果表明，董事会独立性对创新战略影响的系数是显著为负的，这说明董事会独立性越强反而越不利于企业制定创新型战略。这与本书的假设相悖，可能的原因有：第一，董事会独立性的指标可能只是形式上的，董事会独立性是否能够发挥其应有的作用还需要企业和监管部门共同努力，但是我们也不能就此得出降低董事会独立性的结论，而是要让董事会做到真正而非表面的独立。第二，董事会独立性使董事会的监督能力增强，经理人创新失败后离职的概率增大，因此选择创新战略的意愿下降。列（4）是董事会行为分项指数的回归结果，结果表明董事会行为分项指数的系数显著为正，说明董事会行为分项指数得分越高，企业实施创新型战略的可能性就越大。这说明合理的董事会议事规则，能为董事积极的沟通和分享信息提供制度保障，促进企业作出创新战略决策。列（5）是董事激励与约束分项指数的回归结果，结果表明董事激励与约束分项指数的系数显著为正，这说明董事激励与约束分项指数得分越高，企业进行创新型战略的积极性就越高，相应假设得到验证。

2. 董事会治理水平与研发经费投入

上文验证了董事会治理水平对企业创新战略选择的影响，为了保证结果的稳健性，我们继续验证董事会治理水平对企业研发经费投入的影响。在回归中，以企业研发经费为被解释变量，董事会治理为解释变量，回归结果如表 3-5 所示。

表 3-5　董事会治理水平与企业研发经费投入关系的回归结果

变量	（1） lgrfunds	（2） lgrfunds	（3） lgrfunds	（4） lgrfunds	（5） lgrfunds
ccbi	0.0155 * （1.70）				
bs		0.0174 *** （3.05）			

续表

变量	(1) lgrfunds	(2) lgrfunds	(3) lgrfunds	(4) lgrfunds	(5) lgrfunds
bi			-0.0179*** (-3.65)		
bb				0.0159*** (3.83)	
bir					0.0196*** (3.09)
roa	-0.0138*** (-2.70)	-0.00811 (-1.62)	-0.00881* (-1.76)	-0.0142*** (-2.76)	-0.0141*** (-2.75)
fturnover	-0.00163*** (-3.84)	-0.00122*** (-2.95)	-0.00123*** (-2.98)	-0.00164*** (-3.87)	-0.00159*** (-3.77)
fists	-0.00410 (-0.80)	0.0103** (2.03)	0.00889* (1.76)	-0.00340 (-0.66)	-0.00447 (-0.87)
tenstkcon	0.0235*** (4.73)	-0.0174*** (-3.33)	-0.0162*** (-3.11)	0.0227*** (4.58)	0.0237*** (4.78)
size	1.254*** (24.81)	1.489*** (29.35)	1.477*** (28.98)	1.258*** (24.91)	1.256*** (24.87)
fzl	-0.00764*** (-3.85)	-0.00452** (-2.33)	-0.00468** (-2.42)	-0.00769*** (-3.88)	-0.00761*** (-3.84)
xjbl	0.0000317 (0.10)	-0.000106 (-0.36)	-0.000140 (-0.47)	0.0000238 (0.08)	0.0000496 (0.16)
rincome	-0.000908*** (-2.85)	-0.000737** (-2.37)	-0.000723** (-2.33)	-0.000913*** (-2.87)	-0.000898*** (-2.82)
_cons	-17.479*** (-13.64)	-18.775*** (-16.14)	-16.659*** (-13.73)	-17.421*** (-14.63)	-17.725*** (-14.44)
N	7858	7858	7858	7858	7858

注：*、**、***分别表示在10%、5%、1%的水平上显著，括号内为t值。

列（1）为董事会治理总指数的回归结果，列（2）至列（5）为各个分项指数的回归结果。列（1）的回归结果表明，董事会治理总指数对企业研发经费的影响系数是显著为正的，这说明董事会治理水平越高，企业研发经费投入就越大，这呼应了上文的回归结果，说明董事会治理水平对企业创新具有积极的促进作用。为了更详细地探讨董事会治理水平对企业创新影响的作用机理，我们将董事会治理总指数拆分为四个分项指数，分别检验其对企业创新的影响。列（2）是董事会结构分项指数的回归结果，结果表明董事会结构对企业创新的影响显著为正，说明董事会结构对企业创新具有显著的积极影响。这是因为，董事会结构能够保证董事会具有创新决策的能力，进而可以促进企业研发经费投入的增长。列（3）为董事会独立性分项指数的回归结果，结果表明董事会独立性与企业创新之间具有显著的负相关关系，这与上文的结果一致。同样我们并不能就此得出董事会独立性对创新具有消极影响的结论。鉴于我国特殊的公司治理结构，这个结论也恰恰说明我国董事会独立性只是流于表面，而独立董事的实际作用还没有得到真正发挥。列（4）是董事会行为分项指数的回归结果，结果表明董事会行为对企业创新的影响系数是显著为正的，这说明，董事会行为对企业创新具有积极的影响。列（5）为董事激励与约束分项指数的回归结果，结果表明董事激励与约束对企业创新的影响是显著为正的，这也证明了我们的假设。

综合表3-4和表3-5的回归结果可以得出董事会治理水平对企业创新具有积极的影响。从分项指数的回归结果来看，在董事会治理水平对创新战略选择影响的分析中，董事会结构分项指数的回归结果并不显著；无论是董事会治理水平对创新战略还是创新研发经费投入的影响分析中，董事会独立性分项指数的系数都显著为负，而董事会行为和董事激励与约束的系数都显著为正。这是因为董事会结构和董事会独立性都是从形式上来评价董事会治理的指标，因此回归结果会出现并不符合假设的情形。而董事会行为和董事激励与约束是从实质上来评价董事会治理的指标，因此回归结果都符合前文假设，以上回归结果再次说明董事会结构形式上的健全未必真正有效，董事会如何执行运作才是最重要的。

（二）不同产权性质董事会治理水平与企业创新

本书通过不同的产权性质对董事会治理水平与企业创新的关系进行研究。

1. 不同产权性质董事会治理水平与企业创新战略

产权性质不同，企业对创新战略的认识也有所不同，因此董事会治理对其影响机制也不尽相同。因此，本书将继续分产权性质董事会治理对企业创新的影响，回归结果如表3-6所示。

列（1）至列（5）是国有企业董事会治理水平与企业战略选择之间关系的回归结果，其中列（1）是董事会治理总指数与企业战略选择之间关系的回归结果，列（2）至列（5）为董事会治理各分项指数与企业创新战略选择之间关系的回归结果。列（1）的回归结果表明，国有企业的董事会治理水平越高，企业选择创新战略的可能性就越低。从分项指数的回归结果来看，分项指数中只有董

表3-6　不同产权性质董事会治理水平与企业创新战略选择关系的回归结果

变量	(1) 国有 innov	(2) 国有 innov	(3) 国有 innov	(4) 国有 innov	(5) 国有 innov	(6) 非国有 innov	(7) 非国有 innov	(8) 非国有 innov	(9) 非国有 innov	(10) 非国有 innov
ccbi	-0.00309** (-2.00)					0.00444*** (5.99)				
bs		0.00177** (2.38)					0.000186 (0.49)			
bi			-0.000869 (-1.34)					-0.00107*** (-3.31)		
bb				-0.00147*** (-2.76)					0.00159*** (5.93)	
bir					-0.00103 (-1.22)					0.00203*** (5.00)
roa	-0.0108*** (-6.09)	-0.00266* (-1.89)	-0.00259* (-1.85)	-0.00236* (-1.68)	-0.00256* (-1.82)	-0.00257*** (-6.89)	-0.00112*** (-3.79)	-0.00115*** (-3.87)	-0.00114*** (-3.85)	-0.00115*** (-3.87)
fturnover	-0.000915*** (-2.79)	0.000355 (1.34)	0.000329 (1.24)	0.000355 (1.34)	0.000342 (1.29)	-0.000284*** (-9.66)	-0.000120*** (-5.11)	-0.000120*** (-5.13)	-0.000120*** (-5.13)	-0.000116*** (-4.97)
fists	-0.000324 (-0.34)	0.000402 (0.54)	0.000164 (0.22)	0.0000449 (0.06)	0.000149 (0.20)	0.0000105 (0.02)	0.000175 (0.49)	0.000146 (0.41)	0.000217 (0.61)	0.000174 (0.49)

续表

变量	(1) 国有 innov	(2) 国有 innov	(3) 国有 innov	(4) 国有 innov	(5) 国有 innov	(6) 非国有 innov	(7) 非国有 innov	(8) 非国有 innov	(9) 非国有 innov	(10) 非国有 innov
tenstkcon	-0.000284 (-0.30)	0.000458 (0.62)	0.000733 (1.00)	0.000902 (1.23)	0.000709 (0.97)	0.00274*** (6.97)	0.00144*** (4.60)	0.00144*** (4.61)	0.00137*** (4.39)	0.00141*** (4.51)
size	0.0317*** (3.71)	0.0460*** (6.85)	0.0442*** (6.51)	0.0437*** (6.48)	0.0447*** (6.63)	0.000262 (0.06)	0.0425*** (11.97)	0.0417*** (11.74)	0.0425*** (12.03)	0.0423*** (11.95)
fzl	-0.00310*** (-5.02)	-0.00156*** (-3.14)	-0.00150*** (-3.02)	-0.00151*** (-3.04)	-0.00156*** (-3.14)	-0.00120*** (-8.37)	-0.000486*** (-4.25)	-0.000490*** (-4.29)	-0.000485*** (-4.25)	-0.000481*** (-4.21)
xjbl	-0.000510*** (-4.44)	-0.000259*** (-2.94)	-0.000259*** (-2.94)	-0.000271*** (-3.08)	-0.000265*** (-3.00)	0.0000157 (0.72)	0.00000843 (0.49)	0.00000720 (0.42)	0.00000849 (0.50)	0.0000121 (0.70)
rincome	-0.000223* (-1.74)	-0.000226** (-2.32)	-0.000226** (-2.32)	-0.000229** (-2.35)	-0.000221** (-2.26)	-0.0000811*** (-3.60)	-0.0000406** (-2.26)	-0.0000391** (-2.18)	-0.0000415** (-2.32)	-0.0000394** (-2.20)
_cons	0.433** (2.18)	-0.280* (-1.89)	-0.107 (-0.69)	-0.0881 (-0.60)	-0.114 (-0.73)	0.532*** (5.24)	-0.403*** (-4.79)	-0.314*** (-3.65)	-0.456*** (-5.50)	-0.492*** (-5.81)
N	2087	2087	2087	2087	2087	5771	5771	5771	5771	5771

注：*、**、*** 分别表示在10%、5%、1%的水平上显著，括号内为 t 值。

事会结构分项指数的系数显著为正。这说明国有企业董事会结构分项指数得分越高，企业从事创新战略的可能性就越高。这可能是因为国有企业受到相关部门严格监管，已经从形式上建立起了完备的董事会结构，因此对创新产生了积极的作用。但是从董事会行为、董事激励与约束等实质上衡量董事会有效性的指标的回归结果来看，其效果并不理想。这是因为国有企业具有政策工具的性质，其目标不仅是企业利润的最大化，而且还需考虑社会效益以及服务于国家的重大战略需求。列（6）至列（10）是非国有企业董事会治理水平与企业战略选择之间关系的回归结果，其中列（6）是董事会治理总指数与企业战略选择之间关系的回归结果，列（7）至列（10）为董事会治理各分项指数与企业创新战略选择之间关系的回归结果。列（6）的回归结果表明，非国有企业董事会治理水平对促进企业创新战略选择有积极的影响。这与我们前文的理论假设是一致的。从分项指数的回归结果来看，列（9）的董事会行为和列（10）的董事激励于约束的回归系数都是显著为正的，这同样印证了前文的假设。

2. 不同产权性质董事会治理水平与企业研发经费投入

上文检验了董事会治理水平与企业战略选择之间的关系，下面继续探讨董事会治理水平对企业研发经费投入的影响，回归结果如表3-7所示。

列（1）至列（5）是国有企业董事会治理水平与企业研发经费投入关系的回归结果，其中列（1）是董事会治理总指数与企业研发经费投入之间关系的回归结果，列（2）至列（5）为董事会治理各分项指数与企业研发经费投入之间关系的回归结果。列（1）的回归结果表明，国有企业董事会治理水平与企业研发经费的关系并不显著，这同样与国有企业政策工具的性质和国有企业高管的身份特点有关系。在分项指数的回归中，同样只有董事会结构对国有企业的研发经费具有显著的积极作用，这与表3-6的第（2）列回归结果一致。列（4）为董事会行为分项指数的回归结果，结果表明国有企业董事会行为对研发经费投入具有显著的消极影响。这说明董事行为得分越高，企业研发经费投入就越低，这可能是由于政府对国有企业严密的监控导致国企高管因规避风险而对创新研发的态度更加地趋于保守，因此不利于研发经费的增长。这给我们的启示是国有企业在完善制度建设的同时，要预防制度过于繁杂和严苛带来的低效率。列（6）至列（10）是非国有企业的回归结果，其中列（6）是董事会治理总指数与企业研发经费投入之间关系的回归结果，列（7）至列（10）为董事会治理各分项指数与企业研发经费投入之间关系的回归结果。列（6）的结果表明，董事会治理总指

表3-7 不同产权性质董事会治理水平与企业研发经费投入关系的回归结果

变量	(1) 国有 lgrfunds	(2) 国有 lgrfunds	(3) 国有 lgrfunds	(4) 国有 lgrfunds	(5) 国有 lgrfunds	(6) 非国有 lgrfunds	(7) 非国有 lgrfunds	(8) 非国有 lgrfunds	(9) 非国有 lgrfunds	(10) 非国有 lgrfunds
cchi	-0.0264 (-1.33)					0.0348*** (3.46)				
bs		0.0327*** (2.62)					0.00482 (0.74)			
bi			-0.0136 (-1.25)					-0.0213*** (-3.87)		
bb				-0.0221** (-2.48)					0.0274*** (5.97)	
bir					-0.0170 (-1.19)					0.0323*** (4.65)
roa	-0.0280 (-1.18)	-0.0306 (-1.30)	-0.0294 (-1.25)	-0.0260 (-1.10)	-0.0289 (-1.22)	-0.0151*** (-2.97)	-0.0151*** (-2.98)	-0.0156*** (-3.07)	-0.0154*** (-3.03)	-0.0155*** (-3.05)
fturnover	0.00523 (1.18)	0.00558 (1.26)	0.00512 (1.15)	0.00552 (1.24)	0.00533 (1.20)	-0.00177*** (-4.40)	-0.00178*** (-4.43)	-0.00179*** (-4.45)	-0.00178*** (-4.45)	-0.00172*** (-4.29)
fists	0.00172 (0.14)	0.00760 (0.60)	0.00323 (0.26)	0.00145 (0.12)	0.00297 (0.24)	0.00540 (0.88)	0.00457 (0.74)	0.00388 (0.63)	0.00515 (0.84)	0.00438 (0.72)

续表

变量	(1) 国有 lgrffunds	(2) 国有 lgrffunds	(3) 国有 lgrffunds	(4) 国有 lgrffunds	(5) 国有 lgrffunds	(6) 非国有 lgrffunds	(7) 非国有 lgrffunds	(8) 非国有 lgrffunds	(9) 非国有 lgrffunds	(10) 非国有 lgrffunds
tenshkcon	0.00961 (0.78)	0.00296 (0.24)	0.00799 (0.65)	0.0105 (0.85)	0.00760 (0.62)	0.0213*** (3.98)	0.0219*** (4.09)	0.0220*** (4.11)	0.0207*** (3.87)	0.0214*** (4.01)
size	1.404*** (12.24)	1.436*** (12.73)	1.408*** (12.31)	1.401*** (12.35)	1.416*** (12.46)	1.287*** (21.20)	1.283*** (21.09)	1.268*** (20.83)	1.285*** (21.20)	1.281*** (21.10)
fzl	-0.0303*** (-3.62)	-0.0312*** (-3.73)	-0.0301*** (-3.60)	-0.0302*** (-3.62)	-0.0311*** (-3.71)	-0.00765*** (-3.90)	-0.00772*** (-3.93)	-0.00781*** (-3.98)	-0.00770*** (-3.93)	-0.00764*** (-3.90)
xjbl	-0.00466*** (-3.14)	-0.00456*** (-3.08)	-0.00457*** (-3.08)	-0.00475*** (-3.20)	-0.00466*** (-3.14)	0.000248 (0.84)	0.000219 (0.74)	0.000194 (0.66)	0.000220 (0.75)	0.000276 (0.94)
rincome	-0.00387** (-2.35)	-0.00388** (-2.36)	-0.00388** (-2.36)	-0.00393** (-2.39)	-0.00380** (-2.31)	-0.000831*** (-2.70)	-0.000820*** (-2.67)	-0.000790*** (-2.57)	-0.000836*** (-2.72)	-0.000801*** (-2.61)
年份行业	控制	控制	控制	控制	控制	控制	控制	控制	控制	控制
N	2087	2087	2087	2087	2087	5771	5771	5771	5771	5771

注：*、**、***分别表示在10%、5%、1%的水平上显著，括号内为 t 值。

数对研发经费的影响是显著为正的，这说明董事会治理水平越高，企业研发经费就越高，这也印证了前文的结论。并且分项指数中的董事会行为列（9）、董事激励与约束列（10）对企业研发经费具有显著的积极作用。

七、稳健性检验

（一）替换创新变量

以上回归结果中用来衡量创新的变量主要是企业研发经费，它也是衡量创新投入的变量，为了保证结果的稳健性，我们继续采用企业专利账面价值为替代变量，从企业创新产出的角度来衡量企业创新，并继续检验上述关系。

1. 董事会治理水平与企业创新产出

为了确保结果的稳健性，采用企业专利账面价值作为衡量企业创新的替代变量，在回归中采用其对数形式，回归结果如表 3-8 所示。

表 3-8　董事会治理水平与企业创新产出关系的回归结果

变量	（1）lgpvalue	（2）lgpvalue	（3）lgpvalue	（4）lgpvalue	（5）lgpvalue
ccbi	0.0225*** (3.03)				
bs		0.00858* (1.79)			
bi			0.00111 (0.27)		
bb				0.0108*** (3.17)	
bir					0.0000963 (0.02)
roa	0.00219 (0.27)	0.00358 (0.44)	0.00390 (0.48)	0.00262 (0.33)	0.00340 (0.42)
fturnover	-0.0104*** (-3.56)	-0.0108*** (-3.68)	-0.00819*** (-2.70)	-0.00814*** (-2.69)	-0.0106*** (-3.62)

续表

变量	(1) lgpvalue	(2) lgpvalue	(3) lgpvalue	(4) lgpvalue	(5) lgpvalue
fists	−0.0134*** (−3.03)	−0.0133*** (−3.02)	−0.0109** (−2.49)	−0.0102** (−2.33)	−0.0140*** (−3.16)
tenstkcon	−0.00837** (−1.98)	−0.00852** (−2.01)	−0.0101** (−2.43)	−0.0104** (−2.49)	−0.00833** (−1.96)
size	0.723*** (14.69)	0.698*** (14.05)	0.775*** (15.49)	0.783*** (15.71)	0.712*** (14.42)
fzl	−0.0132*** (−3.89)	−0.0132*** (−3.84)	−0.00906*** (−2.66)	−0.00876** (−2.57)	−0.0136*** (−4.00)
xjbl	−0.000361 (−0.96)	−0.000374 (−1.00)	−0.000297 (−0.81)	−0.000269 (−0.73)	−0.000414 (−1.10)
rincome	0.000924*** (3.67)	0.000936*** (3.71)	0.000976*** (3.91)	0.000952*** (3.82)	0.000941*** (3.73)
_cons	−0.579 (−0.53)	0.640 (0.63)	−1.546 (−1.34)	−2.152* (−1.90)	0.841 (0.79)
年份行业	控制	控制	控制	控制	控制
N	3007	3007	3007	3007	3007

注：*、**、***分别表示在10%、5%、1%的水平上显著，括号内为t值。

列（1）是董事会治理总指数对企业创新产出的影响，回归结果表明，董事会治理总指数对企业创新的影响系数是显著为正的，这说明董事会治理水平对企业创新同样具有积极的影响。从分项指数的回归结果来看，列（2）董事会结构对企业创新产出的影响系数是显著为正的，这说明董事会结构越完善其对创新产出的积极作用就越大。列（3）董事会独立性对企业创新的回归系数为正，说明董事会独立性对企业创新有正向影响，但是回归结果并不显著，这可能是因为董事会独立性太强反而缺乏相关行业的专业技术知识和创新经验导致的。列（4）是董事会行为对企业创新产出影响的回归结果，由此可知董事会行为对企业创新产出具有积极的影响，即董事会行为越规范，越能保证董事会决策的科学性，带来创新产出的增长。列（5）为董事激励与约束对企业创新影响的回归结果，结果显示董事激励与约束对企业创新的影响系数为正，但是并不显著。

总体而言，董事会治理不仅对企业创新投入具有积极的影响，而且对企业创新产出同样具有积极的影响，以此证明了本书结论的稳健性。

2. 不同产权性质董事会治理水平与企业创新

鉴于国有企业和非国有企业本质属性的不同，可能导致二者董事会治理对企业创新的影响机制也不相同，为了确保结果的稳健性，下面继续区分产权性质对董事会治理水平与企业创新产出的关系进行进一步检验。回归结果如表3-9所示。

列（1）至列（5）为非国有企业的回归结果，其中列（1）为董事会治理总指数对企业创新影响的回归结果，列（2）至列（5）为董事会治理分项指数对企业创新影响的回归结果。列（6）至列（10）是国有企业的回归结果，其中列（6）是董事会治理总指数对企业创新影响的回归结果，列（7）至列（10）是董事会治理分项指数对企业创新影响的回归结果。

列（1）的回归结果表明，董事会治理总指数对企业创新产出具有显著的积极影响，这说明董事会治理水平越高，企业的创新产出也就越多。董事会治理水平越高，其必然带来更为科学的决策。特别是在转型时期，董事会更倾向于作企业创新决策，这必然提升创新产出。从分项指数的回归结果来看，列（2）的董事会结构和列（4）的董事会行为对企业创新产出具有显著的积极影响，这说明董事会结构越完善越能促进企业创新产出的提升，而董事会行为的规范性及履职的积极性更利于企业创新产出的提升。

从国有企业的回归结果来看，列（6）为董事会治理总指数对企业创新影响的回归结果，结果表明，董事会治理总指数对企业创新的积极作用并不显著。这是因为国有企业在较高的问责压力下会变得相对保守一些，董事会治理发挥的作用有限。从分项指数的回归结果来看，只有列（9）中的董事会行为对企业创新产出具有积极的作用，这是因为董事会行为是从董事会相关制度的建设和执行情况来衡量董事会治理的分项指标，董事会行为分项指数得分越高说明其相关制度越完善且执行越到位，因此对创新产出的提升是比较有利的。这也从侧面反映出国有企业董事会治理改革的方向应转向确保董事会治理的实质有效而不仅限于董事会治理形式的健全。

（二）Heckman 两阶段模型分析

企业选择进行创新型战略会受到制度因素、企业管理层博弈等各种因素的影响，而且并不是一个随机行为，如果仅选择具有研发投入的样本进行分析，便有可能因为样本自选择产生的内生性而带来回归结果的偏误，因此我们将进一步采用 Heckman 两阶段的方法来减轻样本选择带来的内生性。

表3-9　董事会治理水平与企业创新产出关系的回归结果

变量	(1) 非国有 lgpvalue	(2) 非国有 lgpvalue	(3) 非国有 lgpvalue	(4) 非国有 lgpvalue	(5) 非国有 lgpvalue	(6) 国有 lgpvalue	(7) 国有 lgpvalue	(8) 国有 lgpvalue	(9) 国有 lgpvalue	(10) 国有 lgpvalue
cchi	0.0151* (1.83)					0.0210 (1.29)				
bs		0.0100* (1.86)					-0.00427 (-0.41)			
bi			-0.00116 (-0.25)					0.00709 (0.79)		
bb				0.00994** (2.56)					0.0157** (2.12)	
bir					-0.00236 (-0.39)					0.000436 (0.04)
roa	0.00572 (0.63)	0.00613 (0.67)	0.00659 (0.72)	0.00548 (0.60)	0.00663 (0.73)	-0.0233 (-1.14)	-0.0143 (-0.72)	-0.0223 (-1.09)	-0.0244 (-1.19)	-0.0229 (-1.12)
fturnover	-0.00972*** (-2.86)	-0.00977*** (-2.88)	-0.00980*** (-2.89)	-0.00976*** (-2.88)	-0.00981*** (-2.89)	-0.00376 (-0.54)	-0.0000798 (-0.01)	-0.00391 (-0.56)	-0.00403 (-0.58)	-0.00404 (-0.58)
fsts	-0.0107** (-2.02)	-0.0103* (-1.95)	-0.0110** (-2.07)	-0.0107** (-2.02)	-0.0109** (-2.06)	-0.0111 (-1.04)	-0.0170 (-1.59)	-0.0120 (-1.12)	-0.0115 (-1.08)	-0.0120 (-1.12)

续表

变量	(1) 非国有 lgpvalue	(2) 非国有 lgpvalue	(3) 非国有 lgpvalue	(4) 非国有 lgpvalue	(5) 非国有 lgpvalue	(6) 国有 lgpvalue	(7) 国有 lgpvalue	(8) 国有 lgpvalue	(9) 国有 lgpvalue	(10) 国有 lgpvalue
tenstkcon	-0.0124*** (-2.67)	-0.0124*** (-2.67)	-0.0125*** (-2.69)	-0.0125*** (-2.69)	-0.0125*** (-2.68)	0.00909 (0.86)	0.0138 (1.30)	0.00989 (0.94)	0.00846 (0.80)	0.00979 (0.93)
size	0.790*** (12.55)	0.781*** (12.41)	0.785*** (12.46)	0.790*** (12.57)	0.784*** (12.43)	0.722*** (7.11)	0.571*** (5.95)	0.712*** (7.04)	0.725*** (7.20)	0.704*** (6.95)
fzl	-0.00565 (-1.44)	-0.00588 (-1.50)	-0.00600 (-1.53)	-0.00551 (-1.41)	-0.00602 (-1.54)	-0.0199** (-2.57)	-0.0207*** (-2.72)	-0.0202*** (-2.61)	-0.0205*** (-2.66)	-0.0201** (-2.58)
xjbl	-0.000139 (-0.36)	-0.000148 (-0.38)	-0.000166 (-0.43)	-0.000146 (-0.38)	-0.000172 (-0.45)	-0.000613 (-0.49)	-0.000700 (-0.56)	-0.000724 (-0.58)	-0.000526 (-0.42)	-0.000748 (-0.60)
rincome	0.00106*** (4.17)	0.00107*** (4.22)	0.00108*** (4.23)	0.00105*** (4.14)	0.00107*** (4.21)	0.00322 (0.77)	0.00331 (0.80)	0.00335 (0.80)	0.00355 (0.86)	0.00358 (0.86)
_cons	-1.199 (-0.80)	-0.774 (-0.54)	-0.226 (-0.16)	-0.838 (-0.59)	-0.141 (-0.10)	-2.447 (-1.01)	3.554* (1.83)	-1.540 (-0.69)	-2.067 (-0.95)	-1.019 (-0.44)
年份 行业	控制	控制	控制	控制	控制	控制	控制	控制	控制	控制
N	2339	2339	2339	2339	2339	668	668	668	668	668

注：*，**，***分别表示在10%、5%、1%的水平上显著，括号内为 t 值。

1. Heckman 两阶段模型的设定

在 Heckman 回归模型的第一阶段，本章将采用 Probit 创新战略的选择模型，即预测企业选择进行创新战略的概率，并计算逆米尔斯比率（λ）。在该模型中引入一个企业是否进行创新战略的虚拟变量，如果企业具有研发投入则为1，否则为0。因此第一阶段模型设定为：

$$Pr(y=1)=\phi(\beta_1 X_{i,t}+\beta_2 Z_{i,t}) \tag{3-4}$$

在模型（3-4）中，$Pr(y=1)$ 表示企业进行创新战略的概率，ϕ 表示标准正态分布的概率密度函数，$X_{i,t}$ 表示影响企业进行创新战略的变量。另外，在研发投入的选择模型中，要设置一个与董事会治理相关，但又与企业创新战略没有关系的工具变量 $Z_{i,t}$，这样可以防止 λ 与 $X_{i,t}$ 存在多重共线性。本章选取董事会治理总指数的滞后一期(ccbil)作为工具变量。

在第二阶段，采用线性回归模型对企业研发投入的影响因素进行回归，同时将第一阶段计算的逆米尔斯比率(λ)作为控制变量。逆米尔斯比率(λ) 计算公式为：

$$\lambda=\varphi(\beta_1 X_{i,t}+\beta_2 Z'_{i,t})/\phi(\beta_1 X_{i,t}+\beta_2 Z'_{i,t})$$

如果 λ 显著不为0，则存在显著的样本选择问题。在第二阶段模型设定为：

$$rd=\beta_0+\beta_1 X_{i,t}+\lambda+\sum Industry+\sum Year+u_{i,t} \tag{3-5}$$

2. Heckman 两阶段模型的回归结果

为了减轻样本选择带来的内生性问题，本书继续采用 Heckman 两阶段模型进行稳健性检验。在第一阶段采用 Probit 回归估计企业进行创新行为的概率，在第二阶段的回归中得出董事会治理及其分项指数对企业创新的影响。回归结果如表 3-10 所示。

表 3-10　董事会治理与企业创新产出关系的回归结果

变量	(1) lgrfunds	(2) lgrfunds	(3) lgrfunds	(4) lgrfunds	(5) lgrfunds
ccbi	−0.00258 (−0.95)				
bs		0.000391 (0.11)			
bi			−0.00528 (−1.54)		

变量	(1) lgrfunds	(2) lgrfunds	(3) lgrfunds	(4) lgrfunds	(5) lgrfunds
bb				0.00351* (1.70)	
bir					0.00318* (1.78)
roa	0.0160*** (4.99)	0.0174*** (2.81)	0.0175** (2.47)	0.0171*** (3.33)	0.0160*** (5.01)
fturnover	0.000879** (2.18)	0.00243 (1.24)	0.00284 (1.28)	0.00187 (1.15)	0.000875** (2.17)
fists	0.00308 (1.63)	0.00691 (1.37)	0.00763 (1.33)	0.00629 (1.50)	0.00314* (1.66)
tenstkcon	−0.00600*** (−3.18)	−0.00859* (−1.88)	−0.00916* (−1.76)	−0.00806** (−2.13)	−0.00608*** (−3.23)
size	0.804*** (39.53)	0.785*** (14.82)	0.769*** (12.69)	0.800*** (18.03)	0.805*** (39.68)
fzl	0.00193 (1.41)	0.00989 (0.94)	0.0123 (1.02)	0.00704 (0.80)	0.00189 (1.38)
xjbl	0.000227 (1.29)	0.000773 (1.04)	0.000919 (1.08)	0.000584 (0.94)	0.000223 (1.27)
rincome	−0.00000914 (−0.07)	0.0000192 (0.06)	0.0000686 (0.20)	−0.0000345 (−0.14)	−0.00000620 (−0.05)
年份行业	控制	控制	控制	控制	控制
_cons	−0.617 (−1.31)	−0.506 (−0.42)	0.172 (0.12)	−1.009 (−0.99)	−0.584 (−1.30)
innov					
roa	−0.00672** (−2.54)	−0.000465 (−0.15)	−0.000465 (−0.15)	−0.000465 (−0.15)	−0.00657** (−2.48)
fturnover	−0.00140*** (−5.01)	−0.00170*** (−5.87)	−0.00170*** (−5.87)	−0.00170*** (−5.87)	−0.00140*** (−5.01)
fists	−0.00366** (−2.16)	−0.00562*** (−2.96)	−0.00562*** (−2.96)	−0.00562*** (−2.96)	−0.00366** (−2.16)
tenstkcon	0.00237 (1.36)	0.00457** (2.39)	0.00457** (2.39)	0.00457** (2.39)	0.00238 (1.36)
size	0.103*** (6.14)	0.0535*** (2.85)	0.0535*** (2.85)	0.0535*** (2.85)	0.102*** (6.08)

续表

变量	（1） lgrfunds	（2） lgrfunds	（3） lgrfunds	（4） lgrfunds	（5） lgrfunds
fzl	-0.0113*** (-9.68)	-0.0159*** (-12.57)	-0.0159*** (-12.57)	-0.0159*** (-12.57)	-0.0112*** (-9.64)
xjbl	-0.000763*** (-5.31)	-0.000988*** (-6.11)	-0.000988*** (-6.11)	-0.000988*** (-6.11)	-0.000761*** (-5.30)
rincome	-0.000153* (-1.67)	-0.000233** (-2.32)	-0.000233** (-2.32)	-0.000233** (-2.32)	-0.000154* (-1.68)
ccbil	0.00397 (1.60)	0.00526 (1.55)	0.00526 (1.55)	0.00526 (1.55)	0.00352 (1.48)
_cons	-1.070*** (-2.93)	0.225 (0.54)	0.225 (0.54)	0.225 (0.54)	-1.027*** (-2.83)
athrho					
_cons	-1.903*** (-32.27)				-1.908*** (-32.17)
lnsigma					
_cons	0.344*** (27.17)				0.345*** (27.18)
mills					
lambda		-2.698* (-1.69)	-3.070* (-1.70)	-2.233* (-1.69)	
N	5066	5066	5066	5066	5066

注：*、**、***分别表示在10%、5%、1%的水平上显著，括号内为t值。

列（1）是董事会治理总指数的回归结果，列（2）至列（4）为董事会治理分项指数的回归结果。Heckman 两阶段的回归结果表明，在排除了样本选择的偏差后，董事会治理总指数、董事会结构、董事会独立性对企业创新的影响并不显著。而列（4）和列（5）中的董事会行为和董事激励与约束对企业创新的影响具有显著的积极作用，这和上文的结论相呼应。总结以上回归结果我们可以得出，董事会行为和董事激励与约束对企业创新影响的正效应比较稳定，也证明了结论的稳健性。这是因为董事会行为和董事的激励与约束更能从实质上来衡量董事会治理，其结果也反映出我国上市公司董事会治理的薄弱环节并非结构和制度的不健全，而是已有的健全结构和制度却不能产生预期的效果，这也是我国公司治理改革亟待解决的问题。

综合本章的回归结果，可以得出对企业创新起到决定作用的变量并非董事会治理形式上的指标（如董事会结构和董事会的独立性），而是衡量董事会实际运作有效性的指标（如董事会行为和董事激励与约束）。这是因为创新战略决策是董事会权力配置和运行的结果，其背后蕴含着董事会的运行机制，机制的设计和建设多强调的是治理主体行为上的到位（高明华，2017），而董事会结构的健全和独立性的合规并不意味着其能够发挥应有的作用。本章的回归结论不仅能够找到影响企业创新的关键因素，而且为改革我国董事会治理指引了方向。

八、本章小结

本章研究了董事会治理水平对创新战略选择的影响，借鉴董事会治理指数的四个一级指标，分别从董事会结构、董事会独立性、董事会行为和董事的激励与约束四个维度来构建了董事会治理水平对企业创新影响的能力机制、动力机制和制度保障机制的分析模型。第一，完善的董事会结构是企业创新的能力机制。完整性和互补性是董事会结构的主要特点，完整且具有互补性的董事会结构是董事会成员能够发挥其能力的基础条件。第二，董事会的独立性是企业创新决策的动力机制。董事会的独立性能够起到高效的监督作用并提供专业的建议咨询，这两点能够保证董事会决策的独立性和科学性。第三，董事会行为和董事的激励与约束是创新决策的制度保障机制。董事会是一个集体决策的机构，董事会成员之间必须要有充分的信息沟通机制和良好的决策氛围，董事会行为侧重于从以上方面来保证决策的顺利制定。此外，董事会成员同样需要合理的激励与约束机制来对评价其对决策结果的贡献。以上两者都能够保证决策的科学性和高效性，从而利于创新战略决策的制定和实施。

第四章　董事会治理对企业创新的
影响机制：基于董事会
治理模式视角的分析

　　一个创新项目的实施需要经过项目的设立、批准、执行和监督四个过程（Fame and Jensen，1983）。从西方公司治理实践来讲，CEO 负责战略决策的制定与执行，而董事会则负责战略决策的批准和监督。需要注意的是，在我国公司治理的实践中，尽管一些企业也制定了详细的董事会和管理层的工作细则，但董事会和 CEO 之间的权责关系并不明确，特别是非国有企业，董事长可能拥有至高权威，因此造成 CEO 并不能充分发挥其应有的决策和执行的作用。随着经济的进一步发展，创新的周期越来越短，我国公司治理实践中的"董事会决策，CEO 执行"的模式并不能完全适应时代的变化和决策的需要，因此发挥 CEO 为代表的管理层的自主能动性，打造和谐的董事会—CEO 关系对创新活动的开展意义重大①。

　　董事会与 CEO 关系受到董事会战略参与程度的影响，其演化过程大致经历了三个阶段：第一阶段："橡皮图章"的董事会，这个阶段董事会充当的是管理层的附庸，相应地理论基础是管理层霸权理论，董事会被 CEO 所控制，在战略决策过程中发挥的作用非常有限。第二阶段：从监督和管理 CEO 到逐步开始参与战略决策的制定。一方面，随着机构投资者的崛起，其在公司治理中的作用越来越重要，并且可以通过董事会向管理层施加压力来表达自身利益诉求。另一方面，一些管理层造成的公司治理丑闻使董事会的监督和战略职能日益强化。第三阶段：董事会全面参与战略的制定、执行并且与 CEO 共同面对战略决策和执行

---

① 需要注意的是，在公司治理实践中并非所有的公司都设置 CEO 职位，本书中所指的 CEO 是 CEO、总经理、总裁和银行行长的总称。

中的问题。事实上，随着资本市场的不断完善，公司治理也越来越规范，我国上市公司中两职分离的比例也越来越大，董事会和 CEO 的互动就显得尤为重要，不同的董事会治理模式（控制干预型和监督合作型）将直接影响两者关系，并影响创新活动的开展。

随着我国经济结构的调整和市场竞争的加剧，企业创新必然成为企业可持续发展的核心，但是企业创新具有高风险、收益滞后等特点。股东作为公司的委托人，其更看重的是企业的长期发展，也因此更加注重通过创新获得的收益。而经理人选择进行创新活动必然将置身于巨大的风险当中，一旦创新失败可能会面临因企业绩效下滑而离职的风险，从而造成经理人的声誉损失，使其在经理人市场中的关注度下降，甚至会断送自己的职业生涯。出于对自身职业生涯的考虑，经理人会有很强烈的动机去影响企业的投资决策来提升企业的短期绩效，其表现为倾向于选择具有稳定现金流的非创新型项目。

围绕着经理人创新的困境，大部分研究都在探讨如何更好地激励管理层进行创新研发决策，如薪酬激励（曾湘泉和周禹，2008；王旭，2016）、大股东参与（刘华芳和杨建君，2013；张峰和杨建君，2016）等。企业创新是企业的内生选择，不可否认创新决策的制定是企业高层管理人员互动的结果。理论上来讲董事会作为战略决策的最高机构，负责创新项目的批准和监督；CEO 则作为管理层的最高司令，主要负责创新项目的设立和执行，两者的关系是至关重要的，因二者目标冲突产生的委托代理问题可能并不利于企业创新活动的开展。因此根据委托代理理论的分析框架，委托人要制定合理的激励方案来激励代理人完成委托人的目标，并能在此过程中获得自身收益，通过探究两者关系来更好地激励决策者作出创新决策具有重大的理论和现实意义（王健忠，2018）。

对于企业而言，经理人可能通过侵占股东利益来提升自身收益，但董事会的一个重要功能就是监督经理层，通过加大监督力度来抑制 CEO 的"败德行为"。那么，对于创新型的企业是不是同样适用于严厉的监督甚至是直接干预 CEO 日常战略执行呢？Manso（2011）认为由于创新活动是探究未知并且极其容易失败，根据委托代理理论，CEO 会因为创新的失败而受到严厉的惩罚，从而很难激励其从事风险性的创新行为。因此，要促使 CEO 作出创新研发决策，最优的创新激励合同必须要满足两个条件：第一，要在短期内能容忍创新的失败。第二，长期内能够让创新者享受创新成功的收益。综合以上两个条件可知，要促进企业创新就要先形成容忍创新失败的文化，董事会对 CEO 的考核不应该过分注重企业的短期绩效，因此和谐的董事会与 CEO 关系非常重要。

　　本章将采用理论模型推演的方法来探究董事会治理模式对创新的影响，通过构建 CEO 的收益方程，根据收益方程最大化的条件解出监督合作与控制干预两种董事会治理模式对企业创新决策的影响。

一、董事会治理模式与创新决策

　　Hellman 和 Thiele（2011）将 CEO 的工作分为基本工作和创新工作，两种工作都要花费 CEO 一定的时间和精力，因此 CEO 会在基本工作和创新工作之间的时间投入上找到一个合适的比例来进行分配，以达到自身和企业最大化的目标。在这里我们将继续采用（Hellman and Thiele，2011）的分析思路，将 CEO 的选择进一步分为非创新型项目和创新型项目，非创新型项目的产出为 y_n，创新型项目所产生的收益为 y_i。企业进行非创新型项目可以在较大程度上获得稳定的现金流，CEO 因企业绩效下滑而离职的概率比较小，但是随着市场竞争的激烈程度增强，如果 CEO 只进行一般性的非创新型项目投资，则很难保证其职位的安全性，因此公司 CEO 也会选择创新型项目。但是选择进行创新型项目是具有较高风险的，企业一旦无法从创新中获得预期的收益，CEO 可能面临着较大的离职压力。因此出于对职位安全性的考虑，CEO 需要在既定企业资源的条件下，根据自身的能力和水平来权衡是否进行创新型项目。假定 CEO 拥有一定的自主裁量权，CEO 既可以将资源用于非创新型项目，又可以用于创新型项目，在资源总量一定的前提下，可以将 θ（$0 \leqslant \theta \leqslant 1$）比例的资源用于非创新型项目，剩余 $1-\theta$ 的部分用于创新型项目。θ 是衡量 CEO 创新决策的变量，也可以理解为 CEO 进行创新活动的意愿，θ 越大，CEO 用于非创新项目资源的比例越大，则用于创新型项目的资源就越小。在下文的分析中，我们重点关注 θ 的决定因素，并分析董事会的监督合作和控制干预行为对创新决策的影响。

　　根据已有的文献，CEO 的收益包括两个部分，分别为货币收益和非货币收益，其中非货币收益也就是控制权收益。控制权收益指的是高级管理人员利用控制权获得的收益，比如经理人在位时的在职消费、成就感、声誉等。经理人的控制权收益与董事会控制干预程度 g（$0 \leqslant g \leqslant 1$）直接相关，因为董事会控制干预

CEO 的本质是董事会难以向 CEO 分享控制权，干预程度越高，CEO 获得的控制权就会越小。假定 CEO 选择进行非创新型项目可以获得固定收益为 W_n，这里的 W_n 依然与 CEO 的努力程度 e 相关。在这里，如果 CEO 选择非创新型项目，假定企业可以获得稳定的现金流，CEO 可以获得相应的固定收益 W_n，本书认为 W_n 是无风险的收益。CEO 进行创新的项目是有风险的，会受到各种不确定因素的影响，有可能会遭受失败，假定创新型项目成功的概率为 P，创新型项目成功后可以得到的货币收益为 W_i，并且在进行创新型项目时可以获得的控制权收益为 S_i，CEO 在此过程中付出的成本为 $C_i(e)$。

董事会作为经理人的委托人，假定董事会的收益即为整个企业的收益。董事会有两种类型：一种是控制干预型董事会，控制干预的本质是 CEO 与董事会控制权比例的问题。较强的董事会控制干预力度在一定程度上可以防止 CEO 为获取个人私有收益而损害公司股东利益的行为，但同时造成 CEO 难以获得创新型项目的控制权，因此会损害其个人作出创新研发决策的积极性。在本章的分析中，将着重分析控制干预型董事会对 CEO 创新资源配置决策的影响。另一种是监督合作型的董事会，这种类型的董事会选择与 CEO 合作共同完成企业经营任务，并向 CEO 提供建议，经理人得到董事会的建议咨询后可以提高创新项目成功的概率。

董事会监督合作功能是否发挥作用，取决于董事会和 CEO 之间信息是否对称，而董事会对投资项目信息的获取是通过 CEO 向董事会报告而得到的。CEO 选择向董事会报告创新中遇到的困境可以得到董事会的帮助和建议，提高创新项目成功的概率，但是选择向董事会报告也可能会暴露 CEO 能力的不足，此时董事会为了股东价值可能会考虑更换 CEO，这就造成了 CEO 的两难选择的困境。那么，CEO 既可以选择主动向董事会报告创新过程中的不利情况，又可以选择不向董事会报告而自行处理。

由于我国经理人市场发育并不成熟，外部经理人市场的治理机制很难发挥应有的作用，而内部治理机制的设计可以弥补外部治理机制的不足，董事会的监督是非常重要的内部治理机制，但是我国的公司治理还处于过渡阶段，董事会和 CEO 权责不清晰，极容易发生董事会干预经理人经营决策的行为。在开展创新性较强的项目时，尤其是董事会成员原有的经验不能给予较好建议时，董事会对 CEO 的干预一方面造成 CEO 的潜能很难得到发挥，另一方面会打击 CEO 开展创新工作的积极性。下面将构建 CEO 和董事会的收益方程，并且通过 CEO 选择不向董事会报告创新项目中的不利状况和选择主动向董事会报告创新项目中的不利状况两种情形进行讨论。

1. CEO 选择不报告创新中的不利状况

当 CEO 选择不向董事会报告创新中的不利状况时，其会通过发挥自身的经营能力来克服创新中的困境。一旦创新项目获得成功，CEO 既可以获得非创新型项目的固定收益 W_n 和创新项目相应的货币收益 W_i，又能继续保留职位并享受在创新型项目中获得的控制权收益。假定一旦创新项目成功，CEO 获得的收益将远远大于实施非创新型项目获得的收益，即 $W_i > W_n$。需要注意的是，由于非创新型项目大多为一些常规项目，使用的是一些常规的方法，并且相对流程化，董事会监督较为容易。而创新型项目需要较为特殊的人力资本，并且难以对其进行监督和定价，因此往往需要给予其特定的控制权和剩余控制权（王昌林和蒲勇健，2005）。本章认为相较于创新型项目，CEO 在非创新型项目中获得的控制权收益可以忽略不计，因此我们假定在非创新型项目中 CEO 只能获得相应的货币收益 W_n，不再区分货币收益和控制权收益。由于创新型项目存在较多的不确定性，经理人选择实施创新型项目必然要承担巨大的风险，一旦创新工作没有获得成功，那么创新项目的产出为 0，CEO 就很难获得创新项目的货币收益，则 $W_i = 0$，但 CEO 依然可以获得创新项目运营过程中的控制权收益，经理人付出的成本为 $C_i(e)$。假定董事会只行使自身监督的责任而不去干预 CEO 的正常经营决策，CEO 可以获得项目全部的控制权收益 S_i，而如果董事会对 CEO 的日常经营行为进行干预，在干预力度为 g 时，CEO 获得的控制权收益变成了 $(1-g)S_i$。由于 CEO 选择不向董事会汇报创新过程的相关不利信息，董事会由于信息不对称而很难向 CEO 提供更为专业的针对性建议，两者并未实现信息的战略共享，企业创新成功的概率并没有增加依然为 P。与以往的研究不同，本章将通过董事会监督而不干预 CEO 日常行为决策和董事会干预 CEO 日常行为决策两种情形分别进行讨论。

情形 1：董事会选择监督而不干预 CEO 的日常行为决策。

我们先讨论董事会在监督而非干预的情况下对 CEO 创新决策的影响，监督的主要目的是防止 CEO 的败德行为。假设 CEO 存在败德行为，并且可以获得私人利益 $D(e)$。董事会的监督使 CEO 的败德行为被发现的概率为 Q，一旦 CEO 的败德行为被发现，不仅败德的私人收益 $D(e)$ 会被没收，而且可能会受到严厉的惩罚。败德行为被发现的概率 Q 与监督的力度有关系，监督力度越大，败德行为被发现的概率就越大。假设败德行为被发现后的惩罚力度为 x，所处罚金为 $xD(e)$。此时，CEO 进行败德行为的期望收益为 $Q[D(e)-xD(e)]+(1-Q)D(e)$。并且我们认为，这里的监督力度旨在发现 CEO 的败德行为，而不会对 CEO 正常的行为决策进行干预，因此认为这个层面的董事会监督不会影响 CEO 的控制权收益。综上所述，经理根据自身的能力条件和市场的经营环境，可以将企业全部资源在非创新型项目和创新型项目之间进行配置，那么将多大比例的资源用于创新型项目取决于经理人在创新型项目和非创新型项目中获得的期望收益。完整的 CEO 的期望方程如下：

$$\theta W_n(e)+(1-\theta)\{P(W_i+S_i(e)-C_i(e))+(1-P)[S_i(e)-C_i(e)]\}+Q(D(e)-xD(e))+(1-Q)D(e) \tag{4-1}$$

为了分析的方便，这里将股东的收益等同于董事会的收益，因此董事会总期望收益为非创新型项目的收益加上创新型项目的收益减去付给 CEO 的报酬，再减去董事会监督的成本 $C_b(Q)$，具体的方程如下：

$$\theta y_n+(1-\theta)\{P[y_i+S_i(e)]+(1-P)S_i(e)\}-W_n-W_i-C_b(Q) \tag{4-2}$$

情形 2： 董事会干预 CEO 的日常行为决策。

在董事会干预 CEO 的日常经营决策时，我们假定此时的 CEO 完全被董事会掌控，CEO 就没有机会获得其败德收益。董事会的干预控制程度为 g，此时 CEO 获得的项目控制收益为 $(1-g)S_i$，由此，我们可以得到经理人的期望收益方程如下：

$$\theta W_n+(1-\theta)\{P(W_i+(1-g)S_i(e)-C_i(e))+(1-P)[(1-g)S_i(e)-C_i(e)]\} \tag{4-3}$$

因此董事会总期望收益同样为非创新型项目的收益加上创新型项目的收益减去付给 CEO 的报酬，再减去董事会监督的成本 $C_b(g)$，具体方程如下：

$$\theta y_n+(1-\theta)\{P[y_i+gS_i(e)]+(1-P)gS_i(e)\}-W_n-W_i-C_b(g) \tag{4-4}$$

2. CEO 选择向董事会报告创新中的不利情况

当 CEO 选择向董事会报告创新中的不利状况时，那么董事会将根据 CEO 报告的问题向其提供相应专业的且具有针对性的建议，这能够大大降低创新型项目的不确定性，提高创新成功的概率。但是 CEO 向董事会报告创新的不利状况也有其自身的担忧，一方面，如果创新项目进展不利则会向董事会传递 CEO 能力不佳的信号进而增加其离职的概率；另一方面，通过对比同行业，董事会根据 CEO 报告的不利信息能够更全面、更合理、更准确地评估 CEO 的贡献，并且在企业绩效下滑后董事会更倾向于通过更换经营不善的 CEO 来挽救公司价值，尤其是在竞争更为激烈的行业中。那么，CEO 是否选择向董事会报告取决于董事会对创新失败的容忍度，如果董事会对创新失败的容忍度较高，董事会在获得 CEO 所报告的不利信息后将选择继续信任 CEO 并给予其更多的支持，董事会的职能也就转变为与 CEO 合作并积极向其提供服务，企业创新成功的概率就变为 $P+a$。由此，本章假定并引入新的变量，即董事会对创新失败的容忍度为 T，如果 T 越小（$T \leq 1$），CEO 可获得的控制权收益也就越小，而如果 T 越大（$T>1$），则会产生超额的控制权收益。董事会对创新失败的容忍度同样也会影响董事会对 CEO 控制干预的强度和监督合作的深度，其对创新失败容忍度越高，越容易形成容忍创新失败的企业文化，也越能解除 CEO 作出创新研发决策的后顾之忧，创造鼓励 CEO 创新研发决策的环境。

情形 1：董事会监督而不干预 CEO 的经营决策。

此时，CEO 的期望收益方程为：

$$\theta W_n(e)+(1-\theta)\{(P+a)(W_i+TS_i(e)-C_i(e))+(1-P-a)[(TS_i(e)-C_i(e))]\}+Q(D(e)-xD(e))+(1-Q)D(e) \tag{4-5}$$

那么我们也可以得到董事会的收益方程：

$$\theta y_n+(1-\theta)\{(P+a)[y_i+S_i(e)]+(1-P-a)S_i(e)\}-W_n-W_i-C_b(Q)-C_b(a) \tag{4-6}$$

情形 2：董事会干预 CEO 的经营决策。

此时，CEO 的预期期望收益方程如下：

$$\theta W_n(e)+(1-\theta)\{(P+a)(W_i+T(1-g)S_i(e)-C_i(e))+(1-P-a)[T(1-g)S_i(e)-C_i(e)]\} \tag{4-7}$$

那么也可以得出此时董事会的期望收益方程如下：

$$\theta y_n+(1-\theta)\{(P+a)[y_i+gS_i(e)]+(1-P-a)gS_i(e)\}-W_n-W_i-C_b(g)-C_b(a) \tag{4-8}$$

二、理论命题分析

为了进一步研究各变量之间的关系，还需要对模型进行求解分析，并通过分析各变量的关系试图找到 CEO 决定在创新型项目上分配更多资源的影响因素，特别是控制干预型和监督合作型董事会对 CEO 作出创新研发决策的影响。在 CEO 选择不向董事会报告创新中的不利状况和选择主动向董事会报告创新中的不利状况两种情形下，将分析控制干预型和监督合作型对 CEO 开展创新活动意愿的影响。

1. CEO 不主动向董事会报告创新的不利情况

情形 1：董事会监督而不干预 CEO 日常经营行为。

此时，CEO 完整的期望收益方程为：

$$\theta W_n(e) + (1-\theta)\{P(W_i + S_i(e) - C_i(e)) + (1-P)[(S_i(e) - C_i(e))]\} + Q(D(e) - xD(e)) + (1-Q)D(e) \tag{4-9}$$

通过化简可以得到：

$$\theta\{W_n(e) - PW_i(e) - [S_i(e) - C_i(e)]\} + PW_i(e) + S_i(e) - C_i(e) + D(e)(1-Qx) \tag{4-10}$$

一阶条件为：

$$\theta\{W_n'(e) - PW_i'(e) - [S_i'(e) - C_i'(e)]\} + PW_i'(e) + S_i'(e) - C_i'(e) + D'(e)(1-Qx) = 0 \tag{4-11}$$

通过化简可以得到：

$$\theta = \frac{Pw_i'(e) + s_i'(e) - c_i'(e) + D'(e)(1-Qx)}{s_i'(e) - c_i'(e) - [w_n'(e) - Pw_i'(e)]} \tag{4-12}$$

在式（4-12）中，我们可以发现 CEO 败德行为被发现的概率 Q 越大，θ 就越小，$1-\theta$ 就越大。这说明企业的监督力度越大，企业进行创新活动的意愿就越强。这是因为在董事会监督力度较强时，CEO 进行败德行为的预期收益就越低，那么 CEO 会将更多的精力和时间用在企业的创新研发上。据此可以得出：

命题 4-1：当 CEO 选择不向董事会汇报创新中的不利情形时，董事会选择监督而不干预 CEO 的行为决策，可以降低 CEO 的机会主义倾向，促使其将更多的资源分配在创新领域。此时，董事会监督力度越强越能促进企业的创新活动。

情形 2：董事会干预 CEO 日常经营决策时。

在此情形下，CEO 选择不向董事会报告创新的不利情况的期望收益方程为：

$$\theta W_n(e) + (1-\theta)\{P(W_i(e) + (1-g)S_i(e) - C_i(e)) + (1-P)[(1-g)S_i(e) - C_i(e)]\} \tag{4-13}$$

通过化简可以得到：

$$\theta W_n(e) + (1-\theta)\{PW_i(e) + (1-g)S_i(e) - C_i(e)\} \tag{4-14}$$

CEO 收益方程关于其努力程度最大化的一阶条件为：

$$\theta W_n{}'(e)+(1-\theta)\left[P\left(W_i{}'(e)+(1-g)S_i{}'(e)-C_i{}'(e)\right)\right]=0 \tag{4-15}$$

通过化简一阶条件，可以得出：

$$\theta\left\{W_n{}'(e)-P\left(W_i{}'(e)\right)-\left[(1-g)S_i{}'(e)-C_i{}'(e)\right]\right\}=-\left[(1-g)S_i{}'(e)-C_i{}'(e)\right] \tag{4-16}$$

进一步化简解得：

$$\theta=\frac{(1-g)s_i{}'(e)-c_i{}'(e)}{(1-g)s_i{}'(e)-c_i{}'(e)-\left[w_n{}'(e)-Pw_i{}'(e)\right]} \tag{4-17}$$

分子分母同时除以 $(1-g)s_i{}'(e)-c_i{}'(e)$ 得到：

$$\theta=\frac{1}{1-\dfrac{w_n{}'(e)-Pw_i{}'(e)}{(1-g)s_i{}'(e)-c_i{}'(e)}} \tag{4-18}$$

通过以上分析可以得到，企业在非创新型项目和创新型项目之间的配置系数 θ 与创新型项目成功的概率 P、董事会的控制干预程度 g，以及非创新型项目的收益、创新型项目的收益、控制权收益等因素有关。本章重点关注的是 θ 与 g 关系，分析二者之间关系的时候，我们建立如下假设：

第一，企业进行创新的期望收益要大于进行非创新型项目的无风险收益，也就是 $w_n(e)<w_i(e)$，并且可以得出 $w_n(e)<Pw_i(e)$。本书认为，CEO 进行非创新型项目的收益为直线函数，例如 $w_n(e)=e$。而对于创新项目而言，一旦创新项目成功，CEO 努力程度的边际收益也将越大，此时我们假设 CEO 进行创新型项目的收益函数为 $w_i(e)=e^2$，那么同样可以得到 $w_n{}'(e)<Pw_i{}'(e)$。

第二，在创新取得成功的情况下，CEO 进行创新型项目的货币收益和控制权收益，要大于 CEO 付出的成本，否则 CEO 便不会开展创新活动。那么有 $W_i(e)+(1-g)S_i(e)>C_i(e)$，并且本书假设只靠控制权收益 $(1-g)S_i(e)$ 不足以抵消所付出的成本，即 $(1-g)S_i(e)-C_i(e)<0$。在创新项目失败的情形下，CEO 付出的努力越大，其努力的边际成本也就越大，同样可以得到 $(1-g)s_i{}'(e)-c_i{}'(e)<0$。

第三，在对 $\dfrac{w_n{}'(e)-Pw_i{}'(e)}{(1-g)s_i{}'(e)-c_i{}'(e)}$ 分子分母进行分析时，认为分母当中的 $(1-g)S_i{}'(e)-C_i{}'(e)<0$ 为控制收益与付出的总成本之间的差异，我们认为这种看不见的收益所产生的差值比分子看得见的薪酬差异 $w_n{}'(e)-Pw_i{}'(e)$ 更大，同样可以得到 $\dfrac{w_n{}'(e)-Pw_i{}'(e)}{(1-g)s_i{}'(e)-c_i{}'(e)}$ 的区间为 $(0，1)$，因此 $1-\dfrac{w_n{}'(e)-Pw_i{}'(e)}{(1-g)s_i{}'(e)-c_i{}'(e)}$ 的值

就大于 0。

本书比较关注的是董事会的控制干预强度 g 和企业创新资源的配置系数 θ，即 CEO 创新意愿之间的关系。θ 定义为 CEO 将公司资源向非创新型项目配置的比例，θ 越大，公司进行非创新型项目的资源就越多，而实施创新型项目的资源就越少。通过以上三个假设，我们可以进行分析并得到如下结论：如果 g 越大，则分母越小，θ 就越大。也就是说 CEO 在选择不向董事会汇报创新遇到的不利情形的情况下，如果董事会的控制干预强度越大，CEO 越倾向于选择将企业资源配置到非创新型项目上。也就是说，董事会控制干预强度越大，越不利于 CEO 作出创新研发的决策。据此可以得出以下命题：

命题 4-2：在 CEO 选择不向董事会汇报创新中的不利情形时，董事会的干预力度越大，CEO 越倾向于将资源向非创新型项目倾斜；反之，董事会控制干预强度越小，CEO 自主裁量权越大，越有利于 CEO 作出创新研发的决策。

2. CEO 主动向董事会汇报创新不利信息

情形 1：董事会监督而不干预 CEO 的经营行为。

CEO 将 θ 比例的公司资源用于非创新型项目，而将剩余（$1-\theta$）的部分用于创新型项目。由于创新项目的风险性，一旦开展创新型项目遇到阻碍，如果 CEO 很难克服以至于创新项目失败，可能会影响该公司的最终收益，甚至董事会可能考虑更换 CEO，导致 CEO 的利益受损。当 CEO 选择向董事会汇报创新型项目开展过程中的不利情形时，如果董事会选择与 CEO 开展合作，并为 CEO 创新活动提供服务，那么具有不同专业背景的董事会成员会根据创新中存在的困境提出针对性的建议，这会提高创新成功的概率，当董事会向 CEO 提供专业具有针对性建议 a 时，创新型项目成功的概率为 $P+a \in [P, 1]$。

此时，CEO 的期望收益方程为：

$$\theta W_n(e)+(1-\theta)\{(P+a)(W_i+TS_i(e)-C_i(e))+(1-P-a)[(TS_i(e)-C_i(e)]\}+Q(D(e)-xD(e))+(1-Q)D(e) \tag{4-19}$$

通过化简可以得到：

$$\theta\{W_n(e)-(P+a)W_i(e)-[TS_i(e)-C_i(e)]\}+(P+a)W_i(e)+TS_i(e)-C_i(e)+D(e)(1-Qx) \tag{4-20}$$

一阶条件为：

$$\theta\{W_n{}'(e)-(P+a)W_i{}'(e)-[TS_i{}'(e)-C_i{}'(e)]\}+(P+a)\{$$
$$W_i{}'(e)+TS_i{}'(e)-C_i{}'(e)+D'(e)(1-Qx)=0 \tag{4-21}$$

通过化简可以得到：

$$\theta = \frac{(P+a)w_i{}'(e)+Ts_i{}'(e)-c_i{}'(e)+D'(e)(1-Qx)}{Ts_i{}'(e)-c_i{}'(e)-[w_n{}'(e)-(P+a)w_i{}'(e)]} \qquad (4-22)$$

在式（4-22）中，可以发现 CEO 败德行为被发现的概率 Q 越大，θ 就越小，$1-\theta$ 就越大，也从一个侧面反映出，企业的监督力度越大，企业进行创新活动的意愿就越强。这是因为在董事会监督力度较强时，CEO 进行败德行为的预期收益就越低，那么 CEO 会将更多的精力和时间用在企业的创新研发上。

继续对式（4-22）进行化简得到：

$$\theta = \frac{1}{\dfrac{Ts_i{}'(e)-c_i{}'(e)-w_n{}'(e)}{(P+a)w_i{}'(e)}+1} + \frac{Ts_i{}'(e)-c_i{}'(e)+D'(e)(1-Qx)}{Ts_i{}'(e)-c_i{}'(e)-[w_n{}'(e)-(P+a)w_i{}'(e)]}$$

$$(4-23)$$

在式（4-23）中，a 越大时，θ 越小，$1-\theta$ 就越大。结合以上的分析，我们可以得出，监督力度 Q 和董事会的建议服务程度 a 之间存在协同效应，进一步提出：

命题 4-3：CEO 在主动向董事会汇报信息时，董事会监督力度可能增强（在董事会监督而不干预 CEO 的情况下）董事会服务职能对企业创新的积极作用。

情形 2：董事会干预 CEO 日常经营决策。

CEO 选择主动向董事会汇报创新中的不利情形的期望收益方程如下：

$$\theta W_n(e)+(1-\theta)\{(P+a)(W_i(e)+T(1-g)S_i(e)-C_i(e))+(1-P-a)[T(1-g)S_i(e)-C_i(e)]\} \qquad (4-24)$$

接下来，我们继续探寻 CEO 期望收益最大化的条件：

$$\theta W_n(e)+(1-\theta)\{(P+a)(W_i(e)+T(1-g)S_i(e)-C_i(e))+(1-P-a)[T(1-g)S_i(e)-C_i(e)]\} \qquad (4-25)$$

通过化简可以得到：

$$\theta W_n(e)+(1-\theta)\{(P+a)(W_i(e)+T(1-g)S_i(e)-C_i(e)\} \qquad (4-26)$$

其一阶条件为：

$$\theta W_n{}'(e)+(1-\theta)[(P+a)(W_i{}'(e)+T(1-g)S_i{}'(e)-C_i{}'(e)]=0 \qquad (4-27)$$

通过化简可以得到：

$$\theta\{W_n{}'(e)-(P+a)P(W_i{}'(e)-[T(1-g)S_i{}'(e)-C_i{}'(e)]\} = -[T(1-g)S_i{}'(e)-C_i{}'(e)] \qquad (4-28)$$

由式（4-28）可以得到：

$$\theta = \frac{T(1-g)s_i{'}(e) - c_i{'}(e)}{T(1-g)s_i{'}(e) - c_i{'}(e) - [w_n{'}(e) - (P+a)w_i{'}(e)]} \qquad (4-29)$$

分子和分母同时除以分子得到：

$$\theta = \frac{1}{1 - \dfrac{w_n{'}(e) - (P+a)w_i{'}(e)}{T(1-g)s_i{'}(e) - c_i{'}(e)}} \qquad (4-30)$$

我们继续沿用上面的分析假设：

第一，如果企业进行创新的期望收益大于进行非创新型项目的无风险收益，也就是 $w_n(e) < w_i(e)$，并且可以得出 $w_n(e) < (P+a)w_i(e)$。本章认为，CEO 进行非创新型项目的收益为直线函数，例如 $w_n(e) = e$，一旦创新项目成功，努力程度边际的收益也将越大，此时我们假设进行创新项目时 CEO 的努力收益函数为 $w_i(e) = e^2$，那么同样可以得到 $w_n{'}(e) < (P+a)w_i{'}(e)$。

第二，在创新取得成功的情况下，CEO 进行创新型项目的货币收益和控制权收益要大于 CEO 付出的成本，否则 CEO 便不会开展创新活动。那么有 $W_i(e) + T(1-g)S_i(e) > C_i(e)$，并且我们假设只靠控制权收益 $(1-g)S_i(e)$ 不足以抵消所付出的成本，即 $T(1-g)S_i(e) - C_i(e) < 0$。在创新项目失败的情形下，经理人付出的努力越大，其努力的边际成本也就越大，同样可以得到 $T(1-g)s_i{'}(e) - c_i{'}(e) < 0$。

第三，在对两者分子分母进行分析时，本书认为 $T(1-g)S_i(e) - C_i(e) < 0$ 为控制收益与付出的总成本之间的差异，我们认为这种看不见的收益所产生的产值更大，我们同样可以认为 $\dfrac{w_n{'}(e) - (P+a)w_i{'}(e)}{T(1-g)s_i{'}(e) - c_i{'}(e)}$ 的区间为（0，1），因此 $1 - \dfrac{w_n{'}(e) - Pw_i{'}(e)}{T(1-g)s_i{'}(e) - c_i{'}(e)}$ 的值就大于 0。

通过分析可以得到以下结论：

变量 a 代表董事会向 CEO 提供建议的程度，也可以理解为董事会与 CEO 合作的程度。由式（4-30）可以得到，a 越大，θ 就越小，$1-\theta$ 就越大。也就是说董事会建议服务程度越大，CEO 将资源用于创新的比例越大，因此我们可以得出董事会与 CEO 监督合作可以促进 CEO 作出创新研发决策。此时，继续分析董事会控制干预程度 g 的影响，发现当 g 越大时，θ 就越大，$1-\theta$ 就越小，建议服务的积极作用也会减弱。因此可以得出以下命题：

命题 4-4：CEO 向董事会主动汇报信息时，控制干预程度会减弱董事会服务职能对企业创新的正效应。

三、进一步研究

1. CEO 主动向董事会汇报创新中不利情况的条件（CEO 视角）

上文研究了董事会控制干预和监督合作对 CEO 开展创新活动的影响，得知董事会选择与 CEO 合作的一个重要条件是董事会与 CEO 之间的信息沟通，那么在什么条件下 CEO 会主动向董事会汇报创新中的不利情况呢？一个简单的思路是 CEO 选择向董事会汇报创新不利情况所获得的期望收益要大于 CEO 选择不向董事会汇报创新不利情况的期望收益（ΔC_1 和 ΔC_2 分别为两种情形下 CEO 收益之差），本章将以两种情形进行讨论。

情形 1：董事会监督而不干预 CEO 日常行为决策。

$$\Delta C_1 = \theta W_n(e) + (1-\theta)\{(P+a)(W_i+S_i(e)-C_i(e)) + (1-P-a)[(S_i(e) - C_i(e))]\} + Q(D(e)-xD(e)) + (1-Q)D(e) - \{\theta W_n(e) + (1-\theta) \{P(W_i+S_i(e)-C_i(e)) + (1-P)[(S_i(e)-C_i(e))]\} + Q(D(e) - xD(e)) + (1-Q)D(e)\} \tag{4-31}$$

将式（4-31）化简得到：

$$\Delta C_1 = (1-\theta)aW_i \tag{4-32}$$

从式（4-32）可以得出当董事会监督而不干预 CEO 日常经营行为时，ΔC_1 始终是大于 0 的，此时 CEO 应该会主动向董事会汇报创新中的不利情形，并且 CEO 创新项目中的货币收益 W_i 越大，其向董事会汇报创新中的不利情形的积极性就越高。

情形 2：董事会干预 CEO 日常经营决策。

两者相减得 ΔC_2 为：

$$\Delta C_2 = \theta W_n(e) + (1-\theta)\{(P+a)(W_i(e)+T(1-g)S_i(e)-C_i(e)) + (1-P-a) [T(1-g)S_i(e)-C_i(e)]\} - \theta W_n(e) - (1-\theta)\{P(W_i(e)+(1-g)S_i(e)- C_i(e)) + (1-P)[(1-g)S_i(e)-C_i(e)]\} \tag{4-33}$$

将式（4-33）化简得到：

$$\Delta C_2 = (1-\theta)\left[aW_i + (L-g)S_i(T-1)\right] \tag{4-34}$$

令式（4-34）大于0可以得到：

$$(1-\theta)\left[aW_i + (L-g)S_i(T-1)\right] > 0 \tag{4-35}$$

将式（4-35）化简得：

$$aW_i > (L-g)S_i(1-T) \tag{4-36}$$

即 $W_i > \dfrac{(1-g)(1-T)}{a}S_i$

通过式（4-36）可以得到只有当 CEO 创新成功后得到的货币收益大于被调节的控制权收益时，CEO 才会主动地向董事会汇报创新中的不利信息。这是因为创新行为具有较高的风险性，在董事会干预程度较强时，相比较难获得的控制权收益，经理人应该更看重的是货币收益。

根据前文可以得知 CEO 主动向董事会汇报创新中存在的不利情形的意愿为 $\Delta C_2 = (1-\theta)\left[aW_i + (L-g)S_i(T-1)\right]$，由 ΔC_2 可知 CEO 汇报的意愿与董事会的干预水平和建议服务水平有关系，继续对建议服务水平 a 求导可以得到：

$$\frac{\partial \Delta C_2}{\partial a} = (1-\theta)W_i \tag{4-37}$$

在式（4-37）中 $(1-\theta)W_i$ 显然是大于0的，也就是说 CEO 向董事会汇报创新活动中不利情况的意愿与董事会的建议服务水平是正相关的，如果董事会能够向 CEO 提供更多的建议服务，CEO 则选择共享更多的信息。

再通过对董事会干预水平 g 求导可以得到：

$$\frac{\partial \Delta C_2}{\partial g} = -(1-\theta)s_i(T-1) \tag{4-38}$$

式（4-38）可以得到 $\dfrac{\partial \Delta C_2}{\partial g}$ 符号取决于 T 的范围，即董事会对创新失败的容忍度，如果 $T>1$（失败容忍度较高），$\dfrac{\partial \Delta C_2}{\partial g}$ 则小于 0，这说明，控制干预强度越大，CEO 向董事会汇报创新活动中不利情形的意愿也越低，即便是在失败容忍度较高的情况下。这是因为干预强度越大，表明董事会与 CEO 的互信不足，互信不足容易引发 CEO 与董事会战略上的对抗，进而带来一些无效率的行为导致决策效率低下，不利于企业创新决策的制定。而如果 $T<1$（失败容忍度较低），$\dfrac{\partial \Delta C_2}{\partial g}$ 则大于 0，也就是说控制干预程度越大，CEO 向董事会汇报创新活动中不利

情形的意愿越高。这并非是鼓励董事会提高干预程度，一个合理的解释是，在董事会干预经理人的日常决策时，经理人已经在董事会的严密监视和干预下，也无须向董事会隐瞒创新中的不利信息，加之失败容忍度较低，一旦创新失败 CEO 离职的可能性增大，此时 CEO 向董事会汇报信息更多的是为了逃避自身责任，而并非积极地向董事会分享创新项目信息。

进一步分析，CEO 向董事会汇报信息的意愿与董事会对创新失败的容忍度 T 有关系，可以继续通过 ΔC 对 T 求导得到两者的相关关系。

$$\frac{\partial \Delta C_2}{\partial T} = (1-\theta)(1-g)s_i \tag{4-39}$$

通过对式（4-39）分析可知，$\dfrac{\partial \Delta C_2}{\partial T}>0$，也就是说董事会对 CEO 创新失败容忍度越高，CEO 向董事会汇报创新中不利情况的意愿就越高。这是因为董事会对创新失败的容忍度越高，也就意味着其对 CEO 的信任程度就越高，两者越能实现战略上的共享和行动上的互信，能减少 CEO 作出创新决策的后顾之忧。

综上所述，在其他条件不变的情况下，CEO 选择和董事会合作的条件是相对复杂的，并且取决于董事会提供建议服务的水平 a、董事会控制干预的程度 g 和董事会创新失败的容忍度 T，CEO 更希望董事会具有较低的干预程度、较高的服务水平及较高的创新失败容忍度。

2. 董事会促进 CEO 汇报创新中不利情况的条件（董事会视角）

研究 CEO 选择进行汇报不利情况的条件后，将从董事会的角度来研究什么样的董事会更利于 CEO 和董事会两者融洽合作的关系。只有董事会的收益在 CEO 主动选择向董事会汇报不利情况下大于 CEO 不选择向董事会汇报不利情况时（ΔB_1 和 ΔB_2 为两种情形下董事会收益之差），董事会才会倾向于选择成为监督合作型的董事会，鼓励 CEO 向董事会汇报创新中遇到的不利因素，并获得董事会的帮助与建议。

情形 1：董事会监督而不干预 CEO 日常经营决策。

由上文可以得到：

$$\Delta B_1 = \theta y_n + (1-\theta)\{(P+a)[y_i+gS_i(e)]+(1-P-a)gS_i(e)\}-W_n-W_i-C_b(g)-$$
$$C_b(a)-\{\theta y_n+(1-\theta)\{P[y_i+S_i(e)]+(1-P)S_i(e)\}-W_n-W_i-C_b(Q)\}$$

$$\tag{4-40}$$

将式（4-40）化简得到：

$$\Delta B_1 = (1-\theta)\left[ay_i - (1-g)S_i\right] - \left[C_b(a) + C_b(Q)\right]$$ (4-41)

当 $\Delta > 0$ 时，即

$$y_i > \frac{C_b(a) + C_b(Q) + (1-g)(1-\theta)S_i}{(1-\theta)a}$$ (4-42)

当式（4-42）成立时，董事会将会选择成为监督合作型的董事会。该式所隐含的经济学含义是董事会所获得的创新收益应该大于监督和建议成本及 CEO 控制权收益之和。

情形 2： 董事会干预 CEO 日常行为决策。

由前文得知当 CEO 选择向董事会汇报创新过程中的不利情况时董事会的收益方程如下：

$$\theta y_n + (1-\theta)\left\{(P+a)\left[y_i + gS_i(e)\right] + (1-P-a)gS_i(e)\right\} - W_n - W_i - C_b(g) - C_b(a)$$

(4-43)

董事会收益由两个部分组成，θ 部分是非创新型项目的收益，$1-\theta$ 部分是创新型项目的收益，CEO 主动向董事会汇报信息可以得到董事会的专业建议，这无疑会增加创新成功的概率。当创新型项目获得成功时，董事会获得的收益为 y_i，并且能够得到 $gS_i(e)$ 的控制权收益；当创新型项目失败时，董事会只能获得一部分控制权收益。同时，还要减去支付给 CEO 在非创新型项目和创新型项目中获得的报酬 W_n 和 W_i。董事会监督或者干预以及向经理人提供建议咨询同样也要付出一定的成本 $C_b(g)$ 和 $C_b(a)$。

当 CEO 不选择向董事会汇报创新中的不利情形时，董事会的收益函数如下：

$$\theta y_n + (1-\theta)\left\{P\left[y_i + gS_i(e)\right] + (1-P)gS_i(e)\right\} - W_n - W_i - C_b(g)。$$ (4-44)

与 CEO 主动向董事会汇报信息不同，CEO 选择不向董事会汇报信息就很难得到董事会专业的具有针对性的建议，因此几乎不存在董事会提供建议咨询的成本。

两者相减得到：

$$\Delta B_2 = (1-\theta)ay_i - C_b(a)$$ (4-45)

当 $\Delta B_2 > 0$，即 $(1-\theta)ay_i > C(a)$，董事会将会选择成为监督合作型的董事会。

因此可以看出，董事会选择成为监督合作型董事会的因素与董事会的建议水平和建议的成本、创新成功的收益有关系，为了进一步看出数量关系，对 ΔB_2 求 a 的偏导数得出：

$$\frac{\partial \Delta B_2}{\partial a} = (1-\theta) y_i - C_b{}'(a) \tag{4-46}$$

通过式（4-46）可以看出，$\frac{\partial \Delta B_2}{\partial a}$ 的正负关系并不确定。当 $\frac{\partial \Delta B}{\partial a} > 0$，即当董事会提供建议的边际成本 $C_b{}'(a) < (1-\theta) y_i$ 时，董事会越倾向于选择监督合作的模式。同时也可以看出，董事会选择相信 CEO 并给予其积极的建议，也取决于创新成功后的收益，只有在 CEO 做出成绩的前提下，董事会才会选择相信 CEO 并积极给予其帮助。而如果这种帮助没有达到董事会的预期收益时，董事会选择做幕后服务角色的积极性会降低，可能会选择对 CEO 的决策进行干预。

接着，继续对 y_i 求导，可以得到：

$$\frac{\partial \Delta B_2}{\partial y_i} = (1-\theta) a \tag{4-47}$$

由式（4-47）可以得到，$\frac{\partial \Delta B_2}{\partial y_i} > 0$，也就是说 CEO 创新项目成功的收益与董事会选择监督合作角色的积极性成正比，这同样呼应了上面的结论。当创新成功后的收益越大，董事会愿意只做幕后服务角色的意愿也就越强。

四、研究设计

本章的实证检验分为基础回归检验和进一步机制检验。

第一，基础回归检验。综合理论分析，主要得到以下的基础回归检验思路：分别将董事会监督、董事会干预和董事会服务对企业创新的影响进行基本的回归检验，在此基础上讨论董事会监督和干预对董事会服务与企业创新关系的影响，进而得出哪种董事会治理模式更有利于企业创新。基础回归思路如图 4-1 所示。

第二，进一步机制检验。通过理论分析，我们可以得知监督合作型的董事会可以促进企业资源更多地向创新型项目配置，这是因为监督合作型董事会能够建立董事会—CEO 充分的信任关系，提高对创新失败的容忍度，这会降低 CEO 离职的业绩敏感性，带来 CEO 创新的安全网效应。董事会在不干预 CEO 自主经营

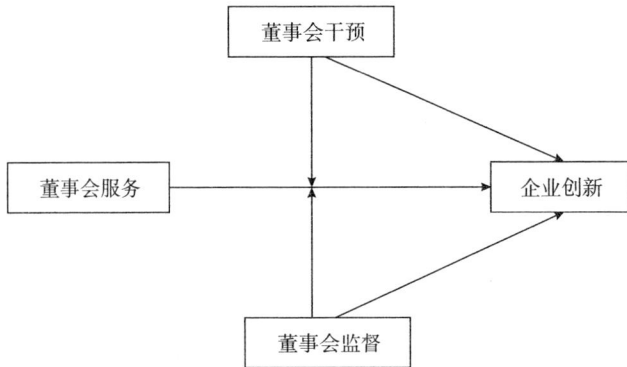

图 4-1　董事会治理模式对企业创新的基础回归思路

权的前提下进行合理的监督，可以带来一定的治理效应，降低代理冲突对企业创新的负效应，这都能够在极大程度上激发 CEO 的潜能，最终带来 CEO 的能力释放效应。那么在实证部分，本章进一步将以上董事会治理模式对企业创新影响的机制概括为安全网效应、治理效应和能力释放效应，并进行实证检验。

1. 安全网效应

Manso（2011）提出最优的创新激励合同是短期内能容忍创新的失败，长期内能够让创新者享受创新的收益，基于此，董事会是 CEO 选聘和考核的重要机构，要激励管理层推进创新活动，前提是要在短期内容忍失败并给予试错的机会，那么在创新周期内对其考核不应该过分地看重短期业绩的提升，这就要求董事会与经理人之间必须有充分的信任。对于聘任的 CEO 给予足够的信任是非常重要的，研究表明充分的信任能够使 CEO 产生对组织的感情依赖，根据社会交换理论，组织内成员在组织内获得了相应的物质回报和感情资源，因而会更依赖于组织，也会积极地回报组织。因此我们认为监督合作型的董事会能够增强董事会与 CEO 之间的相互信任，并且能够容忍创新研发时期内绩效的下滑，降低 CEO 离职的业绩敏感性，免除了 CEO 进行高风险创新行为的后顾之忧。需要说明的是，创新的安全网并非 CEO 的变相福利，或者 CEO 逃避责任的借口，其能够真正发挥激励作用，还需要相应的治理效应将 CEO 的机会主义行为降到最低。

2. 治理效应

面对创新的风险性时，股东和经理人表现出不同的态度，股东因看中企业的长远发展因而更注重创新带来的收益，而以 CEO 为代表的管理层更加看重任期内的短期最大化的收益，这导致了两者的利益冲突，经理人可能为了自身利益而放弃风险性较高的创新型项目而选择能带来稳定现金流的非创新型的常规项目，这导致代理冲突增加。监督合作型董事会要给予 CEO 合理的监督水平，这也是安全网效应发挥作用的前提，但需要注意的是，这种监督必须是在不干预 CEO 正常经营决策的前提下，这会减轻代理冲突对创新活动的消极影响。

3. 能力释放效应

综合以上两个效应可以看出最优的董事会治理模式的终极目的是最大程度释放 CEO 的潜能，诱导其进行创新活动。大量的研究表明，企业家能力对企业创新具有非常显著的积极作用；但也有研究认为具有较高能力的 CEO 可能会尽其最大可能放大或者平滑收益数据，这有可能对企业创新不利。内部治理机制的不完善导致企业家能力不能有效地发挥，即使有很强的能力也很难将其精力和潜能用于创新。而监督合作型的董事会能够在合理的监督水平下不干预 CEO 的正常经营决策，给予自主裁量权，更加有效地促进 CEO 才能的发挥，称之为能力释放效应。

具体机制检验如图 4-2 所示。

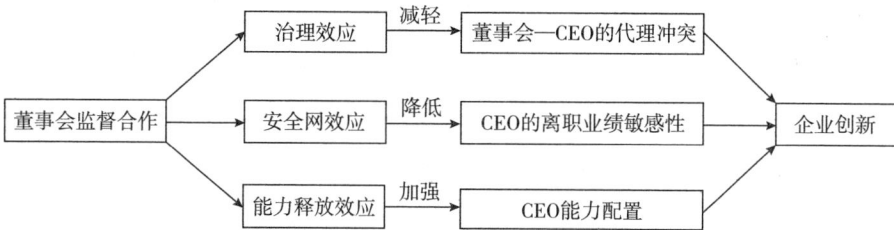

图 4-2 董事会治理模式对企业创新影响的进一步机制检验思路

（一）数据来源

本章涉及的回归数据源自中国经济金融数据库，控制变量数据来自于同花顺 iFinD 金融终端，董事会建议服务的数据来自于董事会治理指数的二级指标，即独立董事中是否担任其他公司高管的职务、独立董事中是否有曾任职政府或者人大政协的工作经历。CEO 权力数据来源于中国上市公司治理分类指数数据库中的"企业家能力指数"中的二级指标，即 CEO 学历、CEO 选聘来源、CEO 工作年限、CEO 与董事长是否两职合一和 CEO 是否持有公司股份。总样本中同时删除了 CEO 权力数据缺失的样本。与第三章的实证分析保持一致，本章依然选取 2014~2016 年连续三年的数据。

（二）变量的定义

（1）企业创新。在第三章的实证部分，企业创新变量的衡量主要关注的是"有没有"实施创新战略的问题，采用的是企业实施创新战略的虚拟变量和企业研发经费的对数。而本章更关注投入多大强度的问题，主要采用研发经费的投入强度来衡量企业创新，该指标采用研发经费与销售收入的比值来衡量。研发投入强度值越高，说明企业支持创新项目的力度就越大，也契合理论分析部分中所研究的重点，即如何促进企业将更多的资源向创新型项目倾斜，从而促进企业创新。因此，本章的检验部分主要采用研发投入强度这个指标。

（2）董事会监督。衡量董事会监督主要从以下两个方面研究：①董事会会议次数（bmeeting）。董事会是一种集体会议的决策机构，通过董事会可以解决意见分歧，作出战略决策。Adams（2005）、Brick 和 Chidambaran（2010）都认为董事会会议次数是一个衡量董事会监管合适的指标，因为董事会大部分时间都在监督经理人（Schwartz-Ziv and Weisbach，2013），因此本章采用董事会会议次数作为衡量董事会监督强度的指标。②独立董事比例（idpenl）。为了确保结果的全面和稳健，我们继续采用董事会独立董事的比例作为衡量董事会监督强度的重要指标。独立董事考虑到声誉可能要特别重视自身的投票权，这可以起到一定的监督作用。

（3）董事会的服务职能。董事会的服务职能是指董事会能够为经理人提供咨询建议等帮助，能够推动 CEO 开展项目，尤其是提升创新型项目成功的概率。这里我们采用以下指标来表示。①独立董事中是否担任其他公司高管的职务（otherexe）。独立董事担任其他公司的高管无疑是对该独立董事业务能力的一种认可，同样也可以为经理人提供相应的具有针对性的建议。那么本章认为如果某位独立董事在本公司以外的其他公司担任高级管理人员则赋值为 1，否则为 0。②独立董事是否曾在政府部门（gover）。如果是则赋值为 1，否则为 0。

（4）董事会控制干预程度［CEO 自主裁量权（power）］。CEO 自主裁量权是指 CEO 决策权的大小，也就是董事会是否能够向 CEO 授权，可以通过 CEO 权力的大小来衡量 CEO 的自主裁量权（Hambrick and Finkelstein，1987；Lilienfeld-

Toal and Ruenzi，2014）。在本章中，采用以下指标来衡量 CEO 的权力。①CEO 与董事长是否两职分离（cduality）。如果 CEO 与董事长是两职合一的，就认为 CEO 权力比较大，其自主裁量权应该更大。如果董事长和 CEO 是两职合一的，则赋值为 1，否则为 0。②CEO 的受教育程度（ceoedu）。如果 CEO 具有学术型研究生以上学历，则说明 CEO 具有专业的知识和认证，其在董事会具有较大影响力。③CEO 的工作年限（ceoseryear）。CEO 的工作年限越长，其在公司的影响力就越大。④CEO 是否持有公司股份（ceoholderl）。CEO 持有公司股份，同时说明其在公司的影响力也较大，因此如果 CEO 持有公司股份，则赋值为 1，否则为 0。⑤CEO 的选聘路径（ceoselepath）。如果 CEO 在任职之前是公司内部提拔则是内部选聘，则赋值为 1，否则为 0。CEO 来源于公司内部说明 CEO 在本公司能力得到董事会的认可，其权力也相对较大。在进行回归时，我们将五个指标进行相加，得到董事会控制干预程度（CEO 权力）的总指标。该指标得分越高，那么董事会控制干预程度（CEO 权力）越大。

（5）CEO 离职（ceo_c）。CEO 离职分为被迫离职和正常离职，可借鉴 Chang 和 Wong（2009）的方法进行区别。如果 CEO 是被迫离职则赋值为 1，否则为 0。

（6）企业家（CEO）能力。本书采用北京师范大学公司治理与企业发展研究中心开发的企业家能力指数作为衡量企业家能力的变量。企业家能力指数的衡量主体是 CEO，需要注意的是，并不是所有的企业都会设置 CEO 这个职位，有的企业称总经理或者总裁。严格意义上来讲，以上职位是不相同的，在实证部分为了保证数据的完整性及考虑到我国公司治理的现实特点，如果该企业设置了 CEO 职位，则直接采用信息；如果没有设置 CEO 岗位，则采用总裁或者总经理及银行行长的信息。

为了确保结果的准确性，也需考虑一些重要的控制变量：①企业规模。企业规模可能会影响企业创新战略的实施，企业规模越大，越有可能实施创新型战略，进行大量的研发投资活动。②企业资产负债率。企业的资本结构对企业的创新同样具有一定的影响，资产负债率越高的企业可能对于创新活动的态度就会越谨慎。③成长性。企业成长性与企业进行创新活动具有显著的相关关系。④营运能力。企业营运能力与企业创新战略的实施关系密切，企业营运能力越强，其对企业的资源利用效率越高，同样更加利于企业创新战略的实施。

（三）模型设定

1. 基础回归模型

本书将建立以下模型进行实证检验。为了检验董事会监督是否可以促进企业实施创新型战略，本书采用模型（4-48）来检验董事会监督对企业创新的影响，模型（4-48）如下：

$$innovation_{i,t} = \alpha + \beta_1 monitor_{i,t} + \beta_2 control_{i,t} + \sum Industry + \sum Year + u_{i,t} \qquad (4\text{-}48)$$

在模型（4-48）中，$innovation_{i,t}$ 是衡量企业创新的变量，包括企业实施创新战略的虚拟变量，研发经费投入及研发经费投入强度，本章重点采用的是研发经费投入强度的指标，$monitor_{i,t}$ 是董事会监督强度，分别采用董事会会议次数（bmeeting）和独立董事比例（idpenl）两个指标表示。$control_{i,t}$ 是相关控制变量。

为了验证董事会干预程度对企业创新的影响，采用模型（4-49）进行回归验证：

$$innovation_{i,t} = \alpha + \beta_1 power_{i,t} + \beta_2 control_{i,t} + \sum Industry + \sum Year + u_{i,t} \qquad (4\text{-}49)$$

在模型（4-49）中，$power_{i,t}$ 代表董事会的干预程度，采用 CEO 权力大小来衡量，CEO 权力越大，即董事会干预程度就越小。

为了验证董事会服务职能对企业创新的影响，采用模型（4-50）进行回归验证，模型（4-50）如下：

$$innovation_{i,t} = \alpha + \beta_1 service_{i,t} + \beta_2 control_{i,t} + \sum Industry + \sum Year + u_{i,t} \qquad (4\text{-}50)$$

在模型（4-50）中，$service_{i,t}$ 为董事会服务职能的变量，其中包括独立董事中是否担任其他公司高管（otherexe）和独立董事中是否有具有政府工作背景（gover）。

由上文理论分析得知，董事会合作服务机制作用的发挥必然要受到董事会监督和董事会干预的影响。因此，我们将在模型（4-50）中加入董事会监督和董事会干预的交叉项，继续讨论以上关系，模型（4-51）和模型（4-52）如下：

$$innovation_{i,t} = \alpha + \beta_1 service_{i,t} + \beta_2 monitor_{i,t} \times service + \beta_3 monitor_{i,t} +$$
$$\beta_4 control_{i,t} + \sum Industry + \sum Year + u_{i,t} \qquad (4\text{-}51)$$

$$innovation_{i,t} = \alpha + \beta_1 service_{i,t} + \beta_2 power_{i,t} \times service + \beta_3 power_{i,t} +$$
$$\beta_4 control_{i,t} + \sum Industry + \sum Year + u_{i,t} \qquad (4\text{-}52)$$

2. 进一步机制检验模型

（1）安全网效应。

$$ceo\_c_{i,t}=\beta_0+\beta_1 roa_{i,t}+\beta_2 power_{i,t}\times roa_{i,t}+\beta_3 power_{i,t}+\beta_4 control_{i,t}+\varepsilon \qquad (4-53)$$

在模型（4-53）中，$roa_{i,t}$ 为资产报酬率的比值，$power_{i,t}$ 为董事会干预程度，本章预计 β_1 的系数为负，即 CEO 业绩越好，CEO 离职的概率就越低。β_2 的系数为正，即董事会干预力度越小，越能降低 CEO 离职的业绩敏感性。

（2）治理效应。

$$innovation_{i,t}=\beta_0+\beta_1 agc_{i,t}+\beta_2 agc_{i,t}\times power_{i,t}+\beta_3 power_{i,t}+\beta_4 control_{i,t}+\varepsilon \qquad (4-54)$$

在模型（4-54）中，$agc_{i,t}$ 为代理成本，采用销售费用占销售收入的比值来衡量。本章预计 β_1 的系数为负，即代理成本越高，越不利于企业创新。当 β_2 的系数为正，董事会干预力度越小，越能降低代理冲突对企业创新影响的负效应。

（3）能力释放效应。能力释放效应的检验分为两个部分：一是检验董事会干预对 CEO 能力与企业创新的调节作用，即在回归中加入 CEO 能力与董事会干预的交叉项（$ability_{i,t}\times power_{i,t}$），这里需要说明的是，董事会干预程度采用 CEO 权力来衡量，即 CEO 权力越大，则董事会干预程度越小。二是继续在以上检验的基础上检验董事会监督的调节作用，即加入 CEO 能力、董事会干预（CEO 权力）与董事会监督的交叉项（$\beta_3 ability_{i,t}\times power_{i,t}\times monitor_{i,t}$），继而可以得出董事会较低的干预程度需建立在有效的监督水平的前提下。

$$innovation_{i,t}=\beta_0+\beta_1 ability_{i,t}+\beta_2 ability_{i,t}\times power_{i,t}+\beta_3 power_{i,t}+\beta_4 control_{i,t}+\varepsilon$$
$$(4-55)$$

$$innovation_{i,t}=\beta_0+\beta_1 ability_{i,t}+\beta_2 ability_{i,t}\times power_{i,t}+\beta_3 ability_{i,t}\times power_{i,t}\times$$
$$monitor_{i,t}+\beta_4 power+\beta_5 control_{i,t}+\varepsilon \qquad (4-56)$$

五、描述性统计

本节将对各变量进行简单的描述性统计，表 4-1 为各变量的描述性统计结果。

表4-1 各变量的描述性统计

变量	变量名称	样本数	平均值	标准差	最小值	最大值
	创新变量					
innov	创新战略实施	8009	0.80	0.40	0.00	1.00
lgrfunds	研发投入	8009	14.09	7.20	0.00	23.27
rd	研发投入强度	8168	3.45	5.33	0.00	169.43
	控制变量					
roa	资产报酬率	7866	5.29	21.26	-1610.96	727.53
pvalue	专利价值	3008	15.11	2.67	0.00	22.09
roaf	上一期企业业绩	5204	5.09	7.36	-81.633	59.99
pincome	利润收入比	7991	5.55	56.55	-1916.65	1391.53
npincom	净利润收入比	7991	5.44	68.17	-3643.70	1513.84
fturnover	营运能力	7990	14.96	135.89	0.02	6456.44
fists	第一大股东持股比例	7992	34.13	14.98	0.29	89.99
tenstkcon	前10大股东持股比例	7992	57.19	15.46	1.32	101.16
bsalary	董事长薪酬	7082	67.92	100.66	0.00	2037.77
csalary	总经理薪酬	7632	79.13	94.54	0.00	1683.25
rincome	成长性	7991	21.72	181.55	-100.00	8748.37
fzl	负债率	7992	44.81	55.86	0.91	4615.94
xjbl	现金比率	7863	91.10	199.80	0.08	7041.00
size	企业规模	7992	22.25	1.47	14.94	30.81
bnum	董事会规模	8166	5.703	1.76	0.00	15.00
	董事会服务变量					
otherexe	是否担任其他公司高管	8168	0.66	0.47	0.00	1.00
gover	是否曾在政府部门任职	8168	0.73	0.44	0.00	1.00
	董事会监督变量					
bmeeting	董事会会议次数	8166	10.11	4.74	0.00	56.00
indenum	独立董事人数	8166	3.39	1.07	0.00	13.00
idpenl	独立董事比例	8138	0.37	0.23	0.00	0.88

续表

变量	变量名称	样本数	平均值	标准差	最小值	最大值
CEO 权力指标						
ceoselepath	CEO 的选聘路径	8161	0.10	0.29	0.00	1.00
ceoholderl	CEO 是否持有公司股份	8168	0.40	2.46	0.00	1.00
cduality	CEO 与董事长是否两职合一	7701	0.24	0.43	0.00	1.00
ceoseryear	CEO 的工作年限	8161	0.74	0.22	0.00	1.00
ceoedu	CEO 的受教育程度	8161	0.41	0.49	0.00	1.00
power	董事会干预程度（CEO 权力）	7694	1.92	2.40	0.00	5.00
其他变量						
ceo_c	CEO 是否被迫离职	8234	0.23	0.42	0.00	1.00
bchange	董事长是否更换	8166	0.14	0.35	0.00	1.00
cchange	CEO 是否更换	7330	0.21	0.41	0.00	1.00
bholder	董事长持股比例	8166	10.86	17.78	0.00	89.18
age	企业年龄	7992	10.65	6.88	0.00	26.00

资料来源：笔者根据 Stata 整理。

　　通过对样本的分析可以得到，在所有样本中，公司董事会会议次数的平均值为 10.11，最小值为 0，最大值为 56，这说明不同公司之间董事会会议的次数不尽相同，也反映了董事会会议在不同的公司也具有不同的作用，甚至一些公司不召开董事会。独立董事比例的平均值为 0.37，达到了监管机构对公司独立董事比例的要求，就公司独立董事的人数来讲，平均值约为 3.39。在所有样本中，公司独立董事具有其他公司高管的样本为 5404，约占总体样本的 66.16%，公司独立董事曾具有政府工作背景的样本为 5998，约占全部样本的 73.43%；CEO 为内部提拔的样本为 748，约占全部样本的 9.17%；CEO 具有学术型研究生以上学历（不包括 MBA、EMBA）的样本为 3366，约占全部样本的 41.24%，这也在一定程度上说明了 CEO 这个群体普遍具有较高的学历，这是保证 CEO 开展创新活动所需的必要素质。CEO 被迫离职的样本数为 741，约占全部样本的 9.00%，也就是说 CEO 被迫离职的比例相对来说并不是特别高。

　　根据干预程度的不同将样本分为高干预程度和低干预程度，如果 CEO 权力指标大于平均值，则认为该公司为低干预程度公司，反之则为高干预程度公司，进而可以对两类干预程度进行董事会治理水平的比较，表 4-2 为不同干预程度公司董事会治理水平比较。

表 4-2   不同干预程度公司董事会治理水平比较

变量	高干预程度	低干预程度	总样本
$ccbi$	50.84	50.24	50.53
bs	44.72	41.68	43.16
bi	59.38	58.85	59.11
bb	47.20	48.05	47.64
bir	52.05	52.40	52.23

资料来源：笔者根据 Stata 整理。

从董事会治理总指数的平均值来看，高干预程度的公司董事会治理水平要高于低干预程度的公司。从分项指数的平均值来看，高干预程度公司的董事会结构分项指数和董事会独立性分项指数分别为 44.72 和 59.38，大于低干预程度公司的 41.68 和 58.85；低干预程度公司董事会行为和董事激励与约束分项指数分别为 48.05 和 52.40，大于高干预程度公司的 47.20 和 52.05。对于高干预程度的公司来讲，董事会治理形式上健全的指标（董事会结果和董事会独立性）比较突出，而低干预程度的公司，董事会治理实质运行有效的指标（董事会行为和董事激励与约束）较为突出。这可能是因为干预程度越高越容易做到形式的健全，而可能忽略董事会治理的实质有效，而相对于较低的董事会干预程度，公司更有探索适合自身实质有效董事会治理机制的积极性。

根据公司董事会监督水平的不同可以将公司分为高监督水平公司和低监督水平公司，如果董事会会议次数指标大于平均值，则认为该公司为高监督水平公司，反之则为低监督水平公司，进而继续可以比较不同监督水平公司董事会治理水平的不同。表 4-3 为不同监督程度公司董事会治理指数及分项指数的比较。

表 4-3   不同监督程度公司董事会治理水平比较

变量	低监督	高监督	总样本
$ccbi$	50.37	50.79	50.53
bs	42.95	43.50	43.16
bi	59.02	59.24	59.11

变量	低监督	高监督	总样本
bb	47.07	48.52	47.64
bir	52.44	51.89	52.23

资料来源：笔者根据 Stata 整理。

通过表4-3可知，从董事会治理总指数的平均值来看，高监督水平公司的董事会治理水平更高。从分项指数的平均值来看，高监督水平公司的董事会结构、董事会独立性和董事会行为分项指数分别为43.50、59.24和48.52，大于低监督水平公司的42.95、59.02和47.07；高监督水平公司董事激励与约束分项指数为51.89，小于低监督水平的52.44。总体来讲，监督水平越大的公司其董事会治理水平也越高。

六、回归结果分析

（一）董事会治理模式与企业创新

1. 董事会监督与企业创新

董事会监督是董事会最基本的职能，董事会监督可以提高经理人败德行为被发现的概率。在适度的监督范围内，经理人必将主要精力用于企业的创新发展，提高创新的积极性。在回归中，企业创新为被解释变量，采用以下三个指标表示：企业是否进行创新型战略、企业研发经费投入强度（研发经费与营业收入的比值）、企业研发经费（对数形式）。董事会监督为解释变量，其采用董事会独立董事比例和董事会会议次数表示。回归结果如表4-4所示。

表4-4　董事会监督对企业创新影响的回归结果

变量	（1） innov	（2） innov	（3） rd	（4） rd	（5） lgrfunds	（6） lgrfunds
idpenl	0.133* (1.78)		0.779*** (3.35)		0.537** (2.14)	

变量	（1） innov	（2） innov	（3） rd	（4） rd	（5） lgrfunds	（6） lgrfunds
bmeeting		0.00865 * （1.84）		0.00113 （0.09）		0.0791 *** （5.62）
roa	-0.0187 *** （-8.61）	-0.0121 *** （-4.62）	-0.0322 *** （-6.80）	-0.0324 *** （-6.83）	-0.0133 *** （-2.59）	0.0143 *** （2.74）
fturnover	-0.00196 *** （-7.83）	-0.000454 ** （-2.33）	-0.000908 ** （-2.32）	-0.000918 ** （-2.35）	-0.00153 *** （-3.62）	-0.00231 *** （-5.27）
fists	-0.00832 *** （-5.57）	-0.00153 （-0.82）	-0.0241 *** （-5.08）	-0.0233 *** （-4.88）	0.00990 ** （2.47）	0.0350 *** （8.59）
tenstkcon	0.0120 *** （8.26）	0.00860 *** （4.79）	0.00866 * （1.89）	0.00836 * （1.83）		
size	-0.00721 （-0.51）	0.218 *** （11.44）	-0.161 *** （-3.44）	-0.158 *** （-3.34）	1.276 *** （25.34）	
fzl	-0.00728 *** （-9.48）	-0.00454 *** （-4.92）	-0.0138 *** （-7.54）	-0.0138 *** （-7.55）	-0.00782 *** （-3.95）	0.00320 （1.59）
xjbl	-0.0000986 （-1.06）	-0.0000725 （-0.69）	0.00481 *** （17.15）	0.00477 *** （17.06）	0.000142 （0.47）	-0.000658 ** （-2.12）
rincome	-0.000214 ** （-2.31）	-0.000200 * （-1.84）	-0.000352 （-1.20）	-0.000328 （-1.11）	-0.000843 *** （-2.66）	-0.000799 ** （-2.42）
_cons	1.047 *** （3.52）	-4.548 *** （-10.92）	5.907 *** （5.40）	6.303 *** （5.82）	-16.66 *** （-14.12）	10.65 *** （23.95）
年份行业	控制	控制	控制	控制	控制	控制
N	7829	7856	7829	7856	7829	7856

注：*、**、***分别表示在10%、5%、1%的水平上显著，括号内为 t 值。

列（1）和列（2）是以企业是否进行创新型战略为因变量的回归结果。列（1）是董事会独立董事比例对企业创新的影响。结果表明董事会比例对企业创新的影响显著为正，这说明董事会监督强度越强，企业实施创新型战略的可能性就越大。列（2）是董事会会议次数对企业创新影响的回归结果。结果表明董事会会议次数对企业创新的影响系数是显著为正的。这说明董事会会议次数越多，董事会对 CEO 的监督强度也就越大，那么企业实施创新型战略的可能性也就越大，命题1得到证实。列（3）和列（4）是以研发投入强度为因变量的回归结果，列（3）的回归结果表明独立董事比例对企业创新的影响是显著为正的，说明董事会监督对企业研发投入强度具有积极的影响。列（4）是董事会会议次数对企业创新的影响。结果表明董事会会议次数对企业研发投入强度影响的系数是为正的，但是并不显著。列（5）和列（6）是以研发经费为因变量的回归结果，列（5）是独立董事比例对研发经费的影响。结果表明独立董事比例对企业研发经费的影响是显著为正的，这说明独立董事比例对企业研发经费的提升具有积极的作用。列（6）的回归结果表明，董事会会议次数同样对企业研发经费的提升具有积极的作用。

2. 董事会干预对企业创新的影响

董事会监督对企业创新具有积极的影响，但是如果董事会干预 CEO 的决策，一方面不利于经理人潜能的发挥，另一方面可能会打击经理人的积极性。在本章中我们采用 CEO 权力来衡量 CEO 的自主裁量权，CEO 权力越大说明 CEO 的自主裁量权也就越大，此时董事会的干预程度越小。在回归中，我们直接采用企业研发经费投入强度来衡量企业创新。CEO 权力的指标采用五个分项指标相加得到，其分项指标分别为 CEO 选聘路径、CEO 学历、CEO 工作年限、CEO 与董事长是否两职合一、CEO 是否持有公司股份五个方面。回归结果如表 4-5 所示。

表 4-5 董事会干预对企业创新影响的回归结果

变量	(1) rd	(2) rd	(3) rd	(4) rd	(5) rd	(6) rd
power	0.546*** (8.84)					
ceoselepath		0.0958 (0.51)				
ceoedu			0.293*** (2.70)			
ceoseryear				0.0817 (0.33)		
cduality					0.665*** (5.05)	
ceoholderl						1.021*** (9.25)
roa	-0.0325*** (-6.64)	-0.0324*** (-6.83)	-0.0326*** (-6.88)	-0.0324*** (-6.84)	-0.0327*** (-6.66)	-0.0325*** (-6.89)
fturnover	-0.000895** (-2.25)	-0.000937** (-2.40)	-0.000959** (-2.46)	-0.000925** (-2.37)	-0.000854** (-2.14)	-0.000831** (-2.14)
fists	-0.0207*** (-4.17)	-0.0232*** (-4.89)	-0.0237*** (-5.02)	-0.0234*** (-4.93)	-0.0240*** (-4.84)	-0.0160*** (-3.36)

变量	(1) rd	(2) rd	(3) rd	(4) rd	(5) rd	(6) rd
tenstkcon	0.00641 (1.34)	0.00840 * (1.84)	0.00923 ** (2.02)	0.00847 * (1.85)	0.00755 (1.57)	0.00348 (0.76)
size	−0.173 *** (−3.55)	−0.157 *** (−3.36)	−0.168 *** (−3.60)	−0.159 *** (−3.40)	−0.145 *** (−2.93)	−0.160 *** (−3.47)
fzl	−0.0135 *** (−7.15)	−0.0138 *** (−7.56)	−0.0139 *** (−7.59)	−0.0138 *** (−7.56)	−0.0137 *** (−7.25)	−0.0134 *** (−7.35)
xjbl	0.00476 *** (16.52)	0.00477 *** (17.08)	0.00477 *** (17.07)	0.00477 *** (17.08)	0.00477 *** (16.50)	0.00474 *** (17.04)
rincome	−0.000507 (−1.43)	−0.000327 (−1.11)	−0.000314 (−1.07)	−0.000321 (−1.09)	−0.000532 (−1.49)	−0.000315 (−1.08)
_cons	5.745 *** (5.03)	6.258 *** (5.78)	6.342 *** (5.87)	6.258 *** (5.76)	6.077 *** (5.28)	6.125 *** (5.70)
年份行业	控制	控制	控制	控制	控制	控制
N	7407	7858	7858	7858	7407	7858

注：*、**、***分别表示在10%、5%、1%的水平上显著，括号内为t值。

列（1）是CEO权力与企业创新之间关系的回归结果。结果表明CEO权力对企业创新决策的影响是显著为正的。这说明CEO权力对企业创新具有积极的影响，即CEO权力越大越倾向于开展创新活动。列（2）至列（6）分别是CEO权力的五个方面进行回归的结果。具体来看，列（2）是CEO选聘路径与企业创新投入强度关系的回归结果，结果表明，CEO是否为内部选聘对企业创新的影响系数是为正的，但并不显著。这可能是因为CEO选聘来自于公司内部，如家族内部、公司创始人等，其权力也相对较大，造成董事会难以对其进行监督，从而不利于企业创新。列（3）为CEO教育水平对企业创新投入强度的影响。回归结果表明，CEO学历对企业研发投入强度的影响显著为正，这说明CEO学历越高，特别是具有研究生以上学历对开展创新活动具有积极的影响。这是因为创新活动具有一定的专业性，CEO学历越高特别是受到过硕士或者博士阶段的学术训练，能够形成较为严谨的逻辑思维。学历越高的经理人在进行决策时更多地会依据专业的知识和分析，而非自己的主观判断，尤其是在环境不确定性增强时，其决策更加科学和稳健（Jiang and Murphy，2007），更利于企业创新决策的制定。列（4）是CEO工作年限对企业创新的影响。回归结果表明，CEO工作年限对企业创新影响的系数为正，但是并不显著。这说明，CEO工作年限对企业创新决策的影响并不显著，这可能是因为 CEO 工作年限越长，越会更加注重自身职业生涯积累的声誉，决策可能会趋于保守，这对创新的积极影响并不显著。列（5）是董事长和 CEO 是否两职合一对企业创新的影响。回归结果表明，董事长与 CEO 两职合一对企业创新具有积极的作用。这是因为公司要实施高风险性的创新行为就需要更有魄力且具有相当裁量权的公司领袖，而两职合一是给予开展创新活动的必要前提。列（6）是 CEO 是否持股对企业创新影响的回归结果。结果表明，CEO 持有公司股份对企业创新具有积极的影响，这是因为持有公司的股份，CEO 将更注重企业的长远发展，企业创新必然成为企业可持续发展的必由之路。

综上所述，我们可以看到 CEO 权力越大，企业创新越强。也就是董事会干预力度越小，CEO 自主裁量权越大越利于企业创新战略的制定与实施，相应地假设得到验证（命题 2）。

3. 董事会干预、监督与企业创新

前文的回归结果显示，董事会仅在职权范围内的监督可以促进 CEO 作出创新研发决策，董事会干预程度越小，即 CEO 权力越大，越能促进企业的创新活动。当决策团队遇到重大决策分歧时，权力越大的 CEO 越能影响创新决策的制定，但并不意味着总能产生好的结果。接下来，在回归中加入董事会监督与 CEO 权力的交叉项，以此来检验董事会监督对 CEO 权力与企业创新的调节作用。董事会监督分别用董事会会议次数和独立董事比例来衡量，在回归中我们只对 CEO 权力集合指标进行回归验证，其回归结果如表 4-6 所示。

表 4-6　董事会干预、监督与企业创新关系的回归结果

变量	(1) rd	(2) rd
power	0.847 *** (5.51)	0.826 *** (7.28)
powerb	−0.0298 ** (−2.12)	
powern		−0.0887 *** (−3.05)
idpenl		0.975 *** (3.71)
bmeeting	0.0530 * (1.66)	

变量	(1) rd	(2) rd
roa	-0.0324*** (-6.63)	-0.0320*** (-6.56)
fturnover	-0.000890** (-2.24)	-0.000878** (-2.21)
fists	-0.0207*** (-4.14)	-0.0213*** (-4.27)
tenstkcon	0.00636 (1.33)	0.00610 (1.27)
size	-0.165*** (-3.32)	-0.147*** (-2.95)
fzl	-0.0135*** (-7.13)	-0.0134*** (-7.11)
xjbl	0.00473*** (16.37)	0.00475*** (16.47)
rincome	-0.000510 (-1.44)	-0.000525 (-1.48)
_cons	5.062*** (4.27)	4.620*** (3.90)
年份行业	控制	控制
N	7407	7395

注：*、**、***分别表示在10%、5%、1%的水平上显著，括号内为 t 值。

列（1）为 CEO 权力、董事会会议次数与企业创新关系的回归结果，同时控制相关控制变量及年份行业后，回归结果显示 CEO 权力对企业创新的影响是显著为正的，CEO 权力与董事会会议次数的交叉项对企业创新的影响是显著为负的，这说明 CEO 权力对企业创新活动具有积极的影响，董事会会议次数越密集反而会减弱 CEO 权力对企业创新活动的积极影响。这是因为董事会会议频率越高，对 CEO 的监督力度越大，可能导致董事会干涉 CEO 决策，反而不利于 CEO 能力的发挥。列（2）为外部董事比例、CEO 权力和企业创新关系的回归结果。结果表明，CEO 权力对企业创新决策的影响是显著为正的，并且董事会独立董事比例与 CEO 权力的交叉项对企业创新决策的影响是显著为负。这说明 CEO 权力对企业开展创新活动具有积极的影响，但是此时外部董事比例越高会越减弱

CEO权力对企业创新决策的正效应。但是通过以上回归结果，还不能就此得出董事会监督强度对CEO能力发挥存在消极作用的结论，由于受指标选择或者产权性质等企业异质性的影响，不同的监督强度所产生的效果也可能不同，在随后的研究中将继续分产权讨论以上问题。

4. 董事会服务与企业创新

本章采用独立董事中是否担任其他公司高管和独立董事中是否曾在政府部门工作来衡量董事会的服务功能。研发强度的高低可能会影响CEO对董事会咨询功能的需求，为了进一步研究服务职能对企业创新的影响，本书将样本分为高研发投入强度和低研发投入强度两个子样本继续进行回归，回归结果如表4-7所示。

表4-7　董事会服务对企业创新影响的回归结果

变量	(1) 全样本 rd	(2) 全样本 rd	(3) 高研发 rd	(4) 低研发 rd	(5) 高研发 rd	(6) 低研发 rd
otherexe	0.108 (0.95)		0.459 * (1.79)	-0.0361 (-1.17)		
gover		-0.0754 (-0.61)			-0.495 * (-1.72)	0.0788 ** (2.41)
roa	0.000288 (0.11)	0.000277 (0.11)	-0.114 *** (-6.28)	0.00121 ** (2.20)	-0.112 *** (-6.15)	0.00122 ** (2.21)
fturnover	-0.00106 *** (-2.65)	-0.00106 *** (-2.66)	-0.0176 * (-1.70)	-0.000314 *** (-3.70)	-0.0175 * (-1.69)	-0.000316 *** (-3.72)
fists	-0.0156 *** (-4.10)	-0.0156 *** (-4.13)	-0.0322 *** (-3.65)	0.000254 (0.25)	-0.0329 *** (-3.74)	0.000250 (0.25)
size	-0.385 *** (-8.46)	-0.387 *** (-8.51)	-0.533 *** (-4.57)	-0.0207 * (-1.77)	-0.543 *** (-4.65)	-0.0180 (-1.53)
_cons	11.403 *** (10.57)	11.601 *** (10.68)	22.990 *** (8.12)	1.079 *** (3.94)	23.835 *** (8.39)	0.937 *** (3.39)
年份和行业	控制	控制	控制	控制	控制	控制
N	7864	7864	3038	4826	3038	4826

注：*、**、***分别表示在10%、5%、1%的水平上显著，括号内为t值。

列（1）和列（2）是全样本的回归结果，列（3）至列（6）是将样本分为高研发投入企业和低研发投入企业的回归结果。列（1）是独立董事中是否有担任其他公司高管对企业创新影响的回归结果。结果表明，独立董事中有人担任其他公司高管对企业创新影响的系数为正，但是结果并不显著。这说明，独立董事担任其他公司高管对创新的影响并不可信。列（2）是独立董事中是否有曾在政府部门工作对企业创新影响的回归结果。回归结果表明，独立董事中有人曾在政府部门工作对企业创新的影响系数为负但是并不显著。这说明政府工作经历对企业创新具有消极的作用，但是达不到显著的水平。因为董事会咨询功能的发挥可能受到企业创新强度的影响，企业创新力度越大，咨询需求就越强，因此本章区分高研发强度样本和低研发强度样本再次进行回归。列（3）是高研发强度企业的独立董事中是否有担任其他公司高管对企业创新影响的回归结果。回归结果表明，独立董事中有担任其他公司高管对企业创新的影响是显著为正的。这说明高研发强度企业的独立董事中有担任其他公司高管对企业创新具有显著的积极作用。列（4）是低研发样本企业的独立董事中是否有担任其他公司高管对企业创新影响的回归结果。回归结果表明，独立董事中担任其他公司高管对企业创新的影响系数是负的，但是并不显著。这说明低研发强度企业的独立董事中有担任其他公司高管对企业创新的影响并不显著。列（5）是高研发强度样本企业的独立董事中是否曾有政府工作经历对企业创新影响的回归结果。结果表明，独立董事中具有政府工作经历对企业创新具有显著的消极影响。这说明独立董事中有具有政府工作经历对高研发强度的企业创新具有消极的作用，这可能与董事的政府工作背景和关键资源不无关系，但是这可能会造成企业倾向于关系型战略，导致其核心竞争力的缺失，这对创新是不利的。列（6）是低研发强度企业的独立董事中是否曾有政府工作经历对企业创新影响的回归结果。回归结果表明，独立董事中曾经拥有政府工作经历对企业创新具有显著的积极影响。

以上回归结果显示高研发强度的企业更希望通过借助其他公司的高管获得更多专业的且具有针对性的建议，这能够促进企业的研发活动。而拥有政府工作背景的独立董事对低研发强度的企业具有积极的作用。由此可以推断出企业创新力度越大，董事会服务经理层的积极性也就越大。

5. 董事会服务、监督与企业创新

通过以上回归结果发现董事会的服务职能在高研发强度的企业中更加显著有效，因此将继续在以上研究的基础上加入董事会监督和董事会服务的交叉项（otherexe×bmeeting 和 otherexe×idpen1），继续探讨董事会监督对董事会服务职能与企业创新关系的影响。

列（1）和列（3）是高研发投入强度样本的回归结果，列（2）和列（4）是低研发投入强度样本的回归结果。列（1）和列（3）的回归结果表明，董事会服务职能对企业创新的影响系数是显著为正的，并且董事会监督和董事会服务的交叉项显著为正。这表明对研发强度较高的企业而言，董事会监督力度的增强可以加强董事会服务对企业创新的积极作用，相应的命题3得到证明。列（2）和列（4）的回归结果表明，在低研发投入强度的企业中，董事会服务职能对企业创新的影响是不显著的，这是因为低研发强度的企业其对董事会服务的需求也相对较低（详见表4-8）。

表4-8　董事会服务、监督与企业创新关系的回归结果

变量	(1) 高研发 rd	(2) 低研发 rd	(3) 高研发 rd	(4) 低研发 rd
otherexe	0.222* (1.95)	−0.309 (−0.53)	1.435*** (2.88)	1.623** (2.33)
otherexe×bmeeting	0.0219** (2.01)	−0.0349 (−0.68)		
bmeeting	0.0355*** (3.97)	−0.0703* (−1.69)		
otherexe×idpen1			1.638** (2.17)	1.497 (1.42)
idpenl			−0.0966 (−0.15)	−0.0106 (−0.01)
_cons	17.634*** (188.02)	13.130*** (27.97)	14.407*** (34.98)	12.061*** (20.89)
控制变量	控制	控制	控制	控制
年份行业	控制	控制	控制	控制
N	3101	4915	8138	5048

注：*、**、***分别表示在10%、5%、1%的水平上显著，括号内为t值。

6. 董事会服务、干预与企业创新

接下来继续实证检验董事会在干预CEO经营决策的情况下，董事会服务对企业创新的影响，这里的董事会服务采用独立董事中是否有担任其他公司高管，

以及独立董事中是否曾有政府工作经历两个虚拟变量来衡量，并在回归中加入董事会干预与董事会中是否有担任其他公司高管的交叉项，以及董事会干预与董事会中是否曾在政府部门工作的交叉项，并且区分高研发强度样本和低研发强度样本进行回归，回归结果如表4-9所示。

表4-9　董事会服务、监督与企业创新关系的回归结果

变量	（1） 高研发 rd	（2） 低研发 rd	（3） 高研发 rd	（4） 低研发 rd
otherexe	2.196*** (3.40)	−0.0733 (−1.00)		
gover			−3.028*** (−4.08)	0.0558 (0.72)
gover×power			1.165*** (3.70)	0.0188 (0.49)
otherexe×power	0.871*** (3.13)	0.0186 (0.51)		
power	1.058*** (4.64)	0.0972*** (3.26)	−0.420 (−1.50)	0.0959*** (2.91)
_cons	8.093** (2.51)	1.119*** (3.89)	12.470*** (3.84)	0.947*** (3.26)
控制变量	控制	控制	控制	控制
年份行业	控制	控制	控制	控制
N	2969	4582	2969	4582

注：*、＊＊、＊＊＊分别表示在10%、5%、1%的水平上显著，括号内为t值。

列（1）和列（3）为高研发强度样本，列（2）和列（4）为低研发强度样本。列（1）的回归结果表明，董事会干预力度越小（CEO权力越大），董事会服务职能（独立董事中是否有担任其他公司高管）对企业创新的积极作用也就越大。而列（3）中董事会干预力度越小（CEO权力越大），越能减弱董事会服务职能（独立董事中是否曾有政府工作经历）对企业创新的负面作用。这是因为具有政府工作经验的独立董事倾向于制定并实施关系型战略。而在高研发强度

的企业中，董事会干预力度越小，CEO 对创新活动的影响力就越大，越能抵消掉具有政府工作背景的独立董事对创新活动的不利影响。列（2）和列（4）的回归结果表明，董事会干预对董事会服务与企业创新的调节作用并不显著，这可能是因为低研发强度的企业 CEO 建议咨询需求相对较小。总体来讲，命题 5-4 可以得证。

（二）不同产权性质的董事会治理模式与企业创新

1. 不同产权性质的董事会监督与企业创新

产权性质会影响董事会监督作用的发挥效果，在回归中分别采用独立董事比例和董事会会议次数衡量董事会监督强度，企业创新变量采用研发投入强度和研发经费对数进行衡量。回归结果如表 4-10 所示。

表 4-10　不同产权性质董事会监督与企业创新关系的回归结果

变量	(1) 非国有 rd	(2) 非国有 rd	(3) 非国有 lgrfunds	(4) 非国有 lgrfunds	(5) 国有 rd	(6) 国有 rd	(7) 国有 lgrfunds	(8) 国有 lgrfunds
idpenl	0.902 *** (2.86)		0.416 (1.44)		0.120 (0.47)		0.638 (1.26)	
bmeeting		0.0132 (0.75)		0.0802 *** (5.17)		0.00591 (0.42)		0.0904 *** (2.86)
roa	−0.0351 *** (−6.35)	−0.0461 *** (−7.75)	−0.0148 *** (−2.91)	0.00755 (1.47)	−0.0419 *** (−3.55)	−0.0120 (−1.11)	−0.0281 (−1.20)	0.0568 ** (2.40)
fturnover	−0.000898 ** (−2.05)	−0.00177 *** (−3.78)	−0.00169 *** (−4.21)	−0.00246 *** (−5.92)	−0.00373 * (−1.70)	−0.000897 (−0.44)	0.00508 (1.15)	0.00542 (1.17)
fists	−0.0134 ** (−2.00)	−0.0283 *** (−3.95)	0.0189 *** (4.00)	0.0247 *** (5.06)	−0.0199 *** (−3.09)	−0.0144 ** (−2.49)	0.00831 (0.78)	0.0492 *** (4.58)
tenstkcon	0.00218 (0.37)	0.0158 ** (2.51)			0.00381 (0.60)	0.0108 * (1.92)		
size	−0.141 ** (−2.12)	−0.435 *** (−6.09)	1.300 *** (21.38)		−0.190 *** (−3.34)	−0.101 * (−1.94)	1.446 *** (13.44)	
fzl	−0.0148 *** (−6.93)	−0.0206 *** (−8.98)	−0.00787 *** (−4.02)	0.000315 (0.16)	−0.0198 *** (−4.78)	−0.0154 *** (−3.96)	−0.0293 *** (−3.52)	0.00936 (1.14)

续表

变量	(1) 非国有 *rd*	(2) 非国有 *rd*	(3) 非国有 *lgrfunds*	(4) 非国有 *lgrfunds*	(5) 国有 *rd*	(6) 国有 *rd*	(7) 国有 *lgrfunds*	(8) 国有 *lgrfunds*
xjbl	0.00507*** (15.74)	0.00575*** (16.57)	0.000315 (1.07)	−0.000293 (−0.97)	−0.00210*** (−2.73)	−0.00143** (−2.09)	−0.00446*** (−3.03)	−0.00485*** (−3.13)
rincome	−0.000377 (−1.13)	−0.000378 (−1.05)	−0.000768** (−2.50)	−0.00630** (−1.98)	−0.0000842 (−0.10)	−0.000470 (−0.62)	−0.00401** (−2.45)	−0.00495*** (−2.89)
_cons	5.939*** (3.79)	14.032*** (9.27)	−19.124*** (−13.34)	8.220*** (14.35)	8.273*** (7.44)	4.100*** (3.71)	−18.110*** (−7.61)	11.642*** (12.24)
年份行业	控制	控制	控制	控制	控制	控制	控制	控制
N	5749	5769	5749	5769	2080	2087	2080	2087

注：*、**、***分别表示在10%、5%、1%的水平上显著，括号内为 t 值。

列（1）至列（4）是非国有企业董事会监督与企业创新之间关系的回归结果，其中列（1）和列（2）是企业研发投入强度为因变量的回归结果，列（3）和列（4）是企业研发经费为因变量的回归结果。列（1）的回归结果表明，非国有企业的独立董事比例对企业创新的影响系数是显著为正的。这说明非国有企业董事会独立董事比例越高对企业创新的积极作用就越强。列（2）的回归结果表明，非国有企业的董事会会议次数对企业创新影响的系数为正，但没有达到显著的效果。这说明非国有企业的董事会会议次数对企业创新的积极影响是不可信的，这可能是因为非国有企业董事会会议由大股东主持，其否能够起到应有的监督作用还有待进一步探讨。列（3）是董事会独立董事比例对企业研发经费投入强度的影响。结果表明，董事会独立董事的比例对企业研发经费投入强度的影响系数为正，但是并不显著。这说明非国有企业的独立董事比例对企业创新影响的积极作用是不可信的。列（4）是董事会会议次数对企业研发经费影响的回归结果。结果表明，董事会会议次数对企业研发经费的影响是显著为正的，这说明非国有企业董事会会议次数对企业研发经费具有积极的作用。

结合列（1）至列（4）的回归结果，可以得出在非国有企业中，提升独立董事比例有利于企业创新研发投入强度的增强，而董事会会议次数则有利于增长研发经费，此结论也说明独立董事也逐渐开始发挥其监督和咨询的作用，从而更利于创新决策的制定。

列（5）至列（8）是国有企业董事会监督对企业创新的影响，其中列（5）和列（6）是企业研发投入强度为因变量的回归结果，列（7）和列（8）是企业研发经费为因变量的回归结果。从回归结果来看，国有企业无论是董事会独立董事比例还是董事会会议次数，对企业研发投入强度的影响都不显著，只有董事会会议次数对企业研发经费具有显著为正的影响。这说明国有企业应该加强董事会实质上的决策作用，并不能只注重独立董事比例的提高。

2. 不同产权性质董事会干预与企业创新

不同的产权性质可能造成董事会的干预程度的不同，将继续分产权讨论董事会干预程度对企业创新的影响。其中董事会的干预程度采用 CEO 权力来衡量，回归结果如表 4-11 所示。

列（1）至列（6）是非国有企业 CEO 权力与企业创新之间关系的回归结果。列（7）至列（12）是国有企业 CEO 权力与企业创新之间关系的回归结果。列（1）的回归结果表明，非国有企业 CEO 权力对企业研发投入强度的影响是显著为正的。这说明非国有企业的 CEO 权力对企业研发决策的制定具有积极的作用。列（2）至列（6）是 CEO 权力不同维度的回归结果，列（2）是 CEO 选聘路径对企业创新影响的回归结果，但是回归结果并不显著。这是因为我国经理人市场并不发达，大股东对公司的影响力较大，即便是外部选聘的 CEO 也难以发挥应有的作用。列（3）是 CEO 受教育水平对企业创新影响的回归结果。回归结果显示，CEO 有研究生以上学历对企业创新的影响是显著为正的，也就是说 CEO 受教育水平对企业创新具有积极的作用，这与前文的分析结论一致。列（4）是 CEO 工作年限对企业创新影响的回归结果。回归结果显示，CEO 工作年限对企业创新的影响并不显著，这是因为工作年限可能会提高 CEO 的话语权，但是工作年限越长 CEO 越可能趋于保守而不能积极作出创新研发决策。列（5）是 CEO 与董事长是否两职合一对企业创新的影响。结果表明，两职合一对企业创新具有积极的作用，这是因为企业创新具有高风险性，因此需要更有魄力的领导来开展实施，权力越大越有利于开展创新型项目并实施其计划。列（6）是 CEO 持股对企业创新影响的回归结果。回归结果表明，CEO 持股对企业创新具有积极的影响，这是因为 CEO 持有公司股份会更加看重企业的长远发展，因此更加注重通过创新获得的长期收益。

表 4-11 不同产权性质 CEO 权力与企业创新关系的回归结果

变量	(1) 非国有 rd	(2) 非国有 rd	(3) 非国有 rd	(4) 非国有 rd	(5) 非国有 rd	(6) 非国有 rd	(7) 国有 rd	(8) 国有 rd	(9) 国有 rd	(10) 国有 rd	(11) 国有 rd	(12) 国有 rd
power	0.565*** (7.27)						0.259*** (3.35)					
ceoselepath		0.0973 (0.43)						-0.285 (-1.10)				
ceoedu			0.332** (2.32)						0.364*** (3.17)			
ceoseryear				0.373 (1.23)						-0.597* (-1.81)		
cduality					0.655*** (4.15)						-0.495** (-2.15)	
ceoholderl						1.014*** (7.18)						0.732*** (5.35)
roa	-0.0351*** (-6.17)	-0.0351*** (-6.35)	-0.0355*** (-6.41)	-0.0352*** (-6.36)	-0.0353*** (-6.17)	-0.0348*** (-6.32)	-0.0137 (-1.18)	-0.0118 (-1.09)	-0.0124 (-1.14)	-0.0122 (-1.13)	-0.0109 (-0.94)	-0.0145 (-1.35)
fturnover	-0.000872* (-1.96)	-0.000924** (-2.11)	-0.000951** (-2.17)	-0.000903** (-2.06)	-0.000833* (-1.86)	-0.000813* (-1.87)	-0.000928 (-0.44)	-0.000946 (-0.46)	-0.000860 (-0.42)	-0.000972 (-0.48)	-0.00112 (-0.53)	-0.00102 (-0.51)
fists	-0.0124* (-1.79)	-0.0121 (-1.81)	-0.0119 (-1.78)	-0.0122* (-1.83)	-0.0157** (-2.24)	-0.00821 (-1.23)	-0.0142** (-2.34)	-0.0150** (-2.61)	-0.0145** (-2.53)	-0.0141** (-2.46)	-0.0162*** (-2.68)	-0.0124** (-2.17)

续表

变量	(1) 非国有 rd	(2) 非国有 rd	(3) 非国有 rd	(4) 非国有 rd	(5) 非国有 rd	(6) 非国有 rd	(7) 国有 rd	(8) 国有 rd	(9) 国有 rd	(10) 国有 rd	(11) 国有 rd	(12) 国有 rd
tenshicon	-0.0000655 (-0.01)	0.00168 (0.29)	0.00244 (0.42)	0.00177 (0.30)	0.00112 (0.18)	-0.00318 (-0.54)	0.0127** (2.14)	0.0111* (1.97)	0.0111* (1.96)	0.0113** (2.00)	0.0119** (1.99)	0.0124** (2.21)
size	-0.163** (-2.35)	-0.142** (-2.15)	-0.148** (-2.23)	-0.147** (-2.22)	-0.142** (-2.03)	-0.167** (-2.54)	-0.137** (-2.47)	-0.0990* (-1.91)	-0.111** (-2.15)	-0.0884* (-1.70)	-0.116** (-2.10)	-0.133** (-2.57)
fzl	-0.0145*** (-6.61)	-0.0148*** (-6.91)	-0.0149*** (-6.95)	-0.0148*** (-6.91)	-0.0147*** (-6.66)	-0.0143*** (-6.72)	-0.0137*** (-3.20)	-0.0151*** (-3.93)	-0.0147*** (-3.83)	-0.0155*** (-4.03)	-0.0151*** (-3.54)	-0.0134*** (-3.51)
xjbl	0.00500*** (15.13)	0.00501*** (15.63)	0.00500*** (15.60)	0.00502*** (15.64)	0.00502*** (15.14)	0.00498*** (15.61)	-0.00117 (-1.64)	-0.00142** (-2.10)	-0.00132* (-1.95)	-0.00138** (-2.04)	-0.00140* (-1.95)	-0.00117* (-1.72)
rincome	-0.000527 (-1.29)	-0.000348 (-1.04)	-0.000336 (-1.00)	-0.000323 (-0.96)	-0.000561 (-1.37)	-0.000319 (-0.96)	-0.000540 (-0.70)	-0.000458 (-0.61)	-0.000493 (-0.66)	-0.000466 (-0.62)	-0.000541 (-0.70)	-0.000454 (-0.61)
_cons	6.144*** (3.77)	6.512*** (4.22)	6.467*** (4.20)	6.342*** (4.09)	6.659*** (4.08)	6.856*** (4.47)	4.329*** (3.71)	4.098*** (3.72)	4.096*** (3.72)	4.306*** (3.88)	4.513*** (3.86)	4.508*** (4.11)
行业年份	控制	控制	控制	控制	控制	控制	控制	控制	控制	控制	控制	控制
N	5455	5771	5771	5771	5455	5771	1952	2087	2087	2087	1952	2087

注：*、**、***分别表示在10%、5%、1%的水平上显著，括号内为 t 值。

列（7）至列（12）是国有企业 CEO 权力对企业创新影响的回归结果。结果表明，国有企业的 CEO 权力越大对创新的作用也就越大。列（8）至列（12）是 CEO 权力五个维度的回归结果。从回归结果来看，国有企业中只有列（9）和列（12）的 CEO 受教育水平和 CEO 是否持有公司股份对企业创新具有积极的作用，这说明在国有企业中 CEO 的受教育水平（创新的能力潜质）和持股比例（创新的激励）对企业开展创新型项目具有积极的作用。相反，CEO 工作年限［列（10）］和 CEO 与董事长是否两职合一［列（11）］对企业开展创新活动具有显著的消极作用。这是因为国有企业的高管具有"亦官亦商"的特征，使国有企业高管在权力得不到有效监督时极容易导致其机会主义行为，反而不利于企业创新型项目的开展。

3. 不同产权性质董事会干预、监督与企业创新

前文的研究表明，产权性质会影响董事会干预（CEO 权力）与企业创新的关系（下文直接分析 CEO 权力）。虽然非国有企业和国有企业的 CEO 权力总指标都对企业创新有积极的影响，但是权力分项指标中 CEO 的选聘路径、CEO 工作年限和 CEO 是否与董事长两职合一三个方面对国有企业和非国有企业创新影响的回归结果正好相反，在非国有企业中这三个方面对企业创新具有积极的影响，而在国有企业中对企业创新具有消极的影响。在此基础上进一步预测董事会监督所产生的作用也是不同的，因为非国有企业和国有企业高管的选聘路径和评价机制具有显著的不同。在以下研究中加入董事会监督和 CEO 权力的交叉项，并且继续探讨不同产权性质对以上关系的影响，其中因变量为研发投入强度。回归结果如表 4-12 所示。

表 4-12　不同产权性质董事会干预、监督与企业创新关系的回归结果

变量	(1) 非国有 rd	(2) 非国有 rd	(3) 国有 rd	(4) 国有 rd	(5) 国有 rd	(6) 国有 rd	(7) 国有 rd	(8) 国有 rd
power	0.907*** (4.65)	0.870*** (5.87)	0.437** (2.24)	0.334** (2.52)				
powerb	-0.0331* (-1.87)		-0.0189 (-1.00)					
bmeeting	0.0504 (1.20)		0.0343 (0.94)		-0.0947*** (-4.25)	-0.142** (-2.09)	-0.0493** (-2.39)	0.0201 (1.28)

续表

变量	（1）非国有 rd	（2）非国有 rd	（3）国有 rd	（4）国有 rd	（5）国有 rd	（6）国有 rd	（7）国有 rd	（8）国有 rd
powern		−0.0988 ** (−2.51)		−0.0200 (−0.69)				
idpenl		1.153 *** (3.21)		0.158 (0.60)				
ceoselepath					−1.150 *** (−3.67)			
Ceoselepathb					0.0385 *** (4.45)			
ceoseryear						−1.899 ** (−2.18)		
ceoseryearb						0.142 * (1.72)		
cduality							−0.849 *** (−3.43)	
cdualityb							0.0300 *** (3.71)	
ceoholderl								1.423 *** (4.35)
ceoholderlb								−0.0715 ** (−2.33)
roa	−0.0350 *** (−6.15)	−0.0348 *** (−6.11)	−0.0137 (−1.18)	−0.0135 (−1.17)	−0.0427 *** (−3.45)	−0.0439 *** (−3.75)	−0.0109 (−0.95)	−0.0143 (−1.33)
fturnover	−0.000864 * (−1.94)	−0.000854 * (−1.92)	−0.000931 (−0.44)	−0.000985 (−0.46)			−0.00111 (−0.52)	−0.000977 (−0.48)
fists	−0.0124 * (−1.79)	−0.0139 ** (−2.00)	−0.0139 ** (−2.27)	−0.0141 ** (−2.31)	−0.0175 *** (−3.06)	−0.0177 *** (−3.24)	−0.00885 * (−1.70)	−0.0117 ** (−2.03)
tenstkcon	−0.000104 (−0.02)	0.000137 (0.02)	0.0127 ** (2.13)	0.0122 ** (2.05)				0.0124 ** (2.21)
size	−0.140 * (−1.95)	−0.132 * (−1.87)	−0.136 ** (−2.43)	−0.133 ** (−2.34)	−0.217 *** (−3.83)	−0.148 *** (−2.75)	−0.115 ** (−2.14)	−0.131 ** (−2.51)
fzl	−0.0144 *** (−6.55)	−0.0145 *** (−6.60)	−0.0140 *** (−3.22)	−0.0134 *** (−3.11)	−0.0176 *** (−3.86)	−0.0199 *** (−4.79)	−0.0145 *** (−3.35)	−0.0137 *** (−3.55)
xjbl	0.00495 *** (14.95)	0.00500 *** (15.14)	−0.00119 * (−1.66)	−0.00115 (−1.60)	−0.00190 ** (−2.37)	−0.00202 *** (−2.62)	−0.00117 (−1.63)	−0.00120 * (−1.76)
rincome	−0.000528 (−1.29)	−0.000543 (−1.33)	−0.000538 (−0.69)	−0.000564 (−0.73)	−0.0000429 (−0.05)	0.00000772 (0.01)	−0.000564 (−0.73)	−0.000488 (−0.65)

变量	(1) 非国有 rd	(2) 非国有 rd	(3) 国有 rd	(4) 国有 rd	(5) 国有 rd	(6) 国有 rd	(7) 国有 rd	(8) 国有 rd
_cons	5.133*** (3.04)	4.729*** (2.80)	4.010*** (3.30)	4.146*** (3.48)	9.320*** (8.12)	9.295*** (7.34)	4.842*** (4.13)	4.295*** (3.89)
年份行业	控制	控制	控制	控制	控制	控制	控制	控制
N	5455	5448	1952	1947	1952	2087	1952	2087

注：＊、＊＊、＊＊＊分别表示在 10%、5%、1% 的水平上显著，括号内为 t 值。

列（1）和列（2）是非国有企业 CEO 权力总指标、董事会监督与企业创新的关系，列（3）和列（4）是国有企业 CEO 权力总指标、董事会监督与企业创新的关系。列（1）和列（2）的回归结果表明，CEO 权力总指标对企业创新的影响显著为正，并且 CEO 权力总指标与董事会监督的交叉项对非国有企业创新的影响是显著为负的。这说明 CEO 权力对非国有企业创新具有积极的作用，而董事会监督会弱化这种积极的影响。对于国有企业而言，列（3）和列（4）的回归结果表明，董事会监督对 CEO 权力总指标和企业创新的关系未起到显著的调节作用。为了进一步详细探讨董事会监督对国有企业 CEO 权力与企业创新关系的影响，继续分别从国有企业 CEO 选聘路径、CEO 工作年限、CEO 与董事长是否两职合一，以及 CEO 是否持有公司股份进行回归，列（5）至列（8）为回归结果，虽然 CEO 选聘路径、CEO 工作年限、CEO 与董事长是否两职合一对企业创新具有显著的消极影响，但是董事会监督与 CEO 选聘路径、CEO 工作年限以及 CEO 与董事长两职合一的交叉项的回归系数显著为正。这说明董事会监督可以显著降低 CEO 选聘路径、CEO 工作年限和 CEO 与董事长是否两职合一对国有企业创新的消极作用。列（8）的回归结果显示，CEO 持有公司股份对企业创新的影响是显著为正的，但是 CEO 持有公司股份与董事会监督的交叉项对企业创新的影响是显著为负的。这说明 CEO 持有公司股份对企业创新具有积极的作用，但是董事会监督会削弱这种正效应。

总结前文的回归结果，我们可以得出董事会的监督并不总能产生正向效果，也就是说董事会监督积极作用的发挥是有条件的。对于非国有企业而言，董事会监督越强越会降低 CEO 权力对开展创新活动的正效应。但对于国有企业而言，董事会监督越强则越能减弱 CEO 权力对企业创新的负效应。这说明，相比非国有企业，国有企业更需要董事会强有力的监督。这是因为国有企业 CEO 一般都是由政府任命，在监督不到位的情况下，极易发生 CEO 的机会主义行为。而非国有企业的 CEO 更多来源于市场，其更倾向于通过创新来奠定自己在公司和经理人市场的地位，因此过度的监督反而不利于其能力的发挥。

4. 不同产权性质董事会服务与企业创新

前文检验了董事会服务对企业创新的关系，得出在高研发强度样本中独立董事中有担任其他公司高管对企业创新具有积极的作用，而具有政府工作经验的独立董事则不利于企业创新，表 4-13 通过不同产权性质继续检验以上关系。

表 4-13　不同产权性质董事会服务与企业创新关系的回归结果

变量	(1) 非国有 高研发 rd	(2) 非国有 低研发 rd	(3) 非国有 高研发 rd	(4) 非国有 低研发 rd	(5) 国有 高研发 rd	(6) 国有 低研发 rd	(7) 国有 高研发 rd	(8) 国有 低研发 rd
otherexe	0.486* (1.67)	−0.0875** (−2.18)			0.117 (0.31)	0.0564 (1.31)		
gover			−0.694** (−2.12)	0.0652 (1.50)			0.680* (1.65)	0.0552 (1.25)
roa	−0.141*** (−6.88)	0.000525 (1.19)	−0.131*** (−6.40)	0.000523 (1.18)	0.0210 (0.68)	0.00604* (1.77)	0.0255 (0.83)	0.00599* (1.75)
fturnover	−0.0148 (−1.21)	−0.000333*** (−3.69)	−0.0143 (−1.17)	−0.000323*** (−3.56)	−0.0218 (−1.59)	−0.000323 (−0.48)	−0.0175 (−1.28)	−0.000342 (−0.50)
fists	−0.0227** (−2.17)	0.00636*** (4.55)	−0.0265** (−2.54)	0.00617*** (4.37)	−0.00899 (−0.56)	−0.00173 (−1.01)	−0.00349 (−0.21)	−0.00171 (−0.96)
gover			−0.694** (−2.12)	0.0652 (1.50)			0.680* (1.65)	0.0552 (1.25)
_cons	12.570*** (8.74)	0.328** (2.39)	25.010*** (7.26)	−0.0856 (−0.22)	4.384*** (2.66)	0.734*** (5.64)	9.220** (2.33)	0.848** (2.23)
年份行业	控制	控制	控制	控制	控制	控制	控制	控制
N	2627	3282	2627	3282	461	1648	461	1648

注：*、**、***分别表示在10%、5%、1%的水平上显著，括号内为 t 值。

列（1）至列（4）为非国有企业董事会服务对企业创新的关系，列（5）至列（8）为国有企业董事会服务对企业创新的关系。其中列（1）至列（3）为高研发强度样本的回归结果，列（2）至列（4）为低研发强度样本的回归结果。列（1）的回归结果表明，在非国有企业的高研发强度的样本中，独立董事中有担任其他公司高管对企业创新具有积极的影响，而具有政府工作背景的独立董事会对企业创新具有消极的影响［列（3）］，这与总体样本的回归结果保持一致。在国有企业的高研发强度的样本中，独立董事中具有其他公司高管对企业创新的影响并不显著［列（5）］。在国有企业的高研发样本中，具有政府工作经验的独立董事对企业创新具有显著的积极影响［列（7）］，这是因为国有企业尤其是创新研发强度较高的企业，更多地依赖与政府的关系从而获得企业的发展，这也是国有企业需要改革的地方。

（三）进一步机制检验

1. 董事会干预与离职业绩敏感性——安全网效应

监督合作型董事会的特点是通过构建董事会与 CEO 的和谐关系，实现信息共享，使两者互信程度增加，委托代理冲突减少，这是因为董事会对 CEO 的充分信任带来二者控制权的分享，控制权分享使董事会能在短期内容忍 CEO 创新失败和业绩下滑，因此降低了 CEO 离职的业绩敏感性。在回归中，采用 Probit 回归检验 CEO 离职与企业业绩的关系。在下面的回归中，采用 CEO 离职的虚拟变量为因变量，如果 CEO 是被迫离职则赋值为 1，否则为 0。关于 CEO 被迫离职的辨别办法可以参考 Chang 和 Wong（2009）的方法。企业业绩为自变量，采用资产收益率来表示。回归结果如表 4-14 所示。

表 4-14　CEO 离职与业绩关系的回归结果

变量	（1） 全样本 *ceo_c*	（2） 高研发 *ceo_c*	（3） 低研发 *ceo_c*	（4） 非国有 *ceo_c*	（5） 国有 *ceo_c*
roa	-0.0105 *** (-4.48)	-0.0116 *** (-2.78)	-0.0106 *** (-3.72)	-0.00943 *** (-3.61)	-0.00706 (-1.22)
fturnover	-0.0000809 (-0.67)	0.00290 (1.38)	-0.000113 (-0.93)	-0.0000911 (-0.75)	0.000240 (0.22)
fists	-0.00113 (-0.79)	-0.00277 (-1.09)	-0.000948 (-0.55)	-0.00314 * (-1.70)	0.000324 (0.11)
tenstkcon	-0.000852 (-0.62)	-0.00294 (-1.19)	0.000892 (0.52)	-0.000903 (-0.56)	0.00153 (0.51)

续表

变量	（1） 全样本 ceo_c	（2） 高研发 ceo_c	（3） 低研发 ceo_c	（4） 非国有 ceo_c	（5） 国有 ceo_c
size	−0.0208 （−1.41）	−0.0155 （−0.52）	−0.0357** （−2.05）	−0.0424** （−2.25）	−0.0132 （−0.47）
fzl	0.00382*** （4.00）	0.00428** （2.26）	0.00329*** （2.87）	0.00394*** （3.53）	0.00417** （2.04）
xjbl	0.00000640 （0.07）	−0.0000777 （−0.59）	0.000231 （1.50）	−0.0000277 （−0.28）	0.000359 （1.02）
rincome	0.000227** （2.53）	0.000266 （0.84）	0.000223** （2.36）	0.000263*** （2.74）	−0.000421 （−0.67）
_cons	−0.0593 （−0.18）	0.00640 （0.01）	0.155 （0.41）	0.529 （1.27）	−0.610 （−1.04）
年份行业	控制	控制	控制	控制	控制
N	8012	3087	4911	5903	2109

注：*、**、***分别表示在10%、5%、1%的水平上显著，括号内为t值。

列（1）是全样本CEO离职与资产收益率的关系。回归结果表明，roa的系数是显著为负的，这说明企业利润率越高CEO离职的概率就越低。该结果与现实的情况保持了一致，企业绩效越好越不容易离职，CEO被迫离职往往是因为企业绩效下滑失去了股东的信任。由于创新型的企业从事的是高风险的研发活动，因此为了激励CEO作出创新研发决策，董事会可能并不会过分在意短期的企业绩效。因此将样本分为高研发强度企业和低研发强度企业继续检验上述关系，其中列（2）和列（3）是将样本分为高研发强度企业和低研发强度企业的回归结果。回归结果表明无论是高研发强度企业，还是低研发强度企业，资产收益率的系数都是显著为负的。这说明企业绩效越好，CEO离职的可能性就越小。

由于国有企业存在政策性负担，对国有企业高管的考核不仅限于看重企业的绩效，更注重社会效益。另外，董事会对国有企业CEO的解聘权有限，因此，鉴于国有企业和非国有企业的不同性质，继续将样本分为非国有企业和国有企业来检验CEO离职与企业业绩敏感性的问题。列（4）和列（5）分别是非国有企业和国有企业CEO离职与企业业绩之间关系的回归结果。列（4）的回归结果表明，企业业绩越好，CEO离职的可能性就越小，这与现实是相符的。但是列（5）的国有企业的回归结果表明，CEO离职的可能性与企业业绩并不具有显著的相关关系，这可能与前文分析的国有企业的特殊性有关系。

通过以上回归结果我们可以看到，CEO 的离职与企业业绩是密切相关的，企业业绩越好，CEO 越不容易离职，而企业业绩越差越可能导致 CEO 离职。对于创新型的企业来说，促进 CEO 创新就要在短期内容忍其失败，那么对 CEO 业绩考核也不应该过分注重业绩，应该给予其试错的机会。本章认为董事会对 CEO 的干预程度越低，对 CEO 的信任就越强，也就越能够解决 CEO 作出创新研发决策的后顾之忧，能够激励 CEO 积极开展创新活动。接下来，将检验董事会干预程度对 CEO 离职业绩敏感性的影响，在回归中加入业绩与董事会干预程度的交叉项（董事会干预程度采用 CEO 权力来衡量），并将样本分为高研发强度企业和低研发强度企业、非国有企业和国有企业继续探究两者之间的关系。回归结果如表 4-15 所示。

表 4-15　董事会干预程度与 CEO 离职业绩敏感性关系的回归结果

变量	(1) 全样本 ceo_c	(2) 高研发 ceo_c	(3) 低研发 ceo_c	(4) 非国有 ceo_c	(5) 国有 ceo_c
roa	−0.0134 ** (−2.19)	−0.0358 *** (−2.64)	−0.00705 (−1.01)	−0.0181 ** (−2.50)	0.00664 (0.46)
powerr1	0.00166 (0.56)	0.0113 * (1.86)	−0.00223 (−0.62)	0.00315 (0.97)	−0.00598 (−0.66)
power	−0.157 *** (−5.64)	−0.252 *** (−4.69)	−0.122 *** (−3.63)	−0.178 *** (−5.61)	−0.106 (−1.59)
fturnover	−0.000102 (−0.56)	0.00322 (1.16)	−0.000143 (−0.78)	−0.000144 (−0.79)	−0.000549 (−0.22)
fists	−0.00138 (−0.74)	−0.00371 (−1.11)	−0.0000532 (−0.02)	−0.00283 (−1.18)	0.00332 (0.85)
tenstkcon	0.00111 (0.61)	−0.00114 (−0.35)	0.00225 (1.01)	0.000958 (0.45)	0.00206 (0.54)
size	−0.0465 ** (−2.40)	−0.0509 (−1.25)	−0.0592 *** (−2.64)	−0.0765 *** (−3.09)	−0.0298 (−0.84)
fzl	0.00452 *** (3.71)	0.00428 * (1.72)	0.00487 *** (3.44)	0.00502 *** (3.60)	0.00541 ** (2.10)
xjbl	0.00000574 (0.05)	−0.000155 (−0.84)	0.000261 (1.44)	−0.0000220 (−0.18)	0.000383 (0.88)
rincome	0.000811 ** (2.43)	0.00123 (1.37)	0.000712 ** (2.02)	0.000909 ** (2.56)	−0.000877 (−0.67)

续表

变量	（1） 全样本 ceo_c	（2） 高研发 ceo_c	（3） 低研发 ceo_c	（4） 非国有 ceo_c	（5） 国有 ceo_c
_cons	0.481 (1.12)	1.259 (1.36)	0.484 (0.99)	1.162** (2.11)	-0.387 (-0.52)
行业年份	控制	控制	控制	控制	控制
N	4804	1814	2978	3490	1312

注：*、**、***分别表示在10%、5%、1%的水平上显著，括号内为t值。

列（1）是全样本的回归结果，列（2）和列（3）分别是高研发强度和低研发强度企业的回归结果，列（4）和列（5）分别是非国有企业和国有企业的回归结果。从表4-15中所有的回归结果来看，只有高研发企业样本［列（2）］董事会干预程度（CEO权力）与企业业绩的交叉项（powerr1）对CEO离职的影响是显著为正的。这说明董事会干预程度越小越可以降低CEO离职的业绩敏感性。这是因为企业的研发强度越高，企业面临的风险就越大，特别需要董事会加强对CEO的信任程度。那么董事会对企业的干预程度越小，CEO短期内因为企业业绩下滑而离职的概率就越小，因此可以促进CEO创新活动。据此可以得出在高研发强度的企业中，控制干预程度越小，越容易降低CEO离职的业绩敏感性的结论，监督合作型董事会所产生的安全网效应得以验证。

2. 监督合作、代理成本与企业创新的关系检验——治理效应

监督合作型董事会一方面监督经理人防止其败德行为，另一方面董事会并不干预经理人日常行为决策，给予经理人最大的信任，加大了企业对创新失败的容忍度。本章认为可以降低代理成本对企业创新的负效应。在回归中加入董事会监督与代理成本的交叉项（agac）、董事会干预与代理成本的交叉项，回归结果如表4-16所示。

表4-16　监督（干预）、代理成本与企业创新关系的回归结果

变量	（1） 全样本 监督 rd	（2） 全样本 干预 rd	（3） 非国有 监督 rd	（4） 国有 监督 rd	（5） 非国有 干预 rd	（6） 国有 干预 rd
agac	-8.758*** (-7.39)	-14.360*** (-10.51)	-9.953*** (-6.77)	-6.894*** (-4.49)	-14.830*** (-8.82)	-8.804*** (-4.68)

变量	(1) 全样本 监督 *rd*	(2) 全样本 干预 *rd*	(3) 非国有 监督 *rd*	(4) 国有 监督 *rd*	(5) 非国有 干预 *rd*	(6) 国有 干预 *rd*
agcb	0.792 *** (11.52)		0.939 *** (11.00)	0.0553 (0.64)		
bmeeting	−0.0535 *** (−3.91)		−0.0866 *** (−4.85)	0.00621 (0.41)		
agcp		5.620 *** (13.99)			5.787 *** (12.21)	1.281 * (1.71)
power		0.126 * (1.82)			0.0785 (0.91)	0.201 ** (2.30)
_cons	6.974 *** (6.37)	6.406 *** (5.59)	6.602 *** (4.24)	4.651 *** (4.03)	6.558 *** (4.04)	4.897 *** (4.03)
行业年份	控制	控制	控制	控制	控制	控制
控制变量	控制	控制	控制	控制	控制	控制
N	7807	7369	5803	2004	5494	1875

注：*、**、***分别表示在10%、5%、1%的水平上显著，括号内为 t 值。

列（1）是董事会监督、代理成本与企业创新关系的回归结果。结果表明代理成本（agac）对企业创新影响的系数是显著为负的，代理成本与董事会监督交叉项（agcb）的系数是显著为正的，这说明董事会监督可以减轻代理成本对企业创新的消极影响。列（2）是董事会监督、代理成本与企业创新关系的回归结果。结果显示代理成本对企业创新影响的系数是显著为负的，代理成本与董事会干预（CEO权力）交叉项（agcp）的系数是显著为正的，这说明董事会干预程度越小（CEO权力越大）越能降低代理冲突对企业创新的消极影响。从非国有企业和国有企业的回归结果来看，非国有企业的回归结果与全样本的回归结果一致。对国有企业而言，董事会监督并没有减轻代理冲突对企业创新的消极影响〔列（4）〕，而董事会干预程度越小（CEO权力越大），越能减轻代理冲突对企业创新消极影响〔列（6）〕，由此可知，董事会放权而非监督可以减轻代理成本带来的消极影响。

3. 监督合作、企业家能力与企业创新的关系检验——能力释放效应

通过以上的回归结果，可以看出监督合作型董事会对企业创新的影响，并且提出安全网效应和治理效应，将进一步证明监督合作型的董事会是否更利于企业家潜能的发挥。随着市场机制的不断完善，越来越多的高能力经理人进入企业，但是由于激励机制的不到位导致 CEO 不能有效地发挥其创新潜能。监督合作型董事会将形成董事会和 CEO 之间的和谐关系，能极大程度地激发 CEO 潜能的发挥。一方面，监督合作型的董事会将不过度干预经理人的日常经营决策，并给予经理人最大的自主裁量权，两者互信程度增强，合作深度增加，能够最大限度使经理人发挥其应有的潜能。另一方面，以上效用的发挥应该建立在合理的监督水平之上。综上所述，检验分为两个部分，一是检验董事会干预对 CEO 能力与企业创新的调节作用，即在回归中加入 CEO 能力与董事会干预的交叉项（cceip），预计交叉项系数应该为正，CEO 权力越大（董事会干预程度越小）越能加强 CEO 能力对企业创新的正效应。二是继续在以上检验的基础上检验董事会监督的调节作用，加入 CEO 能力、董事会干预（CEO 权力）与董事会监督的交叉项（CEO 能力、董事会干预、董事会监督）。

通过表 4-17 可知，列（1）的回归结果表明 CEO 能力对企业创新的影响是显著为正的，而 CEO 能力与董事会干预程度（CEO 权力）交叉项（cceip）的系数也是显著为正的，这说明 CEO 能力对企业创新具有积极的作用，而董事会干预程度越小（CEO 权力越大）能显著地增强这种正效应。考虑到高研发强度企业和低研发强度企业、国有企业和非国有企业的不同，这里继续分样本进行检验。列（2）和列（3）分别是高研发强度企业和低研发强度企业的回归结果。结果表明在高研发强度的企业中，CEO 能力对企业创新的影响系数是显著为正的，并且 CEO 能力与董事会干预（CEO 权力）的交叉项（cceip）的系数是显著为正的。这说明高研发强度企业的 CEO 能力对企业创新具有积极影响，并且 CEO 权力加强了 CEO 能力对企业创新的正效应。列（4）和列（5）分别为非国有企业和国有企业的回归结果。结果表明非国有企业中 CEO 能力对企业创新具有积极的作用，并且 CEO 权力越大越能加强 CEO 能力对企业创新的正效应。这说明董事会大胆放权于 CEO 可以促进 CEO 能力发挥对创新的积极作用。

表 4-17　CEO 能力、董事会干预与企业创新关系的回归结果

变量	(1) 全样本 rd	(3) 高研发 rd	(2) 低研发 rd	(4) 非国有 rd	(5) 国有 rd
ccei	0.0584*** (2.92)	0.0241*** (4.70)	0.0283 (0.55)	0.0748*** (2.86)	0.0108 (0.48)
cceip	0.0242*** (2.70)	0.00457* (1.90)	0.0349* (1.66)	0.0295*** (2.64)	0.00890 (0.78)
power	1.364*** (4.44)	0.235*** (2.88)	1.746** (2.38)	1.536*** (4.01)	0.565 (1.45)
roa	-0.0317*** (-6.48)	-0.00150 (-1.34)	-0.156*** (-7.69)	-0.0347*** (-6.10)	-0.0109 (-0.94)
fturnover	-0.000838** (-2.09)	-0.000295*** (-3.47)	-0.0129 (-1.22)	-0.000827* (-1.85)	-0.000746 (-0.35)
tenstkcon	-0.00696* (-1.85)	0.00344*** (3.37)	-0.0327*** (-3.71)	-0.00832* (-1.76)	0.00616 (1.19)
size	-0.218*** (-4.38)	-0.0594*** (-4.62)	0.0753 (0.53)	-0.192*** (-2.70)	-0.146** (-2.48)
fzl	-0.0126*** (-6.94)	-0.000813* (-1.96)	-0.0383*** (-4.32)	-0.0136*** (-6.48)	-0.0125*** (-2.84)
xjbl	0.00483*** (16.60)	0.000152 (1.32)	0.00507*** (9.97)	0.00505*** (15.17)	-0.00121* (-1.67)
rincome	-0.000403 (-1.14)	-0.0000606 (-0.79)	-0.00121 (-0.61)	-0.000473 (-1.16)	-0.000518 (-0.66)
_cons	4.691*** (3.71)	0.819** (2.58)	8.438** (2.37)	4.350** (2.46)	3.769*** (2.81)
年份行业	控制	控制	控制	控制	控制
N	7338	2888	4450	5422	1916

注：＊、＊＊、＊＊＊分别表示在 10%、5%、1%的水平上显著，括号内为 t 值。

接下来继续检验董事会监督是否能够保证给予 CEO 最大的自由裁量权，而不至于导致 CEO 权力的滥用，最终可以促进企业创新。表 4-18 的回归结果表明，列（1）cceipb（CEO 能力×董事会干预×董事会监督）的系数是显著为正的，这说明随着董事会的监督作用的增强，CEO 权力能够更好地促进 CEO 能力

对企业创新的积极作用。并且 CEO 能力×董事会干预（CEO 权力）（cceip）的系数显著为负，这也充分证明了 CEO 充分权力对 CEO 能力的释放效应应该建立在较强的监督水平之上，这就证明了监督合作型董事会对企业创新的促进作用。

表 4-18 董事会监督、CEO 能力、董事会干预与企业创新关系的回归结果

变量	（1） 全样本 rd	（2） 高研发 rd	（3） 低研发 rd	（4） 非国有 rd	（5） 国有 rd
ccei	0.187 *** （5.34）	0.0998 （0.80）	0.0320 *** （3.62）	0.156 ** （2.40）	0.0599 （1.55）
cceip	−0.0957 *** （−6.56）	−0.137 ** （−2.52）	−0.00407 （−1.13）	−0.0919 *** （−3.40）	−0.0376 ** （−2.03）
cceipb	0.00855 *** （6.34）	0.00916 * （1.80）	0.000369 （1.11）	0.00437 ** （2.01）	0.00338 * （1.90）
cceib	−0.0167 *** （−5.06）	−0.00825 （−0.71）	−0.00157 * （−1.90）	−0.00575 （−1.07）	−0.00613 （−1.58）
powerb	−0.334 *** （−6.59）	−0.382 ** （−2.19）	−0.0159 （−1.27）	−0.222 *** （−2.86）	−0.136 ** （−2.15）
power	3.995 *** （6.92）	6.042 *** （3.20）	0.190 （1.32）	4.720 *** （4.96）	1.578 ** （2.19）
bmeeting	0.608 *** （5.16）	0.365 （0.96）	0.0534 * （1.80）	0.273 （1.47）	0.233 * （1.80）
_cons	−5.288 *** （−3.94）	5.332 （1.22）	−0.542 （−1.61）	−3.653 * （−1.65）	−1.625 （−1.15）
控制变量	控制	控制	控制	控制	控制
年份行业	控制	控制	控制	控制	控制
N	7473	2888	4585	5501	1972

注：*、**、***分别表示在10%、5%、1%的水平上显著，括号内为 t 值。

七、稳健性检验

不同的企业在董事会治理实践中的表现也不尽相同，因为会形成不同的董事会文化，从而影响其对不同董事会治理模式的选择。为了减轻样本选择的问题，将继续采用倾向得分匹配法（PSM）对结论进一步检验。选取董事会干预程度作为区分控制组和对照组的变量，这是因为控制干预型和监督合作型董事会的一个重要区别就在于董事会的干预力度，这是 CEO 能力能够发挥的一个重要前提。根据董事会干预程度将企业分为两组，董事会干预程度较强的为控制组和董事会干预程度较弱的处理组。如果该企业的 CEO 权力指标大于平均值，则为董事会干预程度较弱的处理组，是则赋值为 1；反之为控制组并赋值为 0，PSM 的结果如表 4-19 所示。

表 4-19　董事会治理模式对企业创新影响机制的 PSM 检验

变量	(1) rd		(2) ceo_c		(3) agc		(4) CEO 能力（ccei）	
匹配方法	ATT	t 值	ATT	t 值	ATT	t 值	ATT	t 值
一对二匹配	0.747***	4.44	-0.050***	-4.00	0.004	1.46	1.705***	8.84
一对四匹配	0.771	5.90	-0.063***	-6.10	0.007***	3.03	1.766***	10.97
核匹配方法	0.807***	6.69	-0.067***	-7.11	0.007***	3.63	1.933***	13.06

注：*、**、*** 分别表示在 10%、5%、1% 的水平上显著，括号内为 t 值。

在进行 PSM 分析时，分别采用一对二匹配、一对四匹配和核匹配的方法，从总体来看，列（1）的结果表示在不同董事会干预力度下企业研发投入强度的差距。结果表明董事会干预程度较弱的企业其研发投入强度要大于董事会干预力度较大的企业，其 ATT 的结果都是非常显著的。列（2）是在不同董事会干预力度下企业 CEO 离职概率的差异。结果表明董事会干预程度较小的企业，其公司 CEO 离职的概率也相对较小。列（3）是在不同董事会干预力度下企业代理成本的差距。结果表明董事会干预程度较小的企业，其代理成本要略高于董事会干预程度较大的企业。列（4）是在不同董事会干预力度下企业 CEO 能力的差距。结果表明董事会干预力度较小的企业其 CEO 能力要显著高于董事会干预力度较大的企业。

以上回归结果再次证明了结论的稳健性，通过倾向得分匹配法得到董事会干预力度较小企业，一般拥有较高的研发投入强度，企业 CEO 能力也普遍较高，并且拥有较小的 CEO 离职概率。

八、数字经济时代董事会治理模式对 CEO 创新决策

　　数字经济的产生和发展使企业面临着新机遇的同时又面临着新挑战，其中如何将传统业务与数字技术相融合是企业面临着的重要问题，显然，创新是其中关键一环。公司治理作为现代企业制度的核心将通过一系列的制度安排完成人员的有序组织和资源的合理配置，从而保障企业创新活动的顺利开展（O'Sullivan，2000）。董事会治理是现代公司治理的核心，关系到战略决策的前瞻性和科学性，在企业创新战略抉择中起到关键作用。数字经济时代企业董事会面临着严峻的压力和挑战，一是数字前沿技术不断涌现，使行业结构和商业模式快速演变，企业自身变革加快，对自主决策、敏捷沟通和快速执行提出了更高要求。事实上，一些企业并没有及时做出适应数字化时代创新变革的调整，未发挥董事会应有的战略地位和价值。二是数字经济时代的资本社会化程度不断提高，企业对资本的依赖程度弱化，股东与经理人的关系也在不断受到冲击，现代公司的发展越来越依赖于掌握关键创新技术和核心竞争优势的创始人团队，但是目前董事会结构不清晰导致董事会与管理层之间的职责不清晰，协同性较差，难以有效发挥监督和执行的作用。三是在战略执行层面，依然采用传统的层层下传的机制，缺乏具有专业技能的董事高度参与战略部署、缺乏有效沟通，以及对成果进行把控，造成战略难以落地。

　　因此，在数字经济时代，董事会亟须扮演起科技与数字化创新的新角色，善于运用现有资源，帮助企业在激烈的市场竞争中脱颖而出。在数字经济背景下，相比传统董事会（公司战略的制定、选聘经理人、制定薪酬计划及监督合规），新时代的董事会角色又有了一些延伸，如部署科技及数字化创新、规划数字化未来、助力公司转型和管理危机及风险等。如果扮演好这些新的角色，必然需要董事会与经理人团队的高度信任与协同。事实上，董事会角色如何变化，学术界和实务界达成的共识是董事会必须聚焦于企业的长期发展和长期价值。

　　具体而言，本章从三个方面展开研究契合数字经济时代的董事会治理模式对CEO 创新决策的影响机制。

1. 前瞻性董事会平台，促进 CEO 潜能发挥——能力机制

人工智能、区块链、云计算、大数据的底层数字技术的应用是以知识为驱动的，技术的应用加快了知识的生产、扩散、应用，知识经济的规模不断扩大。与此同时，智力资本的重要性不断提升，其稀缺性甚至超过了财务资本（金帆和张雪，2018）。研究表明，智力资本对企业价值创造度甚至要高于财务资本，其所占的比重也在逐年增加。随着数字经济的不断发展，企业商业模式不断创新，甚至一些专业的投资机构在短时间内也难以判断新商业模式能否在未来能取代现有模式，相应地公司治理主导权也不断向具有特殊技术才能的企业家手中转移，例如一些科技公司采用的有限合伙制度和双重股权结构就是很好的例证。

在数字经济时代，需要着力提升智力资本的价值。因此数字时代的公司治理的主要任务已经不再是传统代理理论假设下对经理人的控制和干预，而是在一定的监督前提下开展合作，进行董事会治理机制设计的目的是最大限度地发挥其企业家才能。因此从企业外部来讲，数字经济时代创新的开放性使企业不可能通过故步自封获得具有竞争优势的数字化核心技术，要利用不同的机构资源，如加强对产、政、学、研整体的合作，这需要董事会与管理层进行协作完成。在这个过程中，对企业内部而言，董事会与管理层需要开展合作，合作就需要双方的沟通与碰撞，双方能力的提升对数字时代的战略决策非常关键。具体的影响机制如下：

（1）减少董事会与经理层数字时代企业战略的洞见差距。为了减少董事会与管理层的洞见差距，董事会必须深入研究整个行业的发展，找到企业发展过程的痛点，并循序渐进地进行创新变革。

（2）促进董事会与经理层充分有效沟通。战略的达成需要与管理层进行充分沟通，董事会成员应该摈弃原有只是审批或者听从经理层汇报的做法，而在沟通的过程中，能够思考新颖甚至独特的思想并进行沟通。

（3）促进董事会与经理层彻底地分析所选战略。董事会与经理层能够共同分析企业战略，极大程度地调动董事和经理层参与的积极性，避免董事会成为"一言堂"或者流于形式。

综上所述，董事会的数字战略参与度必然会不断加深，董事会也必须要加强自身能力的建设，打造高瞻远瞩的前瞻性董事会平台尤为关键。

2. 董事会与 CEO 自我工作行为——动机机制

控制干预型董事会建立在委托代理理论框架下，其本质都是以丛林状态为假设的伦理学、法律和社会学理论模型，这样的假设并不能建立起底线性质的信

任，利益各方并没有太多主动合作的意向，而是锁入了相互伤害的路径依赖中。在此理论基础上设计相关治理机制可能造成董事会与 CEO 从一开始便处于相互防备的状态，这造成了大量的代理成本，经理人在组织内开展的创新活动更多的是被动行为。在数字经济时代，创新氛围的宽松是产生新的技术变革的重要条件，创新的产生也由外在压力不断向经理人内在动机转变，传统的控制干预型董事会则难以产生较好的经理人自主工作的创新氛围。Hackman 和 Oldham（1975）将自主工作的定义为在工作中员工所享有的工作自主权程度，一般可以反映工作中的自由、独立和自决程度。我国传统文化是建立在人际关系乐观信任的状态下，在社会层面表现出自我治理的倾向和潜能，这表现为本项目中具有自主工作性质的CEO。自主工作作为心理授权的维度之一，是一种内在的工作动机。因此数字经济时代董事会治理模式必然转向监督合作。本章认为契合数字时代的董事会治理模式，是形成 CEO 自我工作的重要条件，这也是数字化时代董事会治理对创新的治理机制。

本章主要研究董事会对 CEO 创新自主性的影响，创新自主性的主要衡量指标如经理人在创新中有自由发挥的空间、董事会给予经理人在创新中适当的选择余地、经理人可以掌控创新进度、经理人对自己创新结果负有直接责任、创新活动有充分的发言权等。

具体而言，本章将区分不同公司的董事会对经理人的控制程度，并将不同能力的经理人进行组合，在此基础上探究数字化时代下 CEO 自我工作机制的形成条件。并可以得到四种董事会和经理人的关系组合：高控制型董事会与高能力经理人、低控制型董事会和高能力经理人、高控制型董事会和低能力经理人、低控制型董事会和低能力经理人。分别考虑四种情形下不同的董事会治理模式可能产生的不同效果，探索激发 CEO 创新动机的条件。

3. 董事会治理模式与 CEO 创新的安全网——机会机制

激励创新的首要条件是形成容忍创新失败的企业文化。委托代理理论认为，面对创新的风险性时，股东和经理人表现出不同的态度，股东关注企业的长远发展而更注重创新带来的收益，而以 CEO 为代表的管理层更加看重任期内短期最大化的收益，这导致了两者的利益冲突，经理人可能为了自身利益而放弃风险性较高的创新型项目，选择能带来稳定现金流的非创新型的常规项目，代理冲突增加。对于个人而言，在管家理论和资源依赖理论来看，比经理人更注重自我约束，超越自我中心，积极参与集体的福利、教育、个人的进步、工作伦理和共同的努力（杜维明，2012）。在数字经济时代，形成的是基于声誉、隐性契约关系和合作互惠的制度，其中更为基础的是基于"关系"的治理规则，而现代公司治理更强调契约治理，关系治理和契约治理两者之间的关系也是了解我国公司治理特点的纽带。借鉴动机理论、社会认同理论和社会交换理论，针对不同类型企业，监督合作型董事会更容易适应数字化时代，形成董事会与 CEO 和谐互惠的关系，不过分看重短期收益，进一步容忍 CEO 创新的失败，降低 CEO 离职的业绩敏感性，形成创新的安全网。

在董事会控制干预的视角下，董事会与 CEO 合作的氛围并不融洽，其主要原因在于经理层面临着短期内较大的考核压力，董事会对经理人创新失败的容忍度不高，如果不能在短期内取得较好的财务绩效，不仅难以保证其拥有较高的薪酬，而且还存在离职的风险。这些都会影响董事会与 CEO 之间关系的和谐，并且难以聚焦于长期战略。在数字经济时代下，董事会不只是防范经理人，而是在适当的监督条件下选择与经理人合作，构建和谐的董事会与经理人之间的关系，大胆给予经理人机会，共同作出创新研发决策，这也可称之为创新的安全网效应。具体而言：

（1）董事会与经理层共同抵御短期主义。董事会与经理层应该聚焦于长期战略，共同抵御短期主义。虽然业界都在呼吁企业应该将眼光放长远，但是事实上短期主义依然占据主导地位，一些公司高管甚至不惜用造假来粉饰财务绩效。这是因为董事会不断对管理层施加压力，需要定期披露企业的财务绩效，一旦绩效下滑，则可能面临着较大压力。麦肯锡对全球 1000 多名董事和高管进行了调查，结果显示 79% 的人表示要在来年甚至是更短的时间内拥有较好的业绩成果会面临巨大压力。从根本上来讲，董事会对管理层的压力可能更多地来自于资本市场，尤其是投资者和企业的股东，而董事会只不过是压力的传递者。因此，在数字时代下的董事会应该和管理层关于长期的战略进行充分沟通，并达成一致。同时，董事会与投资者应该保持有效沟通，让股东理解公司的长期发展战略。综上所述，董事会与经理层应该共同抵御短期主义。

（2）董事会有效投入时间的长效机制。董事会制定企业战略要投入足够的时间和精力，而且需要建立长效机制保证董事会成员能够拥有充足的时间投入。在数字经济时代背景下，企业面临的环境越来越复杂，需要花费一定的时间了解战略，才能给经理人提供有效的建议。

（3）董事会与管理层互信长效机制。战略决策的大部分信息来自管理层，管理层是否会向董事会分享更多的信息，这取决于董事会与管理层的互信程度。二者的互信程度越高，信息分享就会越多，管理层的后顾之忧就会降到最低。在面临困难时，董事会与管理层才会选择并肩作战而不是互相推卸责任。

（4）董事会与管理层的清晰界限职责。迈入数字经济时代，董事会除了履行一般的工作职责，还应该充当企业未来规划的布局者和赋能者。董事会应该止步于战略，而不是对具体的日常工作进行过多的干预，董事会更多的是创新战略的激发者。

九、本章小结

研究董事会治理水平对创新战略选择的影响后，如何解决 CEO 的创新困境成为重要的话题，其中董事会治理模式是影响 CEO 创新激励的关键因素，本章将董事会分为控制干预型和监督合作型，通过数理模型的分析，可以看出董事会的监督作用可以抑制 CEO 的机会主义败德行为。结合我国公司治理的实践，董事会可能会干预 CEO 的经营决策，此时 CEO 可能选择主动向董事会汇报创新中的不利状况，也可能选择不向董事会汇报创新中的不利状况，模型推理结论得出，一是当经理人不主动选择向董事会报告创新的不利情形时。如果董事会监督而不干预经理人，监督作用越大，对创新的积极作用越大；当董事会干预经理人时，董事会干预程度越大，越不利于 CEO 作出创新决策。二是当 CEO 主动选择向董事会汇报信息时。如果董事会监督而不干预 CEO 决策，监督力度可以加强董事会服务职能对创新的正效应；当董事会干预经理决策时，干预程度越大，董事会服务职能对企业创新的正效应越会减弱。进一步研究表明，董事会选择不干预经理人的决策必须建立在二者充分互信的基础上，这在很大程度上要能容忍创新的失败，更利于创新决策的制定和实施，但是董事会是否选择只做幕后角色也取决于创新项目的收益。

本章研究董事会治理水平对企业创新的影响机理，实证检验得出高水平的董事会治理将对企业创新产生积极影响，并从董事会治理模式的视角来实证检验董事会治理对企业创新的影响机制。

第五章 董事长—CEO 代际年龄差距对企业创新影响研究

一、引言

    企业较低的研发投入是制约企业创新能力提升的重要因素。事实上，研发活动是企业的内生选择，管理层特别是董事长和 CEO 的互动是企业进行研发投入的重要决定因素。一般来说，董事长关注的是企业的长期发展，并且更注重通过企业创新研发带给公司及自身的长期收益。与之相反，委托代理理论认为由于存在信息不对称等原因，CEO 可能的机会主义行为和事后道德风险使其为了一己私利而忽视股东的利益，尤其是在研发投入上。这是因为研发的不确定性和风险性使 CEO 产生"职业忧虑"，与其面对研发失败带来的离职风险不如选择平静的生活（Bertrand et al.，2006），其表现为只注重企业短期绩效的提升。

    自高阶理论提出以来，研究者将重点放在经营者个人特质对公司决策及公司绩效的影响上，或者是从机构投资者（Philippe et al.，2013）、大股东参与（张峰和杨建君，2016）和董事会治理（周建等，2011）等角度试图为激励 CEO 进行研发投入提供理论依据，而鲜有文献对董事长和 CEO 的人际关系进行研究。我国实行的是双层董事会治理结构和独立董事的治理模式，董事长和 CEO 作为公司的核心领导者，两者均参与公司的重大战略决策，而且可以互相影响，他们之间的人际关系是最关键、最敏感和最微妙的（Bob，2009）。据统计显示 2014 年我国 A 股上市公司中董事长和 CEO 两职分离的比例达到 53.8%，并且这个比例还有增长的趋势（高明华等，2015）。随着越来越多的企业董事长和CEO职位的分离，董事长和CEO之间的人际关系无疑是共同治理的关键。这将严重影响以CEO为核心的公司经营层对研发资金投入的持续稳定，尤其是对创新型的企业。那么董事长—CEO组合特征如何影响企业的研发投入呢？

大量研究表明管理团队的人口特征异质性对企业绩效有积极的作用，其中年龄差距作为显而易见的异质性人口统计特征，蕴含了较多的背景信息。因此，我们以年龄差距特别是代际年龄差距作为研究的出发点，将从企业内部治理和外部治理的角度来探讨与研发投入的关系。从内部治理的角度来讲，要促使CEO开展创新研发的最优激励合同是能在短期内容忍创新研发的失败。本章认为，在我国文化背景下，董事长和CEO的代际年龄差距会带来创新研发的安全网效应，降低CEO离职的业绩敏感性，能够使CEO安心作出创新研发投入决策。从外部治理的角度来看，市场竞争越激烈，CEO面临的离职风险就越大，可以挤出年龄差距导致的人际关系冲突效应带来的无效率行为，同时还可以加强代际年龄差距带来的任务和过程冲突效应带给创新的积极作用。

那么本章将探究以上两种影响机理，试图回答并实证检验以下问题：第一，董事长—CEO代际年龄差距与研发投入的关系。第二，董事长—CEO代际年龄差距是否可以降低CEO离职的业绩敏感性？第三，基于行业竞争的角度，董事长—CEO代际年龄差距对研发投入的影响机制。第四，分析不同产权性质企业中董事长—CEO代际年龄差距对研发投入的影响。本章的主要贡献：第一，将董事长和CEO二者人际关系为新的研究视角来探究其对公司研发投入的影响，并以代际年龄差距为衡量人际关系的代理变量，分别从内部治理和外部治理的角度研究其影响机制，并给出实证检验。第二，拓展高管人员异质性经济后果的研究，高管团队的异质性对创新的影响有较多的研究，但是董事长—CEO作为公司治理层面最核心最关键的人物，鲜有文献深入探讨二者人际关系如何影响研发投入。

二、文献回顾与理论假设

高阶理论认为CEO的个人特质对企业的决策会产生重要影响，CEO的特征背景如年龄、学历具有一定的信息含量（黄继承和盛明泉，2013），本章将经理人的特征分为先天特征和后天特征。

第一类特征是先天特征，如年龄、性别等。Serfling（2014）研究 CEO 年龄对风险承担行为的影响，发现随着 CEO 年龄的增长，CEO 为了降低公司风险会减少高风险的投资行为，尤其是在创新研发领域的投资。饶育蕾（2015）通过对我国上市公司的数据进行研究得出了同样的观点。McClelland 和 O'Brien（2011）从交易费用的角度证明了年长的 CEO 和持有更多股份的 CEO 对风险存在过分的厌恶。随着女性高管数量的增多，女性高管对公司治理影响的研究也成为热点。Khan 和 Vieito（2013）研究女性 CEO 对公司绩效的影响，结果表明一般情况下女性 CEO 掌管公司的风险要小于男性 CEO 掌管的公司，公司的绩效也要好于男性 CEO 掌管的公司。但是董事会设计整体薪酬时，企业并没有考虑到男性 CEO 和女性 CEO 之间风险规避的差异，特别是股权性报酬（股权性报酬可理解为对女性 CEO 承担风险的激励）。李小荣和刘行（2012）研究发现女性 CEO 可以显著地降低公司股票崩盘的风险，并且女性 CEO 的权力越大，对于降低股票崩盘风险的作用就越大。

第二类特征是后天特征，如高管的专业知识对高管团队与公司绩效的关系起到了一定的调节作用（Buyl et al.，2011）。CEO 任期同样对公司绩效有重要的影响，Musteen（2006）研究发现随着任期的延长，CEO 对市场环境变化的态度会趋向于保守。进一步研究表明，CEO 通过影响团队的风险承担倾向进而影响企业家对创新目标的追求，最终影响企业绩效（Simsek，2007）。随着市场竞争的日益激烈，越来越多的学者开始关注 CEO 特征与创新之间的关系，Lin 等（2011）利用世界银行对中国 1088 家私营企业的调查数据研究发现 CEO 的受教育程度、专业背景和政治关联对企业的创新有积极的影响。Hirshleifer 等（2012）研究 CEO 过度自信与创新的关系，过度自信的 CEO 可以为公司带来较高的创新收益，但是这种关系只存在于创新型行业。

以上研究分析管理层个体特征与公司绩效的相互影响，但是忽略了管理者群体内的互动对公司治理产生的重要影响。因为企业的研发决策并非由 CEO 个人决定，而是董事会集体决策的结果，董事长和 CEO 的互动配合将会影响决策的制定。理论上来讲，CEO 作为企业管理层的核心成员，负责执行公司战略和达成业绩目标；董事长作为董事会的负责人，负责制定公司战略和选聘经理人，并对股东和利益相关者负责，那么二者的关系将成为治理的焦点与核心。根据类似性吸引假设，拥有相同特征的人往往具有较强的人际吸引力（佐斌和高倩，2008），而异质性的特征可能引发冲突带来不同的经济后果，一些研究也开始关注高管层，特别是董事长—CEO 特征差异与组织绩效的关系。张龙和刘洪（2009）研究高管之间的垂直对特征差异与高管离职的关系。研究结论表明高管比总经理年长，并且受教育程度更高将会提高高管离职的概率。何威风（2015）通过研究企业高管特别是董事长—CEO 的学历、性别、年龄等垂直对特征对盈余管理的影响发现，董事长—CEO 性别和学历的差异导致盈余管理行为的发生，并且会受到其他一些变量如总经理权力、激励的影响。本章将年龄作为一个重要的异质性特征，因为年龄是多样化的个人经历和属性的动态集合，蕴含了性格形成的不同因素，将对一个人的认知、态度和价值观产生重要影响（Lin et al.，2011），对研究主体年龄差距的研究常见于家庭成员的研究中，大部分的文献集中在研究夫妻之间年龄差距的经济后果，但这些研究都是以男女之间生理差别为基础的，周云（2000）研究了年龄差距对夫妻二人家庭养老的影响，发现在大部分的夫妻中丈夫的年龄大于妻子，考虑男女预期寿命的差别，得出夫妻之间的年龄差距有利于二人的相互照顾的结论。同样，夫妻之间的年龄差距也可以影响婚姻的幸福指数，Wang 和 Terra（2017）发现，男女结婚时年龄大的一方会获得更大的满足感，但是这种满足感会随着时间推移而逐渐消失，特别是在家庭遇到经济困难时，这种满足感消失得更快。虽然企业的经营与婚姻的经营不同，但是也有类似的地方。在本章中，重点关注的是董事长和 CEO 之间的年龄差距所产生的经济后果，董事长—CEO 的组合类似于家庭当中的夫妻二人的组合特征，陆万军和张彬斌（2017）发现，我国家庭婚姻中男女分工依然受到"男主外，女主内"传统思想的影响，在既定收入一定的前提下，"男高女低"组合模式会带来更高的家庭幸福指数。同样，在既定收入等因素相同的条件下，夫妻的年龄差距对丈夫的幸福指数几乎没有影响，而对妻子的幸福指数有负面影响。基于此，大胆猜想董事长—CEO 的组合特征类似于家庭婚姻中夫妻的组合特征：

第一，在我国的公司治理模式的框架下，董事长一般为公司创始人抑或来自大股东单位，其权力往往大于 CEO，被视为公司的"一把手"，也就类似于家庭中"主外"的丈夫的角色，负责公司战略的制定。而 CEO 一般是内部提拔或者外部选聘，基于委托代理理论的框架，CEO 是被监督和考核的对象，类似于家庭中嫁过来"主内"的妻子的角色，负责公司内部管理和战略的执行。两者的组合特征势必会影响合作的融洽程度，进而影响公司研发投入的影响。

第二，对于研发投入的态度，董事长作为公司的战略制定者，更加看重公司的长远价值，也是企业创新的推动者。而 CEO 作为代理人更在意自身的"安全感"，这就类似于女性在婚姻中对风险规避意识要大于男性。这就造成在创新研发态度产生分歧而引发的冲突，CEO 在面临创新失败后的不利因素，可能会选择一些利于自身的短期项目，这并不利于企业的长远发展。

一般年龄相仿的管理人员具有相似的经历和价值观，更加容易相处与合作，饶育蕾等（2015）发现，董事会成员的年龄和继任 CEO 年龄具有同向变动的趋势，而年龄差距可能会因为认知和价值观的不同导致冲突的产生，这将不利于企业绩效。但是随后的研究表明，董事会成员中更大的年龄差距会增加董事会成员的异质性，这将为公司带来新的投资决策思维（刘鑫，2015）。

第一，年龄影响决策尤其是研发投入决策的制定，经济学中用职业眼界来解释投资决策的差异，并采用退休年龄与 CEO 年龄的差值来衡量职业眼界。年龄越大，其职业眼界越低，进行长期投资的概率越低，更愿意雇佣年轻的下属管理人员，因为年轻的下属往往拥有较高的职业眼界，可以影响年长的 CEO 制定长期投资决策（McGinnis et al.，2013）。董事长—CEO 的年龄差距是对两者职业眼界差异的衡量，年龄差距越大，年轻的一方将积极地影响另一方的创新决策（Jain et al.，2016）。另外，从角色分工的角度来讲，实施创新项目要经过项目的设立、批准、执行和监督四个过程（Fame and Jensen，1983）。Posner（1995）发现，年轻的经理人擅长创新和执行，而年长的经理人在批准和监督方面表现得积极有效。对应于现代公司治理模式，董事会负责批准和监督，经理层负责创新和执行。在我国公司治理模式中，董事长和 CEO 可能互相扮演创新者和执行者的角色，并且认为董事长—CEO 的年龄差距将有利于企业的长期投资。董事长—CEO 的年龄差距尤其是代际年龄差距会反映在两者战略决策制定的互动过程中，特别是企业创新研发投入决策的制定。据此，可以提出假设 5-1：

假设 5-1：董事长—CEO 的年龄差距对企业研发投入有积极的影响。

接下来，本章将进一步对影响机制进行探讨。首先，董事长—CEO 年龄差距对企业研发投入影响的内部治理激励机制，即"安全网效应"。事实上，研发投入注定是长期的投资，并且具有高风险性，研发失败导致 CEO 信任危机和离职风险，出于自身利益的考虑 CEO 会倾向于选择能带来较高且稳定净现值的短期投资。如果企业只注重短期的利润回报可能导致创新研发投入较低且不能持续，要激励 CEO 作出创新研发决策就要在短期内能容忍其失败（Manso，2011；Tian and Wang，2014），对 CEO 业绩的考核也不应过分注重短期的利润回报，因此

CEO 得到股东尤其是董事长的信任对于开展研发活动至关重要，其中董事长—CEO 人际关系是需重点讨论的。然而，研究二者之间的关系离不开企业所在地的文化与制度环境，由于中西文化的差异使我国企业照搬西方公司治理模式可能会减弱效果，只有符合中国人思维习惯和做事方式的制度才能产生良好的效果。与代理理论不同，管家理论认为 CEO 并不只看重个人利益，而是以为股东创造更多价值为己任，CEO 只有充分被信任才能安心努力地工作，任何对其机会主义动机的怀疑都有可能挫伤 CEO 工作的积极性，那么在什么情况下董事长和 CEO 会相互信任呢？研究表明，董事长和 CEO 之间存在一定的年龄差距可能会产生积极的效果，当上级比下属年龄大、受教育程度高于下属时，会产生比较好的绩效（Tusi，1995），Tusi（2002）进一步解释如果年龄差距符合一定的社会规范①，上级会给予下属更多的资源使下属得到培养和发展，下属同样会表现出更强的忠诚度，并产生较好绩效。在我国公司治理实践中，CEO 通常要向董事长汇报工作，董事长对公司的发展承担责任。因此，存在一定社会规范的年龄差距使二者关系融洽（张建君和张闫龙，2016），双方互信程度增强，在这种情形下 CEO 会得到董事长的赏识。因此短期内能容忍创新的失败和绩效下滑，从而降低了 CEO 开展研发活动的风险性。另外，根据社会交换理论和互惠原则，员工和组织之间是一种相互依赖的关系，当员工在公司中得到经济和社会情感的资源，就会更好地回报组织（Cropanzano and Mitchell，2010）。当 CEO 获得董事长的信任和赏识后，那么 CEO 往往会通过产品的创新研发来奠定在公司的地位并获得市场的认可。根据以上理论分析提出假设 5-2：

假设 5-2：董事长—CEO 的年龄差距使董事长和 CEO 互信增强，可以容忍研发团队短期的失败与绩效的下滑，降低 CEO 离职的业绩敏感性。

第二，年龄差距对企业研发活动影响的企业外部治理激励机制——"竞争压力效应"。管理团队的异质性受到年龄差异的影响，企业管理团队的异质性将引发两种冲突效应，人际冲突效应和任务及过程冲突效应（Jehn and Mannix，2001），人际冲突是指人与人之间产生的不和谐关系。年龄差距会带来认知行为上的差异，从而可能导致人际关系冲突。研究表明，人口特征差异与深层次的认知差异（如性格、价值观等）高度相关，并且年龄差异会使组织内合作者的满

---

① 社会规范是指在社会群体中都有一些正式或者非正式的规则，这个规则都会心照不宣，共同遵守，而破坏或者不遵守这个规则的得不到社会群体的认可，反而会得到社会群体的排斥。

意度降低（Cunningham，2007）。在面对面的工作环境中，年龄的差距会降低组内成员的互信程度（Krebs et al.，2006）。由此引发利益的冲突，可能导致团队成员的对立或者仅维持表面的和谐。在这种情形下，合作双方很难得到对方真实的想法从而造成信息不对称。对于董事长和 CEO 而言，委托代理问题就此产生，代理成本上升，这将不利于公司企业研发。此外，人口特征差异造成任务和过程的冲突。组织内成员的异质性提供多样的思维方式及问题解决方案，更重要的是高层管理人员在性格、专业技能及关系网络的互补，这会带来巨大的协同效应。创新型企业面对的往往是非常规的问题，需要不断提出新想法和新思路，因此任务和过程的冲突可以提升企业高层团队的活力和解决问题的能力，更加利于企业研发活动。

董事长—CEO 代际年龄差距对创新的影响取决于以上两种冲突的叠加效应，市场竞争作为重要的企业外部治理机制，同时也会对两种冲突效应产生重要影响，因为企业研发投入决策的制定是以董事长和 CEO 为首的企业团队互动对市场竞争做出的反应。外部市场竞争越激烈，管理层面临的经营失败导致离职的压力越大，一方面，能够挤出年龄差距导致的人际冲突带来的无效率行为，减缓由此引发的信息不对称，降低代理成本（姜付秀、黄磊和张敏，2009），这有助于企业内部的信息共享，促进企业创新。另一方面，市场竞争带来同行业企业的研发竞赛，促进管理层不断学习新知识，解决新问题，加强年龄异质性带来的任务和过程冲突效应对创新产生积极作用。总体来看，市场竞争使两种冲突的叠加效应为正，并且市场竞争越激烈，年龄差距对研发投入的正效应就越大。据此，我们可以提出假设 5-3：

假设 5-3：市场竞争加强了董事长—CEO 代际年龄差距对研发投入的积极作用。

三、研究设计

（一）样本选择

本章以 2006~2015 年中国沪深 A 股上市公司为初始的研究样本，其中高管个人特征和高管离职数据来源于国泰安 CSMAR 数据库，企业控制变量来自于同花顺，企业董事会特征数据来自 CCER 经济金融数据库。在此基础上，我们对数据做出以下处理：第一，剔除了所有金融行业的公司。第二，删除年龄差异和企业研发投入强度两个关键变量都存在缺失的企业。第三，删除极端值。第四，删除董事长和 CEO 两职合一的企业，最后得到了非平衡的面板数据。

（二）变量

（1）研发投入强度（rd）。根据以往文献的做法，采取研发经费与企业营业收入的比值衡量研发投入的强度。

（2）年龄差距（aged）。衡量董事长和 CEO 的年龄差距我们采用：①董事长—CEO 年龄差距的真实值（cdage）：直接用董事长的年龄减去 CEO 的年龄。②董事长—CEO 年龄差距的绝对值（jcdge）：董事长的年龄减去 CEO 的年龄再取绝对值。③董事长—CEO 代际年龄差距（gap10）：代际年龄差异采用虚拟变量来表示，如果董事长和 CEO 年龄差距的绝对值大于等于 10，那么赋值为 1，认为存在代际年龄差距则赋值为 0，不存在"代际年龄差距"。这是考虑到我国经济发展的现实，年龄差距超过 10 岁使阅历及认知产生不同，从而可能形成"代沟"。

（3）海外背景差异（d_ovesea）。是否有海外留学或工作经历对企业经营的理念会有重要的影响，这里采用虚拟变量来表示，如果董事长或 CEO 只有一方具有海外留学或海外工作经历则赋值为 1，否则为 0。

（4）政府工作经历差异（d_fgo）。政府工作经历可能会给企业发展带来一定的社会资本，对企业的研发投入产生一定影响。如果董事长或者 CEO 只有一方具有政府工作经历则赋值为 1，否则为 0。

（5）性别差异（d_gender）。性别差异会产生二者思维方式的异质性，尤其是对风险偏好的差异，可能会影响创新的决策。如果董事长和 CEO 存在性别差异，则赋值为 1，否则为 0。

（6）学历差异（d_degree）。学历差异可能导致对创新认知的不同。如果二者学历存在差异则赋值为 1，否则为 0。

（7）企业绩效。①CEO 离职与企业绩效高度相关，采用净利润率和总利润率来衡量企业绩效，并且分别用企业净利润总额和总利润总额与总资产的比值来定义净利润率和总利润率。②企业对 CEO 的考核不仅要看当年的企业绩效，而且需参考 CEO 在任期内的企业经营绩效，因此采用净利润率的 3 年移动平均值（mv3_tpa）代表企业经营绩效。为了保证结果的稳健性，同时选取企业总利润率的 3 年移动平均值（mv3_tpa）作为衡量企业绩效的备选指标。

（8）CEO 离职（ceo_c）。如果 CEO 被迫离职则为 1，否则为 0。在这里对企业离职的原因进行归类，在企业公告中 CEO 离职的原因大致可分为工作调动、退休、任期届满、控股权变动、辞职、解聘、健康原因、个人原因、完善公司法人治理结构、涉案、其他、结束代理。本章将 CEO 离职分为两类，被迫离职和正常离职。重点关注 CEO 的被迫离职，因为被迫离职体现的是由年龄差异造成发展理念冲突而引发的离职，但是比较困难的是如何在官方公布的离职原因中发现离职是否出于自愿，这里借鉴 Chang 和 Wong（2009）的做法，将退休、健康原因、公司治理结构的变化以及控股股东的变动归为正常变动，对于辞职的样本关注 CEO 离职后的职位，如果离职后的职位比离职前的职位要高，则是正常离职，否则为被迫离职。如果 CEO 在 55 岁前退休也认为是被迫离职，对于没有给出原因的离职按照正常离职处理。最后得到离职的样本 3910 个，其中被迫离职的有 2353 个，占总离职样本的 60.17%。

（9）市场竞争（com）。我们采用 1-HHI 来表示。HHI 为行业集中度，本章采用赫芬达尔—赫希曼指数（以下简称"赫芬达尔指数"）来表示，具体来讲使用行业内企业市场份额的平方和表示，行业分类参照证监会大类行业分类方法，其计算公式如下：

$$HHI = \sum_t^N \left(\frac{X_i}{x} \right)^2 \tag{5-1}$$

在式（5-1）中，N 表示产业内企业的个数，x 表示企业营业收入，X 表示产业内企业营业收入总和。那么 HHI 越大，代表行业的集中度越大，行业垄断的程度越大，竞争程度就越小。为了方便解释，采用 1-HHI 作为衡量竞争的指标，如果该值越大，则表示竞争程度也越大。

（10）企业特征（corporatec）。①公司规模（size）。采用公司总资产的对数来衡量。②资产负债率（debtr）。③资产报酬率（roa）。④现金流比率（cashr）。⑤第一大股东持股比例（stockcon）。

（11）董事会特征（boardc）。①董事会规模（board_num）。采用董事会人数代表董事会规模。②董事会会议次数（board_meeting）。③独立董事人数（indep_num）。

（12）董事长和 CEO 激励（incentive）。①董事长持股比例（chief_hold），董事长个人持股占公司股份的比重。②CEO 持股比例（manager_hold），CEO 个人持所占公司股份的比例。

（三）模型

本章研究主要分为两个主要的层面，我们首先利用模型（5-2）对董事长—CEO 年龄差异与企业研发投入的关系进行检验，其中 $aged_{i,t}$ 为董事长—CEO 年龄差距的变量，在回归中分别采用董事长—CEO 年龄差距的真实值、董事长—CEO 年龄差距的绝对值和董事长—CEO 代际年龄差距，并且预计董事长—CEO 年龄代际差异对企业创新的影响的系数为正，模型（5-2）如下：

$$rd_{i,t} = \beta_1 aged_{i,t} + \beta_2 d\_oversea_{i,t} + \beta_3 d\_fgo_{i,t} + \beta_4 d\_gender_{i,t} +$$
$$\beta_5\_degree_{i,t} + \beta_6 corporatec_{i,t} + \beta_7 boardc_{i,t} + \beta_8 incentive_{i,t} +$$
$$\sum industry + \sum Year + u_{i,t} \tag{5-2}$$

通过模型（5-2）得到了董事长—CEO 年龄差距与企业研发投入强度的关系，接下来从企业内部和外部两个方面分别验证董事长—CEO 年龄差距对企业研发投入强度影响的机理。为了验证企业内部的影响机制，模型（5-3）利用 Probit 模型来探究董事长—CEO 代际年龄差距是否可以降低 CEO 离职的业绩敏感性。在模型中加入年龄差异与企业业绩的交叉项，如果 β_2 的值为负且 β_3 的值为正，则说明存在年龄代际差异可以降低 CEO 离职的业绩敏感性，从而促进 CEO 积极开展创新活动，模型（5-3）如下：

$$ceo\_c_{i,t} = \alpha + \beta_1 gap10_{i,t} + \beta_2 mv3\_tpa_{i,t} + \beta_3 mv3\_tpa_{t,t} \times gap10_{i,t} +$$
$$\beta_4 corporatec_{i,t} + \beta_5 boardc_{i,t} + \beta_6 incentive_{i,t} + \sum Industry +$$
$$\sum Year + u_{i,t} \tag{5-3}$$

市场竞争作为重要的外部公司治理机制，对企业创新有重要影响，在模型（5-4）中加入年龄差异和市场竞争的交叉项，如果系数为正，说明市场竞争增强了年龄差距对创新的积极效应，模型（5-4）如下：

$$rd_{i,t} = \beta_1 gap10 + \beta_2 com_{i,t} \times gap10_{i,t} + \beta_3 com_{i,t} + \beta_5 corporatec_{i,t} +$$
$$\beta_6 boardc_{i,t} + \beta_7 incentive_{i,t} + \sum Industry + \sum Year + u_{i,t} \tag{5-4}$$

四、变量定义及描述性统计

表 5-1 为变量名称及描述性统计结果。根据描述性统计结果可知，在研究样本中我国上市公司的研发投入强度的平均值是 1.16%，这个值与相关研究的统计结果相似。董事长平均年龄为 52 岁，总经理的平均年龄为 47 岁，详细的董事长和 CEO 的年龄分布如图 5-1 所示。

表 5-1　变量名称及描述性统计

变量	变量名称	样本数	平均值	标准差	最小值	最大值
rd	研发投入强度	12805	0.01157	0.0537	0	4.8681
gap10	董事长—CEO 代际年龄差距	12907	0.3152	0.4646	0	1
cdage	董事长—CEO 年龄差距真实值	12785	4.5166	9.0442	−34	39
jcdge	董事长—CEO 年龄差距绝对值	12785	7.6345	6.6264	0	39
d_fgo	董事长—CEO 政府背景差异	12657	0.3465	0.4849	0	11
d_ovesea	董事长—CEO 海外背景差异	8514	0.0674	0.2508	0	1
d_gender	董事长—CEO 性别差异	12785	0.0965	0.2953	0	1
d_degree	董事长—CEO 学历差异	10994	0.3349	0.4736	0	1
ceo_c	CEO 变更	12907	0.1059	0.3077	0	1
tpa	总利润率	12804	1.9493	207.9024	−48.1131	23509.77
npa	净利润率	12804	1.9322	207.8746	−48.1131	23509.77
mv3_tpa	总利润 3 年移动平均	11213	1.4302	104.8197	−716.666	7835.467
mv3_npa	净利润 3 年移动平均	12140	1.3307	100.7467	−703.336	7835.995
com	市场竞争程度	12907	0.9864	0.01608	0.7366	0.9976
hhi	行业集中度	12907	0.0136	0.0161	0.0024	0.2634
age	董事长年龄	12791	51.809	7.1108	24	85
zage	总经理年龄	12788	47.2949	6.2777	24	78
rfunds	研发经费	12805	6.85E+07	3.75E+08	0	9.71E+09
stockcon	股权集中度	12811	36.8017	15.8262	0.502	98.8590
debtr	资产负债率	12907	56.7504	221.5350	0.708	14271.78
roa	资产报酬率	12888	7.09551	66.4023	−1610.96	7053.609
income	营业收入	12887	8.92E+09	7.53E+10	11045.39	2.88E+12
size	企业规模	12907	21.7952	1.3665	10.8422	28.5065
cashr	现金流比率	12907	106.1445	321.4187	0.0002	16756.98

续表

变量	变量名称	样本数	平均值	标准差	最小值	最大值
b_meeting	董事会会议次数	12803	9.0790	4.4998	4	105
board_num	董事会规模	12803	5.6924	1.5864	0	13
indep_num	独立董事人数	12803	4.0210	1.7784	1	19
chief_hold	董事长持股比例	12803	7.3326	13.7430	0	91.6835
manager_hold	总经理持股比例	12803	1.0800	4.3226	0	95.1369

注：笔者根据 Stata 整理。

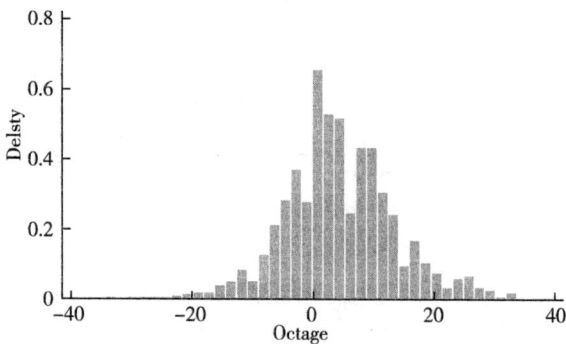

图 5-1　董事长—CEO 年龄差距分布

图 5-1 是董事长—CEO 年龄差距真实值的分布直方图，横轴为年龄差距的真实值，纵轴为年龄差距样本的频率。从董事长—CEO 年龄差距的数据来看，董事长和 CEO 的平均年龄分别是 52 岁和 47 岁，年龄差距超过 10 岁以上样本数为 3907，占总样本的 30.57%，其中董事长比 CEO 年轻的样本数为 641，占总样本的 4.97%。不同性别的样本数为 1234，具有海外背景差别的样本数为 574，有政府工作经历差别的样本数为 4375。

五、回归结果分析

（一）董事长—CEO 年龄差距与企业的研发投入

本节将验证董事长—CEO 的年龄差距与企业研发投入强度之间的关系，其中被解释变量为企业的研发投入强度，与 Goergen（2015）等的做法一致，分别使用董事长—CEO 年龄差距的真实值、董事长—CEO 年龄差距的绝对值、董事长—CEO 的代际年龄差异作为解释变量。其中，董事长—CEO 代际年龄差异与研发投入的关系是重点关注的，回归结果如表5-2所示。

表5-2　年龄差异与企业研发投入强度关系的回归结果

变量	（1） rd	（2） rd	（3） rd	（4） rd	（5） rd
gap10				2.413*** （2.85）	2.389*** （2.68）
jcdge			0.143** （2.29）		
cdage		0.0577 （0.98）			
zage	−0.0577 （−0.98）				−0.00535 （−0.09）
age	−0.155*** （−2.84）	−0.213*** （−2.71）	−0.225*** （−3.63）	−0.222*** （−3.76）	−0.221*** （−3.69）
d_gender	2.857** （2.31）	2.857** （2.31）	2.774** （2.24）	2.761** （2.23）	2.763** （2.24）
d_ovesea	−0.417 （−0.31）	−0.417 （−0.31）	−0.405 （−0.30）	−0.403 （−0.30）	−0.405 （−0.30）
d_fgo	−0.258 （−0.25）	−0.258 （−0.25）	−0.279 （−0.27）	−0.328 （−0.31）	−0.322 （−0.31）
d_degree	−0.474 （−0.61）	−0.474 （−0.61）	−0.570 （−0.73）	−0.564 （−0.72）	−0.565 （−0.72）
stockcon	−0.0177 （−0.66）	−0.0177 （−0.66）	−0.0166 （−0.62）	−0.0171 （−0.64）	−0.0171 （−0.64）
fgo	0.183 （0.17）	0.183 （0.17）	0.183 （0.17）	0.181 （0.17）	0.175 （0.16）
size	−0.974*** （−2.75）	−0.974*** （−2.75）	−0.943*** （−2.67）	−0.936*** （−2.65）	−0.934*** （−2.64）
debtr	0.000595 （0.37）	0.000595 （0.37）	0.000594 （0.37）	0.000575 （0.36）	0.000575 （0.36）
cashr	−0.000625 （−0.62）	−0.000625 （−0.62）	−0.000645 （−0.64）	−0.000634 （−0.63）	−0.000635 （−0.63）
roa	−0.00572 （−0.44）	−0.00572 （−0.44）	−0.00549 （−0.42）	−0.00529 （−0.41）	−0.00531 （−0.41）

续表

变量	(1) rd	(2) rd	(3) rd	(4) rd	(5) rd
indep_num	−0.0530 (−0.29)	−0.0530 (−0.29)	−0.0525 (−0.29)	−0.0477 (−0.26)	−0.0477 (−0.26)
board_num	−0.0326 (−0.14)	−0.0326 (−0.14)	−0.0326 (−0.14)	−0.0344 (−0.15)	−0.0343 (−0.15)
b_meeting	0.0353 (0.41)	0.0353 (0.41)	0.0390 (0.45)	0.0378 (0.44)	0.0376 (0.43)
chief_hold	−0.0154 (−0.68)	−0.0154 (−0.68)	−0.0155 (−0.68)	−0.0157 (−0.69)	−0.0157 (−0.69)
manager_hold	−0.0634 (−0.73)	−0.0634 (−0.73)	−0.0643 (−0.74)	−0.0598 (−0.69)	−0.0601 (−0.69)
_cons	30.40*** (3.45)	30.40*** (3.45)	29.46*** (3.42)	29.34*** (3.41)	29.50*** (3.35)
N	8395	8395	8395	8395	8395

注：*、**、***分别表示在10%、5%、1%的水平上显著，括号内为 t 值。

列（1）没有加入董事长—CEO 年龄差距的变量，只采用 CEO 年龄和董事长年龄作为自变量，回归结果表明董事长年龄对研发投入强度的影响显著为负，这说明董事长年龄越大，企业研发投入强度越小。这是因为董事长一般为公司的"一把手"，对企业决策有很强的影响力，在控制了其他相关变量的前提下，随着董事长年龄的增大，对风险的态度会变得保守，企业研发投入强度会降低，但是 CEO 的年龄与企业研发投入强度的关系并不显著。列（2）中加入董事长—CEO 年龄差距的真实值作为自变量，结果表明董事长—CEO 年龄差距真实值对研发投入影响的系数为正但并不显著，而列（3）的回归结果表明董事长—CEO 年龄差距的绝对值与企业研发投入之间具有显著的正相关关系，这说明董事长—CEO 年龄差距越大，企业的研发投入强度也就越大，结合列（2）的回归结果，可以得出只要董事长和 CEO 之间存在年龄差距就会对企业研发投入强度起到积极的作用，而无论董事长比 CEO 年长或者年轻。进一步地分析，在列（4）中引入董事长—CEO 年龄代际差距的变量（gap10），结果表明在加入了相关控制变量后，董事长—CEO 年龄的代际差异与企业的研发投入强度之间存在显著的正相关关系，列（5）在控制了 CEO 和董事长年龄后，董事长—CEO 代际年龄差距依然与研发投入强度之间存在显著的正相关关系。

在董事长—CEO 其他特征差异的变量中，结果显示董事长—CEO 的性别差异与研发投入强度存在显著的正相关关系。女性担任董事长或 CEO 将会对企业研发投入有积极的影响，可能由于董事长和 CEO 都是男性更容易引发竞争，而女性担任董事长或 CEO 带来的是沟通、信任和合作的董事会文化。另外，女性高管比男性高管拥有更强的执行力（李小荣和刘行，2012；Liu et al.，2014），这会减轻企业的代理问题，保障创新型项目顺利执行。而董事长—CEO 的学历差距、海外背景差异和政府工作背景的差异对企业的研发投入的影响并不显著。

（二）董事长—CEO 代际年龄差距与 CEO 离职业绩敏感性（安全网效应检验）

企业的研发行为具有高风险性，并且研发投入的回报周期比较长，根据 CEO 职业生涯关注理论，CEO 对风险性的研发行为具有一定的抵触心理。一个创新型的公司，在短期内应该能容忍研发的失败，从而可以激励 CEO 积极从事企业创新活动。本章将用 CEO 的离职业绩敏感性来衡量企业容忍创新失败的程度，并且认为在特定文化背景下的董事长—CEO 代际年龄差距可以降低 CEO 离职的业绩敏感性，从而激励了 CEO 创新。接下来将采用 Probit 回归探讨年龄差距与 CEO 离职的业绩敏感性之间的关系。在 Probit 回归中以企业 CEO 离职的虚拟变量为被解释变量，如果 CEO 被迫离职则赋值为 1，其他则为 0。考虑到 CEO 离职的概率往往与上年的企业绩效高度相关，因此自变量采用总利润率和净利润率的上一期的值，回归结果如表 5-3 所示。

表 5-3　代际年龄差距与离职业绩敏感性关系的回归结果

变量	(1) ceo_c	(2) ceo_c	(3) ceo_c	(4) ceo_c	(5) ceo_c	(6) ceo_c
$npa1$	-0.0268** (-2.00)	-0.959** (-2.20)				
$tpal$			-0.0280** (-2.08)	-0.804** (-2.04)		
$tpal×gap10$				0.0518** (2.08)		
$npa1×gap10$		0.0581** (2.13)				
$gap10$		-0.00810** (-1.98)		-0.00791* (-1.91)	-0.00185 (-0.75)	-0.00190 (-0.77)

变量	(1) ceo_c	(2) ceo_c	(3) ceo_c	(4) ceo_c	(5) ceo_c	(6) ceo_c
mv3_tpa						-0.00609* (-1.68)
mv3_tpa× gap10						0.00632* (1.72)
mv3_npa					-0.00671* (-1.69)	
mv3_npa× gap10					0.00693* (1.73)	
tpa	-0.000132 (-0.67)		-0.000132 (-0.66)	0.179** (2.16)		
size	-0.0330*** (-3.27)	-0.0495*** (-2.75)	-0.0329*** (-3.27)	-0.0474*** (-2.63)	-0.0292** (-2.28)	-0.0293** (-2.28)
debtr	0.000113* (1.74)	-0.000315 (-1.12)	0.000112* (1.73)	-0.000134 (-0.56)	-0.0000580 (-0.61)	-0.0000632 (-0.65)
cashr	-0.000143** (-2.29)	-0.000600*** (-3.17)	-0.000143** (-2.29)	-0.000562*** (-3.00)	-0.000291*** (-2.75)	-0.000292*** (-2.76)
roa	-0.000420 (-0.93)	-0.00168* (-1.78)	-0.000414 (-0.91)	-0.00617*** (-2.64)	-0.00151* (-1.79)	-0.00147* (-1.78)
chief_hold	-0.00118 (-0.85)	-0.00185 (-0.67)	-0.00118 (-0.84)	-0.00170 (-0.61)	-0.00384* (-1.94)	-0.00384* (-1.94)
manager_hold	-0.0138*** (-5.91)	-0.0295*** (-3.61)	-0.0138*** (-5.91)	-0.0358*** (-3.88)	-0.0188*** (-3.84)	-0.0188*** (-3.84)
board_num	-0.0192** (-2.55)	-0.0394*** (-2.84)	-0.0192** (-2.55)	-0.0395*** (-2.85)	-0.0226** (-2.25)	-0.0226** (-2.25)
b_meeting	0.0242*** (8.54)	0.0282*** (5.51)	0.0242*** (8.54)	0.0282*** (5.52)	0.0205*** (5.92)	0.0205*** (5.92)
_cons	-0.449* (-1.96)	-0.0901 (-0.22)	-0.451** (-1.97)	-0.132 (-0.32)	-0.532* (-1.83)	-0.531* (-1.83)
N	11413	11413	11413	11413	11145	11145

注 *、**、***分别表示在 10%、5%、1%的水平上显著，括号内为 t 值。

在表 5-3 中，列（1）的回归结果是 CEO 被迫离职与企业上年净利润率（npal）之间的关系。结果表明上一期净利润率的系数显著为负。说明公司净利润率越高，CEO 离职的可能性就越小，这与现实情况一致。在列（2）中加入董事长—CEO 年龄代际差距与上一期净利润率的交叉项（tpal×gap10），结果显示交叉项的系数显著为正，这说明年龄差距越大，越会显著降低 CEO 在业绩较差时被迫离职的概率，假设 5-2 得证。列（3）和列（4）中采用公司总利润衡量公司绩效，得出了同样的结论。对 CEO 的考核不仅要看当年或者上一年的绩效，而且看 CEO 任期内的绩效，由于样本中 CEO 的任期平均为 2.8 年，为了确保结果的稳健性，在列（5）中将净利润率取 3 年的移动平均，并加入其与董事长—CEO 年龄代际差距的交叉项（mv3_npa×gap10），结果表明总利润率 3 年移动平均的系数显著为负，并且交叉项显著为正，这表明董事长—CEO 年龄代际差距可以显著降低 CEO 离职的业绩敏感性，即可以降低 CEO 短期绩效下滑引发的离职可能性，能够激励 CEO 作出研发决策。同样列（6）加入了的总利润率的三年移动平均及其与年龄代际差距的交叉项（mv3_tpa×gap10），回归结果同样证明了董事长—CEO 代际年龄差距可以降低 CEO 离职的业绩敏感性的结论。

（三）董事长—CEO 代际年龄差距、市场竞争与企业研发投入强度（竞争压力效应检验）

上文从企业内部治理的角度探究了年龄差距与 CEO 离职敏感性的关系，并且得出董事长和 CEO 存在代际年龄差距会降低 CEO 离职的企业业绩敏感性，从而利于创新型企业 CEO 积极地开展创新的工作。市场竞争作为重要的外部治理机制，对企业的创新决策有重要影响，那么我们将从企业外部治理的角度探究市场竞争对年龄差距与研发投入关系的影响，并且预期市场竞争与企业董事长—CEO 的年龄差距之间存在互补关系。在回归模型中加入董事长—CEO 年龄差距与市场竞争的交叉项，为了避免交叉项可能带来的多重共线性，我们对数据进行中心化处理，回归结果如表 5-4 所示。

表 5-4　董事长—CEO 年龄代际差距、市场竞争与研发投入关系的回归结果

变量	全样本 （1） rd	全样本 （2） rd	高竞争 （3） rd	低竞争 （4） rd
gap10	0.972 ** （2.32）	1.443 *** （2.79）	1.312 ** （2.22）	0.0191 （1.53）

续表

变量	全样本 (1) rd	全样本 (2) rd	高竞争 (3) rd	低竞争 (4) rd
com×gap10		64.68* (1.91)		
hhi	7.521 (0.52)	48.61** 2.01)		
stockc	-0.00992 (-0.78)	-0.0112 (-0.80)	-0.0158 (-0.88)	0.000130 (0.34)
fgo	-0.0449 (-0.12)	-0.0695 (-0.16)	0.00139 (0.00)	-0.00221 (-0.20)
age	-0.0994*** (-3.40)	-0.119*** (-2.68)	-0.133*** (-3.22)	-0.00167* (-1.91)
size	-0.398** (-2.36)	-0.431** (-2.30)	-0.669*** (-2.64)	-0.0102** (-2.22)
debtr	-0.0000141 (-0.07)	0.000572 (0.54)	0.00733** (2.27)	-0.00000117 (-0.34)
cashr	-0.000441 (-0.72)	-0.000420 (-0.63)	-0.000437 (-0.48)	-0.00000237 (-0.14)
roa	0.00210 (0.24)	0.00125 (0.13)	0.0210 (1.40)	-0.0000941 (-0.44)
board_num	-0.0456 (-0.37)	-0.0520 (-0.38)	-0.0750 (-0.42)	0.00272 (0.81)
b_meeting	0.00517 (0.12)	0.00567 (0.12)	0.0193 (0.30)	-0.00165 (-1.34)
chief_hold	-0.00980 (-0.65)	-0.0102 (-0.63)	-0.0249 (-0.84)	0.000000432 (0.00)
manager_hold	-0.0218 (-0.50)	-0.0224 (-0.45)	-0.0162 (-0.25)	-0.000294 (-0.22)
年份行业	控制	控制	控制	控制
_cons	13.21*** (3.58)	15.65*** (3.71)	20.37** (2.00)	0.267*** (2.84)
N	12629	12629	8853	3776

注：*、**、***分别表示在10%、5%、1%的水平上显著，括号内为 t 值。

列（1）是全样本企业创新投入强度与董事长—CEO代际年龄差距、市场竞争关系的回归结果。结果表明董事长—CEO代际年龄差距对企业研发投入强度的影响显著为正，这说明年龄差距越大，企业的研发投入强度就越大。市场竞争与企业创新投入强度之间的回归系数为正，也就是市场竞争程度越大，企业的研发投入强度越大，但这种关系并不显著。列（2）中加入了董事长—CEO的年龄差距与市场竞争的交叉项（gap10×com），回归结果表明董事长—CEO代际年龄差距和交叉项（gap10×com）对企业创新投入强度的影响都显著为正，这说明市场竞争程度（com）越大，董事长—CEO代际年龄差距对企业创新投入强度的正效应就会增强。这证明了董事长—CEO代际年龄差距与市场竞争之间是一种互补关系，则假设5-3得证。为了进一步研究不同市场竞争程度下董事长—CEO的年龄差距对企业研发投入强度的影响，我们根据市场竞争的平均值将样本分为高竞争和低竞争的样本，列（3）和列（4）的结果表明，在竞争程度越高的行业，年龄差距对企业研发投入强度的影响显著为正，而竞争程度较低的行业，企业董事长—CEO代际年龄差距对企业研发投入的影响并不显著，这说明董事长—CEO的代际年龄差距的作用在竞争越激烈的行业就会越明显，两者存在互补关系，同样证明了假设5-2。

以上的回归结果都控制了董事长和CEO持有股份的比例。综合来看，年龄差距对企业创新影响的外部治理机制的实现需要建立在较高市场竞争的基础上。而内部机制的发挥，与我国文化背景有一定的关系，同时两种机制相辅相成。因此，激励CEO创新既需要外部竞争环境也需要内部给予其试错的机会。

（四）产权性质、董事长—CEO年龄差异与企业研发投入

董事长与CEO的关系会受到产权性质的影响，国有企业的董事长和CEO都是两职分离的，董事长是由政府任命的，而董事会没有独立选聘CEO的权力，CEO同样由政府任命。一般来说，国有企业的董事长是企业"一把手"，比CEO更有权力。由于国有企业高层管理人员存在一定的薪酬限制，在显性薪酬激励不足的情况下，他们可能转而追求控制权收益。董事长—CEO的年龄差距在国有企业也普遍存在，通常董事长的年龄要比CEO大，两者年龄差距越大，CEO的晋升激励就越大，可能引发CEO对"一把手"的争夺或者进行权力斗争，由此引发无效率行为。不仅国有企业要追求经济效益，而且还需承担一些政策性负担，CEO可能并不会因为单纯的企业绩效下滑而被迫离职。另外，国有企业多处于垄

断行业或者受到地方政府的保护，市场竞争对经理人的激励作用可能有限。因此，将样本分为国有企业和非国有企业，将检验董事长—CEO 年龄差距与研发投入之间的关系，并对其内部和外部的影响机制进行检验，回归结果如表 5-5 所示。

表 5-5　董事长—CEO 年龄代际差距、产权性质与研发投入关系的回归结果

变量	非国有 (1) rd	国有 (2) rd	非国有 (3) ceo_c	国有 (4) ceo_c	非国有 (5) ceo_c	国有 (6) ceo_c	非国有 (7) rd	国有 (8) rd
gap10	4.597*** (3.07)	-0.00399 (-0.94)			-0.123* (-1.88)	0.0590 (1.01)	2.980*** (2.73)	-0.00295 (-1.04)
npa1			-0.0276** (-1.96)	-0.0650 (-0.72)				
mv3_npa					-1.294** (-2.19)	-0.976 (-1.14)		
mv3×gap10					1.292** (2.20)	0.0929 (0.12)		
com×gap10							170.7** (2.07)	-0.145 (-0.86)
com							139.0** (2.30)	0.0456 (0.38)
d_gender	4.038** (2.15)	0.00936 (1.32)						
d_oveseaback	-1.151 (-0.47)	0.00120 (0.17)						
d_fgo	-0.622 (-0.36)	-0.00548 (-1.05)						
stockcon	-0.0697 (-1.57)	-0.000114 (-0.97)					-0.0408 (-1.32)	-0.0000441 (-0.58)
fgo	0.505 (0.29)	-0.00134 (-0.26)					-0.0472 (-0.05)	-0.00394* (-1.73)
age	-0.313*** (-3.43)	0.000348 (1.08)					-0.230** (-2.55)	0.000192 (0.75)

变量	非国有 (1) rd	国有 (2) rd	非国有 (3) ceo_c	国有 (4) ceo_c	非国有 (5) ceo_c	国有 (6) ceo_c	非国有 (7) rd	国有 (8) rd
size	-2.018***	-0.00733***	-0.0841***	-0.0147	-0.0742***	-0.0273	-1.440***	-0.00573***
	(-2.94)	(-5.13)	(-4.99)	(-1.06)	(-3.35)	(-1.38)	(-3.05)	(-6.00)
debtr	0.000101	0.00000392	0.0000258	-0.000286	-0.000159	-0.000100	-0.000148	-0.00000124
	(0.04)	(0.29)	(0.30)	(-1.61)	(-0.96)	(-0.62)	(-0.09)	(-0.11)
cashr	-0.000918	0.0000115	-0.000133*	-0.0000741	-0.000151*	-0.000320	-0.000677	0.00000926
	(-0.65)	(1.23)	(-1.91)	(-0.53)	(-1.80)	(-1.36)	(-0.63)	(1.37)
roa	0.00361	-0.000845***	0.000384	0.00803**	-0.000487	-0.00405	0.00275	-0.000444***
	(0.19)	(-3.67)	(0.67)	(2.06)	(-0.56)	(-1.53)	(0.19)	(-3.25)
board_num	-0.118	0.000418	-0.0130	-0.0293***	-0.0228	-0.0475***	-0.104	0.000343
	(-0.25)	(0.40)	(-1.12)	(-2.90)	(-1.42)	(-3.27)	(-0.33)	(0.51)
b_meeting	0.0846	-0.000202	0.0282***	0.0240***	0.0336***	0.0238***	0.0468	-0.000225
	(0.53)	(-0.47)	(6.98)	(5.91)	(5.61)	(3.97)	(0.47)	(-0.85)
chief_hold	-0.0205	0.000276	0.0000193	0.0203*	0.00292	0.0236	-0.0138	0.000248
	(-0.66)	(0.29)	(0.02)	(1.75)	(1.34)	(0.95)	(-0.56)	(0.37)
manager_hold	-0.0763	0.000494	-0.0126***	-0.0478*	-0.0161***	-0.0507	-0.0403	0.0000604
	(-0.73)	(0.30)	(-5.63)	(-1.79)	(-5.57)	(-1.55)	(-0.53)	(0.07)
_cons	55.04***	0.137***	0.350	-0.655**	0.296	-0.271	43.33***	0.103***
	(3.13)	(3.78)	(0.92)	(-2.08)	(0.60)	(-0.61)	(4.12)	(4.67)
N	4189	4309	9617	8279	5815	4234	5914	6820

注：*、**、***分别表示在10%、5%、1%的水平上显著，括号内为 t 值。

在表5-5中，列（1）和列（2）分别是国有企业和非国有企业的董事长—CEO 代际年龄差距与企业研发投入的回归结果。结果表明非国有企业的董事长—CEO 代际年龄差距对企业研发投入强度的影响显著为正。列（2）的回归结果表明，国有企业董事长—CEO 代际年龄差距对企业研发投入的系数为负，但并不显著。这可能是因为国有企业的研发投入与行政性的干预或者政府设定的目标有很大的关系，国有企业的经理人也不需要市场对其能力的认可，而很可能转向对企业控制权收益的争夺或者是政治地位的提升上。另外，由于国有企业的高管存在一定的退休年龄，董事长和 CEO 两者年龄差距越大，CEO 晋升激励越大。如果公司治理水平偏低，很可能会引起企业内部的争权夺利，造成企业内耗，对创新不利。列（3）和列（4）检验了企业 CEO 离职与业绩敏感性的关系，结果表明非国有企业上年的净利润率越高，CEO 离职的可能性越小，因为企业的经营绩效是非国有企业经理人考核的重要指标。而国有企业经理离职的可能性与业绩之间的关系并不显著，这是因为国有企业一般存在政策性负担，不仅对国有企业经理的考核依据企业的绩效，而且要考虑社会效益。同样地，为了进一步检验董事长—CEO 年龄代际差异对 CEO 离职业绩敏感性的影响，列（5）和列（6）加入了董事长—CEO 年龄代际差距与利润率 3 年移动平均的交叉项。结果表明净利润的 3 年移动平均的系数显著为负，并且交叉项显著为正，这说明非国有企业的董事长—CEO 年龄差距可以降低 CEO 离职的业绩敏感性，而国有企业中并不存在这种效应。列（7）和列（8）考虑市场竞争对董事长—CEO 年龄差距与研发投入强度关系的影响，列（7）中交叉项（com×gap10）对研发投入强度的影响显著为正，这说明非国有企业董事长—CEO 年龄代际差距与市场竞争存在互补关系，也就是市场竞争越强，董事长—CEO 年龄代际差距对研发投入强度的正效应越大，同样列（8）中的交叉项（com×gap10）并不显著，可能是因为国有企业一般都处于垄断行业，市场竞争对董事长—CEO 年龄代际差距与创新投入之间的关系的影响并不显著。

六、稳健性检验

企业选择投入研发经费并不是一个随机行为，会受到各种因素的影响，特别是在股东和管理层的利益博弈方面。在研究的样本中如果只选择拥有研发投入的企业可能会造成回归结果的偏误。针对样本选择的问题，采用 Heckman 两阶段模型来减缓样本选择的偏误带来的内生性问题。

第一阶段采用 Probit 研发投入的选择模型，即对企业进行研发投入的概率进行预测，并计算逆米尔斯比率（λ）。在该模型中引入一个企业是否有研发投入的虚拟变量，如果企业具有研发投入行为则为 1，否则为 0。因此第一阶段模型设定为：

$$\Pr(y=1)=\emptyset(\beta_1 X_{i,t}+\beta_2 Z_{i,t}) \tag{5-5}$$

在模型（5-5）中，Pr（$y=1$）表示企业进行研发投入的概率，$\emptyset$ 表示标准正态分布的概率密度函数，$X_{i,t}$ 表示影响企业研发投入决策的变量。另外，在研发投入的选择模型中，要设置一个与年龄差距相关，但是与研发投入无关的工具变量 $Z_{i,t}$，这样可以防止 λ 与 $X_{i,t}$ 存在多重共线性。在本书中，我们选取董事长—CEO 的年龄差距的滞后一期（ljcdge）作为工具变量，在国有企业样本中年龄差距将可能带来一定的晋升激励，而薪酬差距与晋升激励也有很强的相关性，将采用董事长—CEO 薪酬差距作为工具变量（dsalary）。

第二阶段采用线性回归模型对企业研发投入的影响因素进行回归，同时将第一阶段计算的逆米尔斯比率（λ）作为控制变量。逆米尔斯比率（λ）计算公式为：

$$\lambda = \varphi(\beta_1 X_{i,t} + \beta_2 Z'_{i,t}) / \phi(\beta_1 X_{i,t} + \beta_2 Z'_{i,t}) \tag{5-6}$$

如果 λ 显著不为 0，则存在显著的样本选择问题。第二阶段的模型设定为：

$$rd = \beta_0 + \beta_1 X_{i,t} + \lambda + \sum Industry + \sum Year + u_{i,t} \tag{5-7}$$

七、主要结论及启示

本章从"人"的角度出发，并结合我国的文化背景特征，探究了董事长—CEO 代际年龄差距对研发投入的影响，并且从企业内部和企业外部两个方面进一步研究了董事长—CEO 年龄差距对研发投入的影响机制。

第一，从企业内部来看，通常情况下董事长往往比 CEO 更有权力，那么董事长—CEO 代际年龄差距在特定的文化背景下会产生积极的效果，因此可以在短期内容忍 CEO 创新的失败，降低 CEO 离职的业绩敏感性，形成安全网效应，激励 CEO 进行研发活动。

第二，对于企业外部治理机制而言，市场竞争可以减轻年龄差距带来的人际关系冲突引发的代理问题，同时可以加强任务过程冲突对创新的促进作用，因此市场竞争会促进董事长—CEO 年龄差距对研发投入强度的正效应。

第三，进一步将样本分为非国有企业和国有企业，结果显示非国有企业的董事长—CEO 年龄代际差距对企业研发投入存在正相关关系，并且董事长—CEO 年龄代际差距可以降低 CEO 离职的业绩敏感性，市场竞争与董事长—CEO 年龄差距存在互补关系。但对于国有企业而言，以上关系并不显著，这可能是与国有企业的政策性负担和高管激励评价机制有关。随后的Heckman两阶段模型证明了以上结论，在排除选择性偏差以后，全样本及非国有企业的董事长—CEO年龄差距与企业研发投入存在显著的正相关关系，而国有企业的董事长—CEO年龄差距对企业研发投入的影响显著为负。

企业激励CEO创新研发既要有内在的安全网效应，还要有外在市场竞争的压力，董事长—CEO年龄异质性的作用不容小觑，如何建立合适的高管年龄梯队需要企业思考，本章可以得到以下启示：

第一，现阶段我国公司治理模式正处在行政型治理向市场型治理的转变过程中，企业也面临着治理模式和商业模式的转型，创新必然是企业的第一要务。企业提高创新投入就需要长远的眼光，并构建和谐的董事长和CEO关系，尤其是在总经理选聘的过程中要考虑二者的年龄差距，尽量优势互补，适当的董事长—CEO的年龄差距可以降低CEO因为创新导致的企业绩效下滑而离职的概率，能解决CEO进行创新的后顾之忧。

第二，虽然董事长—CEO的代际年龄差距可能会降低CEO离职的业绩敏感性，但是董事长—CEO代际年龄差距对创新的促进作用与市场竞争的环境相关。因此，坚持市场化改革的方向，完善市场竞争机制，能够增强企业高管人员年龄异质性带来的积极作用，进一步挖掘企业创新的潜能。

第三，对于国有企业而言，改革高管的激励评价机制，完善薪酬管理制度，减小因为控制权收益争夺带来的效率损失，同时引入市场竞争机制，发挥董事长—CEO年龄梯队对企业的积极作用。

第六章 自愿性信息披露与企业创新

一、引言

企业创新是经济发展的引擎，然而创新的高风险性和不确定性使企业面临外部融资约束和内部经理层对创新研发拥有排斥心理。高效的资本市场和互信的股东与经理层关系将为创新提供资金支持和动力源泉，这基于企业充分的信息披露。企业信息披露行为可以分为强制性信息披露和自愿性信息披露，对于强制性信息披露已有较多研究，一种观点认为，公司财务信息具有公共物品的特性，生产经营信息的披露会产生一定成本，而潜在投资者可以充当免费"乘车者"，这容易引起市场失灵，造成信息供给小于需求，因此需要推行强制性信息披露制度（Leftwich，1980）；相比于内部人而言，外部投资者在获取信息方面有明显劣势。为了保护投资者利益，必须强制企业进行信息披露。目前，对上市公司进行强制性信息披露已经成为业界共识，2007 年中国证监会发布了《上市公司信息披露管理办法》，强制性信息披露越来越规范。但随着市场的不断发展，强制性信息披露已经很难满足不断变化的投资者需求，企业自身出于揭示公司价值、再融资和控制权安排的需要（张宗新、张晓荣和廖士光，2005），也会在强制性信息披露规则之外，选择进行自愿性信息披露。

事实上，我国多数企业对自愿性信息披露是有选择地披露信息。一方面，造成投资者与企业之间信息不对称，不仅外部投资者权益难以得到保障，而且企业也较难获得创新的资金支持。另一方面，基于代理理论的假设，经理人可能存在机会主义行为，面对创新失败后的信任危机和离职风险，其宁愿选择风险较小且能带来稳定现金流的非创新型项目，导致创新动力不足。产生以上困境的最根本原因是信息不对称。因此转变选择性自愿性信息披露的旧观念，树立加强自愿性信息披露的新理念，是加强自愿性信息披露力度能够减轻企业与外部市场、股东与经理人信息不对称的重要渠道。

　　然而，企业自愿性信息披露是一把"双刃剑"，自愿性信息披露可以减少企业与投资者之间的信息不对称，提高企业投资效率。但"柠檬市场理论"认为经营层可能存在为了获取私人利益而发布虚假消息迷惑投资者的动机，不仅有损企业声誉，而且对企业的长期发展不利。另外，企业进行自愿性信息披露也会产生一定成本，例如竞争对手通过信息披露而掌握竞争企业更多信息，如企业治理结构、未来战略目标、技术创新等，并可能找到企业的竞争短板，这会给创新型企业带来不利影响，造成企业不愿过多进行自愿性信息披露。信息披露使股东的监督能力增强，可能导致经理层做出体现自己能力但是却背离股东利益的行为，因此增加了代理问题（Hermalin and Michael，2012）。虽然有研究表明在创新投入行为中自愿性信息披露能提高企业价值，但是其对企业融资的检验没有达到应有的效果（韩鹏和岳园园，2016）。可见，自愿性信息披露是否能够克服因为信息不对称导致的企业创新困境，尚没有确切结论。那么自愿性信息披露能否促进企业创新呢？影响机制又是怎样的呢？

　　本章主要贡献包括：①从信息角度，结合上市公司自愿性信息披露指数，探究影响企业创新的因素，找到自愿性信息披露影响创新的新机制，为了充分发挥自愿性信息披露提升创新绩效的积极作用提供理论和数据支持，同时为了完善有序的资本市场给予合理政策建议。②在企业自愿性信息披露的测量上，提出了合理的指标体系，设计了治理结构、治理效率、利益相关者和风险控制四个评价维度，并结合年报收集一手数据，使企业的自愿性信息披露指数更加真实可靠。

二、文献综述与理论分析

（一）文献综述

1. 信息披露内容及其影响因素研究

信息披露包括财务信息和非财务信息。随着市场的不断完善和投资者对信息需求的增长，越来越多的研究开始关注企业非财务信息披露对于公司治理和资本市场的影响（Plumlee and Marlere，2008；Dhaliwal et al.，2011）。相比于财务信息，投资者对非财务信息的鉴别能力相对较弱，也很难被审计（Athanasakou and Hussainey，2014）。但随着进一步研究，一些学者也开始关注非财务信息对企业价值的影响。Amira 和 Lev（1996）对财务信息和非财务信息进行了对比，发现财务信息与证券价值之间并没有相关性，而非财务信息与证券价值高度相关。本章所涉及的自愿性信息披露指数大部分是非财务信息的自愿性披露。

信息披露与公司治理的联系非常紧密，大量文献深入研究了公司治理对企业信息披露的影响。Eng 和 Mak（2003）分析了股权结构和董事会构成对信息披露的影响，发现更低的经理人持股比例和更多的政府持股比例能促进信息披露，而大股东持股比例与信息披露的关系并不显著。此外，外部董事的比例与信息披露水平呈正相关。李慧云等（2013）同样发现在自愿性信息披露水平较高的企业一般都具有以下的特征：较大的公司规模、较高的企业杠杆、国有股居多且股权比较集中等。张洁梅（2013）通过研究董事会特征对企业自愿性信息披露的影响，得出独立董事人数、持股董事比例与自愿性信息披露呈正相关，董事长和 CEO 两职合一与自愿性信息披露呈负相关，而董事会规模、董事会会议次数对自愿性信息披露并没有显著影响。伊志宏、姜付秀和秦义虎（2010）分别从产品市场竞争和董事会治理的角度来探讨对信息披露的影响。结果表明合理的公司治理结构可以促进企业的信息披露，而产品市场起到互补或者竞争的作用，据此，在我国公司内部公司治理机制较弱的前提下，可以通过加强产品市场竞争来促进企业的信息披露。

2. 信息披露的经济后果研究

大部分学者的观点认为信息披露可以降低企业的代理问题，这一类观点可以称为"透明理论"（Glosten and Milgrom，1985；Bushman and Smith，2001；Dechow，Ge and Schrand，2010）。Scaltrito（2016）通过构建企业自愿性信息披露指数，得出增加附加信息披露可以提高企业价值，这是因为更进一步的信息披露可以提高公司的可信度和减少潜在投资者的不确定性，这与信号理论是一致的（Spence，1973）。但 Hermalin 和 Weisbach（2012）认为信息披露是一把"双刃剑"，披露更多的信息可以提高股东和董事会的监督能力，如果经理层拥有很强的谈判能力，则会使经理层薪酬提高，经理人也可能会体现出很强的能力但会出现不利于企业价值的行为。从企业外部来讲，Bernard（2016）研究发现，在市场竞争中，企业往往通过低价格或者其他的非价格手段迫使竞争对手企业退出市场，尤其是面临财务困境的企业退出市场，因此这些企业会减少财务信息披露而降低被捕食的风险。

在信息披露对创新影响的研究中，较为有代表性的是 Jones（2007）研究 R&D 密集型企业披露 R&D 项目信息及其经济后果。结果表明 R&D 密集型企业总会披露一些与 R&D 项目相关的信息，尽管这些信息只是描述性的；企业专有成本越高越不愿披露 R&D 项目的信息。另外，账面市值比越低，企业越会详细地披露 R&D 项目的信息。

结合现有文献可以看出，学术界对信息披露影响创新的经济后果仍存在争议。另外，在创新型企业信息披露的研究中，大多数研究将信息披露类型集中在与 R&D 项目相关的信息披露上。然而，相较于企业内部人而言，投资者对 R&D 项目的判断并无明显优势，那么非 R&D 项目和非财务的自愿性信息披露能否促进企业创新是本章关注的重点。本章将利用我国上市公司自愿性信息披露指数，探究自愿性信息披露对企业创新的影响机制，并提供经验证据。

（二）理论分析及假设

1. 自愿性信息披露与企业创新

创新具有高风险以及未来收益不确定性等特点，因此创新型企业面临着较强融资约束和经理人对创新项目排斥两大困境。一方面，信息披露能够解决外部投资者或者债权人与企业之间的代理问题来获得更多的资金支持。信号理论认为，企业内部人比投资者更了解企业的经营状况和未来发展规划，投资者为了保护自身利益会给出更低的价格。此时，公司披露高质量的财务和非财务信息会增加投资者的信任度，从而增加公司价值（Scaltrito, 2016）。另一方面，信息披露能缓解股东与经理人的代理问题，促使经理人有动力并且积极作出创新研发决策。第一，未来前景、目标等信息的自愿性披露是客观评价经理人努力程度的重要依据，并起到一定的监督作用，能减少经理人由于创新风险性导致的背离股东利益的自利行为。第二，自愿性信息披露可以赢得股东对经理人的信任，提高股东对经理人创新失败的容忍度，从而消除经理人进行研发高附加值创新项目决策的后顾之忧。企业创新研发时期很难有满意的利润表。虽然此时财务信息与企业价值的相关性较弱，但是仍会造成股东对经理人的不信任程度增加，不利于经理人作出研发决策。因而，经理人倾向于选择进行自愿性信息披露，特别是更具有企业价值相关性的非财务信息能够降低双方的信息不对称（Amir and Lev，1996），并赢得股东信任。可见，自愿性信息披露是解决以上两个难题行之有效的途径，据此提出假设6-1：

假设6-1： 自愿性信息披露对企业创新有积极的影响。

2. 自愿性信息披露对创新的影响机制探究

不仅信息披露受到监管机构的重视，而且也越来越受到企业尤其是创新型企业的重视，那么自愿性信息披露对企业创新影响的具体机制又是什么呢？围绕上述企业存在的创新困境，本章从以下三个方面来探究其影响机制，分别是自愿性信息披露的声誉效应、治理效应和安全网效应。

第一，声誉效应。创新投资是一种长期投资行为，特别需要稳定和持续的资金支持，而创新的风险性使投资者投资意愿降低，因此企业面临着较强的融资约束，这不利于创新活动的开展。研究表明较多的信息披露能够带给企业更好的声誉（Armitage and Marston，2008；Michelon，2011；Beyer and Dye，2012），良好的企业声誉可以通过提高企业外部融资能力、缓解企业创新的融资压力对企业创新产生影响，因为企业声誉是金融机构向企业特别是非国有企业发放信贷的重要参考因素。另外，在我国法律制度有待完善、信息不对称、市场监管机制有待加强的情况下，企业更加倾向于通过披露业绩及公司治理的信息赢得投资者信任或者减轻代理问题（Spence，1974；Rothschild and Stiglitz，1976），同时还能起到对投资者权益的保护作用。在对研发项目存在信息劣势加之各项制度不完善的情况下，投资者利益受到侵害的概率增加，导致投资者信心不足造成投资意愿较低，直接带来了企业的融资约束，创新便成了无源之水。企业声誉机制作为一项非正式制度可以弥补正式制度的不足（唐跃军等，2008），从而能起到保护投资者合法权益的作用，提高了投资者为企业提供创新资本的意愿，保障创新投资的持续和稳定。据此提出假设6-2：

假设6-2： 自愿性信息披露可以降低融资约束对企业创新的负面影响。

第二，治理效应。信息披露能够减轻股东和经理人之间的信息不对称，起到一定的治理效应。根据委托代理理论，由于股东和经理人之间目标函数不一致导致利益冲突，经理人可能存在事前机会主义及事后道德风险，为了自身利益而做出与股东利益相违背的行为。经理人在面对创新风险性及不确定性时，往往产生排斥心理，因为研发的长周期性不仅不利于经理人薪酬的提高，而且一旦研发失败会对经理人的声誉造成不良影响，甚至面临着离职的可能，从而更愿意选择一些能带来短期效益的项目，这对企业的长远发展是不利的。此时，委托人为了公司长远利益发展而加大对管理层的监督力度，提高了代理成本。而代理成本的提高又进一步加深代理冲突，这不利于管理层作出创新研发决策（罗正英等，2014），陈志军等（2016）的研究同样进一步证明了代理冲突对研发投入存在消极的影响。信息披露的一个重要作用是缓解股东和经理人的代理矛盾，降低代理人的道德风险（Bushman and Smith，2003）。例如，企业发布对未来前景和企业技术优势等非财务信息，就形成了董事会对经理人的考核依据，一旦偏离企业期望绩效，董事会可能会考虑更换 CEO（Farrell and Whidbee，2003），此时，CEO不会只为自身利益而轻易放弃创新决策。同样，信息的披露使投资者能合理预期未来绩效并对经理人具有监督作用，从而可以约束经理人的自利行为（申慧慧和吴联生，2012），因此委托人的监督成本降低。据此提出假设 6-3：

假设 6-3：自愿性信息披露能够降低企业代理成本对创新的负面影响。

第三，安全网效应。较高水平的自愿性信息披露能够增强股东和投资者对经理层的信任程度，普华永道的一项调查显示，80%的经理人认为自愿性信息披露提高了股东的信任程度和经理人市场的关注力度。经理人将通过信息披露的方式将公司治理、未来前景、风险控制等信息传递给股东，这可以赢得股东的信任。CEO 在得到股东尤其是大股东信任的情况下可以产生可信赖行为，能激发经理人对企业长期发展的承诺，这会进一步激励 CEO 作出创新研发决策（杨建君、张峰和孙丰文，2014）。事实上，股东和经理层互信的表现实质上是控制权的共享（Corbetta and Salvato，2004），股东对经理人控制较少，并能在短期内容忍管理层创新的失败（Manso，2011；Tian and Wang，2014）。因此，CEO 创新失败导致绩效下滑而离职的概率降低。据此提出假设 6-4：

假设 6-4：自愿性信息披露可以降低 CEO 离职的业绩敏感性。

综上所述，可以得到本章逻辑关系如图 6-1 所示。

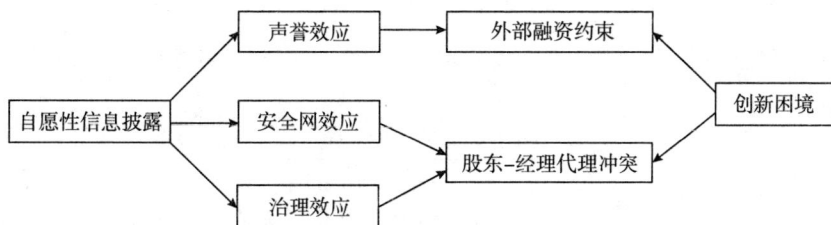

图 6-1　本章的逻辑关系

三、研究设计

（一）数据来源、变量和方法

本章根据自愿性信息披露的指标体系，通过研读年报收集全部 A 股上市公司数据，得到了 2013 年和 2015 年的上市公司自愿性信息披露指数。企业创新研发经费、专利来自于 Wind 金融数据库，其他数据源自 CSMAR 数据库。

（1）企业创新。采用直接表示法（lgrfunds），借鉴以往文献的经典做法利用企业的创新研发经费投入来衡量企业创新，在回归中采用对数形式。为了保证结果的可靠性，可以采用企业专利的申请数量来衡量创新进行稳健性检验，按照专利创新技术含量的不同可以分为发明专利、实用新型和外观设计三类，认为发明专利的创新技术含量最大。

（2）自愿性信息披露指数。本章所指的自愿性信息披露，是指除了相关法律、法规及规范明确规定上市公司必须披露的信息，上市公司在当年的公司年度报告中自愿披露关于公司的治理模式及经营状况的信息。采用高明华等（2014）构建的自愿性信息披露指数来衡量自愿性信息披露的质量，该指数从治理结构、治理效率、利益相关者和风险控制四个维度进行评估，且设立了 31 个指标来评价。指标体系如表 6-1 所示。

表 6-1　自愿性信息披露指数指标体系

一级指标	二级指标	评价标准
治理结构（GS）	董事会构成	A. 未披露模糊披露董事会构成（0 分）；B. 明确披露董事会构成（1 分）
	董事学历	A. 不披露（0 分）；B. 不完全披露（0.5 分）；C. 完全披露（1 分）
	董事任职经历	A. 不完全披露（0 分）；B. 完全披露（1 分）
	专门委员会构成	A. 未披露任何信息（0 分）；B. 只作一般性说明（0.5 分）；C. 详细介绍委员会成员的情况（1 分）

一级指标	二级指标	评价标准
治理结构 （GS）	监事会构成	A. 未披露或模糊披露监事会构成（0分）；B. 明确披露监事会构成（1分）
	监事会成员	A. 未披露任何信息（0分）；B. 只披露个人背景信息或只披露履职情况（0.5分）；C. 披露个人背景信息和履职情况（1分）
	高管层学历	A. 不披露（0分）；B. 不完全披露（0.5分）；C. 完全披露（1分）
	高管层任职经历（不低于3年）（不含兼职、社会称号）	A. 不完全披露（0分）；B. 完全披露（1分）
治理效率 （GE）	股东大会股东出席率	A. 不披露（0分）；B. 不完全披露（0.5分）；C. 完全披露（1分）
	股东大会（包括临时股东大会）投票机制的说明	A. 不披露（0分）；B. 不完全披露（0.5分）；C. 完全披露（1分）
	董事考评制度及结果的说明	A. 未披露任何信息（0分）；B. 只披露考评制度但没有考评结果（0.5分）；C. 披露考评制度和披露考评结果（1分）
	《董事会议事规则》的说明	A. 未披露任何信息（0分）；B. 只作一般性说明（0.5分）；C. 详细介绍议事规则（1分）
	董事会召开方式的说明	A. 不披露（0分）；B. 披露（1分）
	独立董事同意、质疑或否决董事会某项决议的说明	A. 不披露（0分）；B. 披露（1分）
	高管薪酬结构及额度	A. 不披露（0分）；B. 不完全披露（0.5分）；C. 完全披露（1分）
	高管层关系网络	A. 未披露任何信息（0分）；B. 明确披露高管层关系网络（1分）
利益相关者 （SH）	投资者关系建设情况的说明	A. 没有任何说明（0分）；B. 只说明有《投资者关系管理制度》，但没有具体内容（0.5分）；C. 详细披露投资者关系沟通或接待措施，或者给出《投资者关系管理制度》的出处（1分）
	社会责任	A. 未披露任何信息（0分）；B. 只披露参与社会公益或环保情况（0.5分）；C. 披露社会责任报告或可持续发展报告（1分）

一级指标	二级指标	评价标准
利益相关者（SH）	债权人情况	A. 不披露（0分）；B. 披露（1分）
	债务人情况	A. 不披露（0分）；B. 披露（1分）
	供应商情况	A. 不披露（0分）；B. 披露（1分）
	客户情况	A. 不披露（0分）；B. 披露（1分）
风险控制（RC）	企业发展战略目标	A. 不披露（0分）；B. 披露（1分）
	盈利能力分析	A. 不披露（0分）；B. 披露（1分）
	营运能力分析	A. 不披露（0分）；B. 披露（1分）
	偿债能力分析	A. 不披露（0分）；B. 披露（1分）
	发展能力分析	A. 不披露（0分）；B. 披露（1分）
	关于现聘会计师事务所的说明	A. 没有任何说明（0分）；B. 笼统披露（0.5分）；C. 详细披露（1分）
	宏观形势对公司业绩影响的分析	A. 不披露（0分）；B. 披露（1分）
	行业地位（或市场份额）分析	A. 不披露（0分）；B. 披露（1分）
	竞争对手分析	A. 不披露（0分）；B. 披露（1分）

资料来源：《中国上市公司自愿性信息披露指数报告 2014》《中国公司治理分类指数报告 No. 15. 2016》。

（3）融资约束。大量文献探讨过融资约束的测量方法，比较有代表性的方法有 KZ 指数（Kaplan and Zingales，1997；Lamont et al.，2001）、WW 指数（Whited and Wu，2006），但是这些指数的测量包含一些内生性变量，如企业杠杆率、现金流量，这可能导致与融资约束程度互相影响。为了避免内生性因素，本章将采用以企业规模和年龄两个变量为主的 SA 指数，因为企业规模和年龄具有较强的外生性，能较为准确地衡量企业的融资约束程度。根据 Hadlock 和 Pierce（2010）的方法构建 SA 指数：$-0.737 \times size + 0.043 \times size^2 - 0.04 \times age$。

（4）代理成本（agentc）。代理成本是指由于股东和经理人存在代理问题而产生的成本，代理成本一般来讲可分为监督成本、担保成本和剩余损失三个部分（Jensen and Meckling，1976）。在实证研究中大多采用资产周转率、销售费用率和管理费用率计算代理成本（Singh and Davidson，2003）。本章将采用销售费用占销售收入的比值作为衡量代理成本的变量。

（5）CEO 离职（ceo_c）。本章将 CEO 离职分为被迫离职和正常离职，可借鉴 Chang 和 Wong（2009）的方法进行区别。如果 CEO 是被迫离职则赋值为 1，其他则为 0。

（6）企业业绩（npa）。采用净利润与总资产的比值来表示。

为了检验自愿性信息披露对企业创新及影响机制，采用以下模型进行估计。

$$lgrfunds_{i,t} = \beta_0 + \beta_1 discloure_{i,t} + \beta_2 control_{i,t} + \varepsilon \qquad (6-1)$$

$$lgrfunds_{i,t} = \beta_0 + \beta_1 SA + \beta_2 SA \times discloure_{i,t} + \beta_3 discloure_{i,t} + \beta_4 control_{i,t} + \varepsilon \qquad (6-2)$$

$$lgrfunds_{i,t} = \beta_0 + \beta_1 agentc_{i,t} + \beta_2 agentc_{i,t} \times discloure_{i,t} + \beta_3 discloure_{i,t} + \beta_4 control_{i,t} + \varepsilon$$

$$(6-3)$$

$$ceo\_c_{i,t} = \beta_0 + \beta_1 npa1_{i,t} + \beta_2 discloure_{i,t} \times npa1_{i,t} + \beta_3 discloure_{i,t} + \beta_4 control_{i,t} + \varepsilon \qquad (6-4)$$

模型（6-1）主要检验自愿性信息披露是否能够促进企业的研发投入，$lgrfunds_{i,t}$ 为研发投入的对数形式，其中 $discloure_{i,t}$ 为自愿性信息披露指数，包括总指数以及四个维度构成的分项指数，$control_{i,t}$ 为其他控制变量，包括现金比率、企业规模、资产报酬率、营业总收入、董事会会议次数、董事会规模和独立董事人数等，ε 为随机扰动项。模型（6-2）为了检验自愿性信息披露对创新影响的声誉效应即假设6-2，并且加入融资约束指数 SA 与自愿性信息披露指数及其二者的交叉项（$SA \times discloure_{i,t}$）。模型（6-3）为了验证自愿性信息披露对创新影响的治理效应即假设（6-3），加入代理成本（$agentc_{i,t}$）与自愿性信息披露的指数及其二者的交叉项（$agentc_{i,t} \times discloure_{i,t}$）。模型（6-4）为了检验自愿性信息披露对创新的安全网效应，加入上一期净利润与总资产的比例（$npa1_{i,t}$）和自愿性信息披露指数及其二者的交叉项（$discloure_{i,t} \times npa1_{i,t}$），根据假设（6-4），我们预期 β_1 的系数为负，交互项的系数 β_2 为正。

（二）描述性统计

1. 其他主要变量的描述性统计

由表6-2可知，上市公司各个变量基本都处于正常合理的区间内，同时也与既有研究保持了一致。总体来看我国上市公司自愿性信息披露得分较低，总指数及分项指数的得分平均值都小于60分，总指数的平均得分只有41.3480。分项指数的得分也较低，平均值最大的是利益相关者为53.6938，并且分项指数的方差也较大，这说明公司之间自愿性信息披露的差别较大。

表6-2 主要变量的描述性统计

变量	变量定义	观测值	平均值	方差	最小值	最大值
ccvdi	自愿性信息披露指数	5119	41.3480	8.9825	13.8889	67.0139
gs	治理结构	5119	38.4096	17.2362	0	100
ge	治理效率	5119	35.9225	12.807	0	81.2500
sh	利益相关者	5119	53.6938	23.2209	0	100
rc	风险控制	5119	37.3662	11.4523	0	77.7778
xjbl	现金比率	5029	104.098	290.6410	−505.547	12931.02
fzl	负债率	5111	44.7618	25.5944	−19.4698	861.1787
size	企业规模	5!11	22.1247	1.4676	15.5773	30.7221
zcbcl	资产报酬率	5029	5.7286	19.6678	−148.729	1061.5630
income	营业总收入	5111	1.09E+10	7.53E+10	3900000	2.88E+12
b_meeting	董事会会议次数	5105	9.3788	4.6681	1	48
board_num	董事会规模	5105	3.9477	2.3271	0	12
indep_num	独立董事人数	5105	3.8014	2.1901	0	18
zpat	发明专利总数	5119	90.2434	563.2	0	19397
agentc	代理成本	5026	0.1401	0.8803	0.0019	55.4977
SA	融资约束指数	5107	−3.7431	0.2798	−5.4016	−0.7516
ceo_c	CEO离职	5119	0.1233	0.3288	0	1
lgrfunds	研发经费投入	4022	17.5108	1.6008	8.0678	23.2247

注：笔者根据 Stata 整理。

2. 不同类型企业信息披露的描述性统计

将企业分为非创新型企业和创新型企业，如果该企业有研发经费投入则定义为创新型企业，否则为非创新型企业。考虑到产权性质对企业自愿性信息披露的影响，将样本分为国有企业和非国有企业。表6-3是非创新型企业、创新型企业、国有企业和非国有企业的自愿性信息披露的描述性统计。

表 6-3　不同类型企业自愿性信息披露的描述性统计

变量	变量定义	非创新型企业	创新型企业	国有企业	非国有企业	总体
$ccvdi$	自愿性信息披露指数	38.75025	42.05658	39.93021	42.2878	41.34803
gs	治理结构	35.42046	39.22489	35.62128	40.26858	38.4096
ge	治理效率	35.81928	35.95071	35.65848	36.10662	35.92254
sh	利益相关者	49.1264	54.9395	52.13707	54.71459	53.69375
rc	风险控制	34.63486	38.11122	36.30401	38.06139	37.36624

注：笔者根据 Stata 整理。

　　从自愿性信息披露总指数及分项指数（即治理结构、治理效率、利益相关者和风险控制的指数值）来看，创新型企业的平均值均大于非创新型企业，这表明创新型企业会更倾向于进行自愿性信息披露。我们可以从指标的含义中得到较好的解释：治理结构维度主要包括董事会结构、任职经历、高管学历及任职经历等方面的信息，衡量代理人是否有能力代表委托人的利益，以及是否着眼于企业的长期发展，创新型企业更多地披露这方面信息，有助于得到股东的信任。治理效率维度主要包括股东大会出席率及投票情况、董事会议事规则、董事考评制度等信息，目的是评估治理结构的有效性，这些信息对于投资人了解代理人的履职情况有重要的参考价值，创新型企业往往面临着更大的风险和更严重的信息不对称，因此更倾向于披露治理效率方面的信息。利益相关者维度是为了衡量企业对投资者、债权人、债务人、供应商和客户的保护能力。创新型企业为了吸引更多的投资者，以及与更多的利益相关者展开合作，必定需要更多的披露利益相关者保护方面的信息，以减少信息不对称，为创新提供保障。风险控制维度是为了衡量公司经营风险及控制方面的信息，创新型企业面临着高风险，披露风险控制的信息可以让投资者了解公司的战略目标、竞争优势、财务控制信息，帮助投资者预测公司未来前景。

　　不同的企业性质可能对企业的自愿性信息披露动机有一定的影响，相比国有企业，非国有创新型企业可能会更倾向于选择自愿性信息披露。这是因为国有企业大多处于垄断地位，自愿性信息披露的动力不足，而非国有企业受到市场机制的支配，因此会进行更多的信息披露来满足市场投资者和其他利益相关者的需要（见表 6-3）。

四、回归结果及讨论

（一）信息披露对企业创新的影响

接下来将直接验证信息披露能否促进企业创新。采用研发经费衡量创新，并作为被解释变量；自愿性信息披露指数为解释变量，采用 OLS 方法进行回归。回归结果如表 6-4 所示，列（1）为总指数的回归结果，列（2）至列（5）分别是各分项指数的回归结果。

表 6-4　自愿性信息披露对创新影响的回归结果

变量	（1） lgrfunds	（2） lgrfunds	（3） lgrfunds	（4） lgrfunds	（5） lgrfunds
$ccvdi$	0.00484** (2.22)				
gs		0.000441 (0.37)			
ge			−0.00110 (−0.66)		
sh				0.00348*** (3.07)	
rc					0.00750*** (4.39)
fzl	−0.00923*** (−7.57)	−0.00926*** (−7.59)	−0.00928*** (−7.61)	−0.0121*** (−8.93)	−0.00909*** (−7.47)
$size$	0.838*** (40.88)	0.838*** (40.81)	0.838*** (40.87)	0.699*** (30.94)	0.836*** (40.89)
$zcbcl$	0.0160*** (5.28)	0.0164*** (5.41)	0.0165*** (5.44)	0.0171*** (5.00)	0.0159*** (5.26)
$income$	$7.90e\text{-}13$** (2.45)	$7.87e\text{-}13$** (2.43)	$7.94e\text{-}13$** (2.46)	$1.23e\text{-}12$*** (3.35)	$7.97e\text{-}13$** (2.48)

变量	(1) lgrfunds	(2) lgrfunds	(3) lgrfunds	(4) lgrfunds	(5) lgrfunds
xjbl	−0.0000690 (−1.07)	−0.0000727 (−1.12)	−0.0000736 (−1.14)	−0.0000394 (−0.53)	−0.0000679 (−1.05)
b_meeting	−0.0135*** (−2.63)	−0.0132** (−2.57)	−0.0130** (−2.54)	−0.0202*** (−3.52)	−0.0130** (−2.56)
board_num	0.00159 (0.13)	0.000172 (0.01)	−0.0000707 (−0.01)	−0.0159 (−1.18)	0.000494 (0.04)
indep_num	0.0294*** (3.01)	0.0303*** (3.10)	0.0303*** (3.11)	0.0445*** (3.99)	0.0295*** (3.03)
_cons	−2.073*** (−4.62)	−1.900*** (−4.26)	−1.851*** (−4.19)	2.333*** (5.04)	−2.114*** (−4.78)
控制变量	Yes	Yes	Yes	Yes	Yes
行业年份	Yes	Yes	Yes	Yes	Yes
N	4001	4001	4001	4001	4001

注：*、**、***分别表示在10%、5%、1%的水平上显著，括号内为t值。

在表6-4中，列（1）的回归结果表明，自愿性信息披露总指数对企业研发经费的影响是显著为正的，这说明自愿性信息披露程度越高，企业研发经费的投入就越多，即假设6-1得证。从分项指数的回归结果来看，列（2）中治理结构信息披露分项指数对创新影响的系数为正，但不显著。这说明治理结构的信息披露并不能显著促进企业研发投入的增加。列（3）是治理效率的回归结果，可以看出治理效率的信息披露与企业研发的关系不显著。列（4）和列（5）分别是利益相关者和风险控制的回归结果，两者对研发经费的影响都显著为正，这是因为利益相关者保护和风险控制方面的信息都是外部投资者更关心的，这两个方面的信息披露使外部投资者能更多地了解创新型企业，降低信息不对称，提升投资者的投资意愿，缓解创新的资金限制，对研发投入有积极的影响。

（二）自愿性信息披露对创新影响的机制检验

从上文的回归结果来看，自愿性信息披露可以促进企业增加研发投入，接下来我们将探讨背后的影响机制。首先探究声誉效应，本章认为自愿性信息披露可以降低企业与外部投资者的信息不对称，为企业赢得良好的声誉，良好的声誉可以提高企业的外部融资能力，可以缓解企业的融资约束对创新的不利影响。在多元回归分析中，加入融资约束 SA 指数、自愿性信息披露指数及其二者的交叉项，并加入相关的控制变量，回归结果如表 6-5 所示。

表 6-5　自愿性信息披露对创新影响的声誉效应检验

变量	（1）lgrfunds	（2）lgrfunds	（3）lgrfunds	（4）lgrfunds	（5）lgrfunds
SA	-0.119** (-2.04)	-0.0696** (-2.23)	-0.1024** (-1.72)	-0.0674 (-1.44)	-0.219*** (-7.33)
SA×ccvdi	0.151*** (2.66)				
ccvdi	0.000674 (0.13)				
SA×gs		0.0730** (2.38)			
gs		-0.00272 (-0.11)			
SA×ge			0.0109 (0.18)		
ge			0.0603 (1.27)		
SA×sh				-0.0567 (-1.19)	
sh				-0.163*** (-4.18)	
SA×rc					0.0684** (2.32)
rc					0.151*** (6.02)
_cons	6.036*** (6.63)	17.30*** (535.11)	17.50*** (361.35)	4.469*** (10.87)	16.72*** (237.56)
控制变量	Yes	Yes	Yes	Yes	Yes
行业年份	Yes	Yes	Yes	Yes	Yes
N	4018	4007	4007	4018	4007

注：*、**、***分别表示在 10%、5%、1%的水平上显著，括号内为 t 值。

在表6-5中，列（1）是融资约束SA指数、自愿性信息披露总指数及其交叉项的回归，其中SA指数对创新的影响显著为负，这说明融资约束越强，企业的研发投入就越低。交叉项显著为正，说明企业的自愿性信息披露可以显著降低融资约束对创新的负效应，假设6-2得证。列（2）至列（5）为各个分项指数的回归结果。列（2）是融资约束SA指数、治理结构及其交叉项的回归结果。结果表明融资约束对创新存在负面的影响，交叉项的系数显著为正，同样证明了治理结构的信息披露可以缓解企业融资约束对创新的负效应。列（3）和列（4）是治理效率和利益相关者的回归结果，结果显示交叉项都不显著，也就是说治理效率和利益相关者方面的信息披露并没有缓解融资约束对创新影响的负效应。列（5）是融资约束SA指数、风险控制及其二者交叉项的回归结果。结果表明SA指数的系数显著为负，并且交叉项显著为正，这说明融资约束对创新存在显著的消极作用，风险控制方面的信息披露可以减轻融资约束对创新的负效应。这是因为风险控制是对企业战略发展目标、盈利能力、运营能力、偿债能力、行业地位等方面的信息披露，对于债权人和金融机构评估风险有重要的参考价值，因此可以缓解融资约束对创新的负面效应。

（三）自愿性信息披露、代理成本与企业创新的关系检验——治理效应

信息披露的一个重要作用是减轻股东和经理人的信息不对称，另外也可以通过信息披露起到监督经理人，降低企业的代理成本的作用。本章认为信息披露可以减轻股东和经理人的信息不对称，降低企业代理成本对创新的负效应，回归结果如表6-6所示。

表6-6　自愿性信息披露对创新影响的治理效应检验

变量	(1) lgrfunds	(2) lgrfunds	(3) lgrfunds	(4) lgrfunds	(5) lgrfunds
agentc	−1.479*** (−6.18)	−0.873*** (−6.82)	−1.504*** (−4.42)	−0.417*** (−4.51)	−0.787 (−1.25)
agent×ccvdi	0.0614*** (5.83)				
ccvdi	−0.00196 (−0.80)				

变量	（1） lgrfunds	（2） lgrfunds	（3） lgrfunds	（4） lgrfunds	（5） lgrfunds
agentc×gs		0.0484*** （6.75）			
gs		-0.00474*** （-3.39）			
agentc×ge			0.0519*** （4.07）		
ge			-0.00737*** （-3.27）		
agentc×sh				0.0220*** （4.48）	
sh				-0.000714 （-0.64）	
agentc×rc					0.0190 （1.03）
rc					0.00540** （2.06）
_cons	-2.268*** （-5.02）	-2.181*** （-4.86）	-1.814*** （-4.10）	-2.147*** （-4.79）	-1.992*** （-4.46）
控制变量	Yes	Yes	Yes	Yes	Yes
行业年份	Yes	Yes	Yes	Yes	Yes
N	3998	3998	3998	3998	3998

注：*、**、***分别表示在10%、5%、1%的水平上显著，括号内为t值。

在表6-6中，列（1）是代理成本、自愿性信息披露总指数及其二者交叉项的回归结果。结果显示，代理成本对创新影响的系数显著为负，代理成本和自愿性信息披露总指数交叉项的系数显著为正。这说明自愿性信息披露可以显著地减轻代理成本对创新的负效应，假设6-3得证。通过列（2）至列（5）分项指数的回归可以进一步佐证假设6-3。列（2）是代理成本、治理结构及其二者交叉项的回归结果。结果表明，代理成本对创新影响的系数显著为负，代理成本与治理结构交叉项的分项指数为正。这说明治理结构方面的自愿性信息披露可以降低代理成本对创新的负效应。列（3）是代理成本、治理效率及其二者交叉项的回归结果。结果表明代理成本对创新的影响显著为负，代理成本与治理效率交叉项的系数显著为正，这说明治理效率方面的自愿性信息披露可以显著地降低代理成本对创新的负效应。列（4）是代理成本、利益相关者及其交叉项的回归结果，代理成本的系数显著为负，代理成本与利益相关者的交叉项的系数显著为正。这说明利益相关者方面的自愿性信息披露可以降低代理成本对创新的负效应。列（5）是代理成本、风险控制及其二者交叉项对创新影响的回归结果。结果显示代理成本对创新影响的系数为负，但不显著。代理成本与风险控制交叉项的系数为正，同样不显著。这说明风险控制方面的自愿性信息披露并没有起到降低代理成本对创新负面影响的作用。

（四）自愿性信息披露与 CEO 离职的业绩敏感性的关系检验——安全网效应

创新具有高风险，本章推测更多的自愿性信息披露可以增强股东和经理人二者的互信程度，从而提高股东对经理人创新失败的容忍度，降低 CEO 因为创新失败导致的企业绩效下滑而离职的概率，会形成容忍创新失败的企业文化，进而增强 CEO 进行研发创新的积极性。回归结果如表 6-7 所示。

表 6-7 自愿性信息披露对创新的影响的安全网效应检验

变量	（1） ceo_c	（2） ceo_c	（3） ceo_c	（4） ceo_c	（5） ceo_c
$npa1$	−0.0564** (−2.43)	−0.0986*** (−3.12)	−0.111*** (−3.71)	−0.0789*** (−2.87)	−0.00581 (−0.46)
$npa1 \times ccvdi$	−0.00177 (−1.60)				
$ccvdi$	−0.00132** (−2.51)				
$npa1 \times gs$		0.00312** (2.51)			
gs		−0.000728** (−2.50)			
$npa1 \times ge$			0.00836*** (3.07)		
ge			−0.000622 (−1.49)		
$npa1 \times sh$				0.00134** (2.15)	

变量	(1) ceo_c	(2) ceo_c	(3) ceo_c	(4) ceo_c	(5) ceo_c
sh				−0.000290 (−1.20)	
$npa1 \times rc$					−0.00367 (−1.34)
rc					−0.000741* (−1.69)
控制变量	Yes	Yes	Yes	Yes	Yes
行业年份	Yes	Yes	Yes	Yes	Yes
N	4985	4985	4985	4985	4985

注：*、**、***分别表示在10%、5%、1%的水平上显著，括号内为t值。

在表6-7中，列（1）考虑了上期利润资产比、自愿性信息披露总指数以及二者的交互项，在控制了相关控制变量后，上年利润资产比（npa1）对企业CEO离职影响的估计系数显著为负，说明企业的利润资产比越高，CEO离职的概率越低，这与现实情况相一致。交互项（npa1×ccvdi）对CEO离职的业绩敏感性影响的系数为负，但不显著。这说明企业自愿性信息披露并不能显著地降低CEO因业绩下滑而离职的概率，但由于列（1）是采用自愿性信息披露总指数的回归结果，总指数是各个分项指数的平均，可能导致结果不能真实反映情况，因此我们再次分别采用分项指数进行回归。列（2）加入了上期利润资产比、治理结构披露分项指数以及二者的交互项。结果表明上期利润资产比（npa1）与企业CEO离职影响的估计系数显著为负，这与列（1）结果一致。交互项对CEO离职的影响显著为正，这说明，企业治理结构自愿性信息披露分项指数可以显著地降低CEO离职的业绩敏感性，假设6-4得证。这是因为治理结构的信息披露包含了CEO是否能够专注企业发展并且满足各利益主体的利益诉求的重要信息。信息披露越多，CEO就越能被股东理解和信任，CEO因创新导致的企业绩效下滑而离职的概率降低。列（3）加入上期利润资产比、治理效率自愿性信息披露分项指数以及二者交互项，结果与列（2）一致，上期利润资产比（npa1）对企业CEO离职影响的估计系数显著为负，交互项显著为正。这说明治理效率的自愿性信息披露可以显著地降低CEO离职的业绩敏感性。列（4）加入上期利润资产比、利益相关者自愿性信息披露分项指数以及二者交互项，结果表明上期利润资产比（npa1）对企业 CEO 离职影响的估计系数显著为负，交互项显著为正，这同样说明利益相关者信息披露可以降低 CEO 离职的业绩敏感性。这是因为利益相关者包含对各个利益相关者主体的保护情况的披露，在创新高风险的情况下，利益相关者的知情度越高，越可能理解和信任管理层，并能容忍其短期内的失败。但列（4）中风险控制自愿性信息披露分项指数与上期利润的交互项并不显著，这说明风险控制的自愿性信息披露并没能显著降低 CEO 离职的业绩敏感性，这是因为一些经营者可能将企业经营风险和风险控制的披露作为 CEO 推卸自身责任的手段，但这也不能完全成为避免离职的挡箭牌。

五、稳健性检验

（一）替换衡量创新的变量

前文以研发经费投入作为衡量创新的变量，为了保证检验结果的稳健性，采用发明专利申请数量作为重新衡量创新的指标来验证结果，回归结果如表 6-8 所示。

表 6-8　自愿性信息披露对发明专利的影响

变量	(1) zpat	(2) zpat	(3) zpat	(4) zpat	(5) zpat
ccvdi	1.592** (2.00)				
gs		0.787* (1.81)			
ge			0.532 (0.86)		
sh				0.266* (1.80)	
rc					1.297** (2.06)

续表

变量	(1) zpat	(2) zpat	(3) zpat	(4) zpat	(5) zpat
_cons	−1131.5*** (−7.74)	−1117.3*** (−7.68)	−1095.1*** (−7.56)	−526.9*** (−8.63)	−814.3*** (−6.12)
控制变量	Yes	Yes	Yes	Yes	Yes
行业年份	Yes	Yes	Yes	Yes	Yes
N	5014	5014	5014	5014	5014

注：*、**、***分别表示在10%、5%、1%的水平上显著，括号内为 t 值。

结果表明，除了列（3）治理效率信息披露分项指数对企业发明专利申请数量的影响不显著外，自愿性信息披露总指数、治理结构分项指数、利益相关者分项指数、风险控制分项指数都对企业发明专利申请数量显著正相关。这和前文的结论基本保持一致，也证明了结论的稳健性。

（二）样本选择问题

企业进行特定的信息披露并非是随机事件，可能存在样本选择的偏差，为了进一步验证信息披露对创新的影响及其影响机制，并解决样本选择的问题，本章采用倾向得分匹配（PSM）的方法来进行稳健性检验，使结论更加可靠。首先按照自愿性信息披露的总指数的平均值将总样本分为两组，即自愿性信息披露较强组（处理组）和自愿性信息披露较弱组（控制组），如果该公司自愿性信息披露指数大于平均值则为自愿性信息披露较强组，赋值为1；反之，则为自愿性信息披露较弱组，赋值为0。并将企业负债率、现金比率、公司规模、资产报酬率等作为协变量，寻找匹配样本。回归结果如表6-9所示。

表6-9 自愿性信息披露对创新的影响及其影响机制的 PSM 检验

匹配方法	(1) rfunds		(2) SA		(3) agentc		(4) ceo_c	
	ATT	t 值	ATT	t 值	ATT	t 值	ATT	t 值
一对二匹配	0.1398**	2.19	−0.0266***	−3.31	−0.0389**	−2.42	−0.0109*	−1.99
核匹配方法	0.1527**	2.74	−0.0230***	−3.33	−0.0511***	−3.41	−0.0252**	−2.19

注：*、**、***分别表示在10%、5%、1%的水平上显著，括号内为 t 值。

在表6-9中，列（1）中的ATT表示具有不同自愿性信息披露水平的企业研发经费投入的差距，结果显著为正，这说明信息披露水平较高的企业其创新投入也较高。接下来对影响机制的检验，列（2）中ATT表示具有不同自愿性信息披露水平的公司融资约束水平的差异，结果显著为负，这说明信息披露水平较高的企业面临着较弱的外部融资约束。列（3）中ATT表示具有不同自愿性信息披露水平的企业代理成本的差别，结果显著为负，这说明信息披露水平较高的企业其代理成本也较低。列（4）中ATT表示具有不同自愿性信息披露水平的CEO离职概率的差别，结果显著为负，说明信息披露水平越高的企业CEO离职概率越低。这表明通过排除样本选择的偏差后，自愿性信息披露对企业创新存在积极作用的结论并没有改变，其影响机制的作用依然存在。

六、基本结论和启示

上市公司自愿性信息披露是否能够促进企业创新？本章利用北京师范大学上市公司自愿性信息披露指数，检验了我国上市公司自愿性信息披露程度对企业创新的影响，并从自愿性信息披露的声誉效应、治理效应和安全网效应三个方面探究其影响机制，得到如下结论：第一，企业进行自愿性信息披露对企业创新具有显著的促进作用。第二，企业自愿性信息披露对创新的积极作用通过以下三个途径实现：①声誉效应，创新型企业大多面临着较强的融资约束，自愿性信息披露带给企业良好的声誉，提高了企业的外部融资能力，最终缓解了融资约束对创新的不利影响。②治理效应，自愿性信息披露降低了股东和经理人的信息不对称并且起到了监督经理人的作用，因此降低了由股东和经理人代理问题引发的无效率行为对创新的不利影响。③安全网效应，自愿性信息披露加强了股东和投资者对经理人的信任程度，因此降低了CEO因为创新失败导致绩效下滑而引发的离职概率。第三，以上结论在国有企业中并不显著，这可能是因为国有企业政策工具的性质和垄断性的特点导致的。

可以得到如下启示：

创新对我国经济增长的重要作用不言而喻，作为连接企业与外部投资者、股东与经理人的重要通道，自愿性信息披露为企业创新能力的提升提供了行之有效的途径，企业自身要意识到自愿性信息披露的重要作用，证券监管部门要积极引导企业进行自愿性信息披露，这需要政府发挥应有的监管和协调的作用，不断通过立法完善信息披露制度，发挥信息披露对优秀创新型企业的识别功能。另外，企业要创新就要先形成容忍创新失败的文化。对于企业来讲，要给予 CEO 试错的机会，一个重要的前提是要减少股东和 CEO 之间的信息不对称，增加二者的相互信任程度，而自愿性信息披露在其中发挥着重要作用，此外还要保证自愿性信息披露真实有效，政府和市场要共同发挥作用来进行监督。对国有企业来讲，继续深化国有企业改革，必须坚持市场化为主导的方向，自愿性信息披露将在国有企业改革中扮演越来越重要的角色，鼓励国有企业加强自愿性信息披露，让社会公众了解国有企业发展的成绩和面临的问题，并且发挥各方利益相关者对企业的监督作用，以降低政府的不当干预程度，为国企改革营造良好环境。

第七章 中小投资者权益保护对企业创新的影响机制研究

——从"搭车者"到"推车者"

一、引言

科技创新已经成为新时代经济进一步发展的主旋律，尤其是在当前国际竞争日趋激烈的背景下，不仅高科技企业是国家综合国力的重要体现，而且是经济可持续发展的重要支撑，培育一大批创新引领型的高科技企业是当前形势下的重要任务。上市公司因具有较强的资金和技术实力而成为创新的主要力量，然而创新对企业来说并非易事。一方面，因为创新需要较大的经费投入，并且面临着较高的失败概率，从事高风险性创新活动的企业大多面临着较强的融资约束。另一方面，对于经理人而言，如果不从事能带来较高收益的高风险的创新项目，也难以保证职位的安全性和稳定性。而选择创新研发，创新研发的长周期性和高不确定性必然使企业在短期内较难获得较高且持续稳定的现金流，经理人也因此难以获得较高的收益；一旦创新失败，不仅经理人置身于较高的离职风险中，而且还有可能在经理人市场中失去信誉。这导致了经理人的创新决策困境，造成企业家创新潜能难以有效发挥。高效的资本市场和积极的股东治理是破解融资困境和经理人创新困境的重要方面，对此已有学者进行了大量的研究。其中，资本市场中的中小投资者一直是研究的热点。从投资者结构来看，深交所发布的《2017年个人投资者状况调查报告》显示，中小投资者（证券账户资产量在50万元以下的投资者）人数占比达到了 70%以上，已成为资本市场最活跃的主力和范围最广的股东，其对企业创新的影响也不容忽视。

对我国企业而言，较高的股权集中度造成了中小投资者难以有效参与公司治理，大股东对其利益侵占的行为也较为普遍。2020 年 3 月 1 日开始实施的《中华人民共和国证券法》加大了对投资者权益保护的力度，新增了投资者保护专章，不仅体现了中小投资者的重要性，而且还维护了中小投资者合法权益，这对积极探索我国特色的投资者保护制度和机制具有重要意义。在众多的研究中，中小投资者一直被认为是"搭便车"者，鲜有研究深入探讨其在企业创新中的积极作用。一方面，随着资本市场的发展，上市公司股权分散化趋势明显加大；另一方面，随着信息技术的广泛应用，越来越多的中小投资者能采用新的手段参与公司治理，这为进一步研究中小投资者的作用提供了机遇，中小投资者也逐渐由被动的"搭车者"转变为主动的"推车者"角色。那么，随着股权分散化时代的到来，中小投资者权益保护能够改善资本市场有效性，缓解企业的融资约束以及解决经理人的创新困境吗？这是本章重点关注的话题。

本章的贡献主要有以下两个方面：①丰富了中小投资者保护的指标体系，既有的研究仅从中小投资者权益保护的某一层面开展研究，缺乏对中小投资者权益保护的整体认识。本章从较为全面的中小投资者权益保护的指标体系出发，该指标体系包括中小投资者的知情权、决策与监督权、收益权和维权环境四个维度，基本涵盖了中小投资者权益保护的内涵，并且有连续 5 年的可比数据，同时也为开展实证研究提供了支撑。②扩展了中小投资者保护对企业创新的机制研究，本章从中小投资者权益保护的融资约束效应和企业家能力释放效应两个层面展开研究。其中从企业家能力释放的视角开展中小投资者保护对企业创新的机制研究是值得关注的，本章探讨了影响企业家能力释放的压力效应和安全网效应，这不仅能够丰富企业创新的相关研究，而且可以从微观视角理解中小投资者权益保护对企业创新的内在动力和机制，也证明了中小投资者"推车者"的角色。这对于挖掘中小投资者权益保护的内在价值具有积极的作用。

二、文献综述及理论分析

(一) 文献回顾

随着越来越多的企业通过在资本市场发行股票完成融资，中小投资者也随之不断发展壮大，其对经济发展和完善公司治理的作用引起了学者的广泛关注。Haidar（2009）测量了170多个国家的投资者保护情况，研究发现投资者保护程度越好，经济增长越快。La Porta 等（2002）发现，一个国家的中小投资者权益保护力度越强，公司价值越高。Zhang 等（2017）研究发现，股东保护力度越大越不容易发生股价崩盘。Iskandar 和 Jia（2014）研究了大股东和中小投资者之间的代理冲突对现金持有之间的关系。研究发现中小投资者权益保护力度越弱，企业就越会持有更多的现金，在外部治理较弱的情况下，持有过多的现金带来更多无效率的过度投资，这又进一步损害了企业绩效。Zhou 和 Lan（2017）通过研究跨境并购中股东保护与企业收益之间的关系表明，收购注册地股东保护水平比本地高的企业能够获得较大的利益回报。从我国公司治理的实践来看，由于中小股东与大股东存在信息不对称，中小投资者的利益侵占问题是公司治理主体之间的主要矛盾，中小投资者权益保护能够降低企业财务风险（张照南、王裕和姜越群，2020），降低权益资本成本提升资本市场配置效率（蔡贵龙等，2022）。另外，小投资者积极参与网络投票还抑制大股东对中小股东的利益侵占行为（徐宁、张阳和徐向艺，2019），并且中小投资者参与人数越多，越能抑制大股东掏空（黄泽悦、罗进辉和李向昕，2022），带给企业正向的股票异常回报（黎文靖等，2012）。

对于企业创新而言，相比于债务融资，股权融资可能更适合创新研发类企业，因为股权融资更容易容忍创新的风险性，而且不会扩大企业的财务困境（郝文杰和鞠晓峰，2008；刘超和原毅军，2008），因此我国企业在融资决策时可能更倾向于股权融资。那么中小股东权益保护有利于繁荣股票市场并产生较好的长期收益，中小投资者权益保护能够降低企业的资本融资成本，进而促进企业创新，特别是对非国有企业的促进作用更大（胡国柳、章翔和曾春华，2018）。但一些研究给出了否定的结论，孔东民和刘莎莎（2017）通过考察中小股东参与企业决策对公司盈余的影响发现，公司中小股东参与程度较高导致产生较高的管理层盈余，这是因为当企业有较高融资要求时，管理层可能会操纵盈余管理来迎合中小投资者。另外，相比于内部人，中小股东一般不具备信息优势，而且也很难作出较为科学有效的决策。即便给予中小股东足够的权利进行公司事务的决策和监督，但并非所有的中小投资者都有足够的动力和能力运用相应的权利。Defond和Hung（2004）发现，中小投资者权益保护的法律并不能明显提升CEO因业绩下降而离职的概率。也就是说中小投资者权益保护法律并不必然产生好的治理效果。进一步地，一些研究认为中小投资者将投资决策作为重点会造成决策效率下降或者排斥高风险项目。Filippo（2013）发现中小投资者权益保护带来了更低的企业创新活动，这是因为中小投资者权益保护可能会造成小股东（流动股东）对大股东（安定股东）实施机会主义行为，减缓了创新进程。

从现有文献来看，目前学术界对中小股东能否对企业创新产生较好的作用仍存在争论，本章将通过我国上市公司中小投资者权益保护指数来研究中小投资者权益保护对企业创新产生的影响，并分析相应的影响机制。

（二）中小投资者权益保护对企业创新影响的理论分析

研究中小投资者权益保护对企业创新的关系，就需要构建合理的指标体系对中小投资者的保护程度进行评价。总结以上关于中小投资者权益保护的评价体系可能存在以下问题：第一，评价指标权重的主观性较强。第二，难以获得连续的评价数据。高明华（2019）在总结相关研究的基础上，从中小股东的知情权、决策与监督权、收益权和维权环境四个维度构建了评价指标体系，并设计了37个二级指标，计算出了我国上市公司中小投资者权益保护综合指数。本书将利用该指数从知情权、决策与监督权、收益权和维权环境四个维度出发，研究中小股东权益保护对企业创新的影响机制。

1. 中小投资者权益保护与企业融资约束——声誉效应

创新研发的长周期性和不确定性是造成创新型企业大多面临着较强融资约束的重要原因，因此特别需要持续而且稳定的资金支持。根据信号理论，中小投资者权益保护特别是中小投资者决策与监督权的保障越到位，就越能释放企业公司治理水平较高的信号，带来较高的企业声誉，良好的声誉可以缓解企业的融资约束（盛丹和王永进，2014；王金秋、蔡荣和黄承捷，2019）。在融资方式上，创新型企业倾向于选择股权融资，作为来自企业外部的中小投资者，存在创新研发信息的天然劣势，很难对公司发展有更清晰的认识，还要承担被大股东侵占的风险。企业积极保障中小投资者权益能够降低大股东与中小股东的信息不对称，并带来良好的企业声誉效应，增强了中小投资者的投资意愿，促进中小投资者做安定股东，为企业提供稳定的资金支持，从而能够降低企业的股权融资成本（姜付秀、支晓强和张敏，2008），有利于缓解融资约束。

2. 中小投资者权益保护与企业创新——企业家能力释放效应

本章认为中小投资者权益保护对创新的影响主要体现在企业家能力的释放上，这里存在两种逻辑：一是中小投资者保护水平的提升使他们参与公司治理的可能性大大增加，中小投资者基于对未来高收益的期望会对创新项目有所期待，无论管理层是否为了迎合中小投资者都有可能带给他们创新的压力效应；二是中小投资者保护水平的提升使企业与中小投资者之间的信息不对称得到缓解，使中小投资者可以更好地理解企业的投资者价值，即便出现了短期的绩效下滑，中小投资者也不会轻易质疑企业家的能力，因此可以带来企业创新的安全网效应。具体而言：

第一，企业家创新压力效应，基本的逻辑是中小投资者权益保护作为制度约束，能形成外部监督机制，降低经理人机会主义行为引发的道德风险，这会迫使经理人作出创新研发决策。具体而言，根据委托代理理论，企业研发决策与内部人私人利益的获取有着密切的联系，企业内部人获取私人收益的大小与企业的现金流有关，如果企业现金流较小，内部人占有企业资源的可能性就会降低，这是因为在企业现金流较小的时候，经理人为私人收益而占有企业资源的行为就容易被发现。为了获得私人收益，经理人会选择能获得较大现金流的项目（Xiao，2013）。那么在经理人权力不受约束时，极有可能发生经理人侵占公司利益的行为。尤其是经理人在面临短期业绩压力时，极有可能采用削减研发支出或者选择短期内能提升企业绩效的项目进行盈余操纵而放弃长期创新活动（朱湘忆，2020），这会产生对企业家能力的挤出。当股东保护力度较大时，尤其是中小投资者拥有较强的决策权、监督权和收益权时，企业内部人的自主裁量权将会受到限制，企业资源被私人占有的可能性就会降低（Shleifer and Wolfenzon，2002）。同时，中小投资者权益保护作为一种较强的外部制度约束，能显著地抑制经理人的盈余操纵（史春玲和王苗，2020），激励经营者创新收益不对称下的创新偏好（于连超、张卫国和毕茜，2018），能进一步促进企业家能力向创新方向配置。

《中华人民共和国证券法》建立了代表人诉讼制度，研究表明股东诉讼增加了经理人的外在压力，能够促进其从事企业创新研发活动（Chen et al.，2020）。因此，中小投资者权益保护使经理人败德行为大幅降低，促进企业家能力向创新方向配置。

第二，创新的安全网效应，基本逻辑是中小投资者权益保护能够降低信息不对称，建立投资者与经理人之间的信任关系，可以在一定程度上容忍经理人短期内创新的失败，从而能促进经理人放手进行企业创新，本章称之为企业家创新的安全网效应。Manso（2011）提出了激励创新的两个最优条件：①在短期内能容忍创新者的失败；②长期内能让创新者享受创新成功后带来的收益。容忍创新失败是激励创新的首要条件，这是由创新具有较高失败概率的特性决定的。一种新技术的产生到应用，再到可以量产的产品，中间每一个环节都有可能失败，创新的失败可能带来企业财务危机、股东诉讼等，甚至可能造成股价崩盘或者强制退市，这对中小投资者的损害无疑是巨大的。容忍创新失败也并非易事，例如乐视网的创新模式宣告失败造成公司强制退市，无数中小投资者损失惨重，这导致创新活动可能会被认为是一种欺诈中小投资者的行为。

中小投资者都想追求高收益是无可厚非的，一方面，当企业实施创新战略尤其是颠覆性的创新活动而短期内造成企业绩效下滑时，由于信息不对称，沟通渠道不畅通，会造成中小投资者离场。另一方面，当企业由于欺诈或者大股东掏空而造成绩效下滑造成投资者利益受损时，由于维权环境较差，中小投资者进行起诉申请赔偿将困难重重。通过提升中小投资者的维权环境，降低二者的沟通及维权成本，当企业因实施创新战略造成绩效下滑时能够及时与中小投资者保持较好的沟通，提升创新失败的容忍度；当企业出现欺诈行为时，中小投资者又可以获得诉讼赔偿。因此，中小投资者和企业双方能够更加信任，使投资者可能会放弃对短期利润的追求，转而谋求更长远的收益，进而能够促进企业创新。对于实施创新型的企业而言，中小投资者权益保护可以提升创新失败的容忍度。

综上所述，本章提出如下假设：

假设7-1：中小投资者权益保护对企业创新具有积极影响。

假设7-2：中小投资者权益保护通过缓解企业的融资约束而影响企业创新。

假设7-3：中小投资者权益保护能够加强企业家能力对企业创新的正效应。

假设7-4：中小投资者权益保护对经理人创新存在压力效应。

假设7-5：中小投资者权益保护对经理人创新存在安全网效应。

综上所述，本章的逻辑关系如图7-1所示。

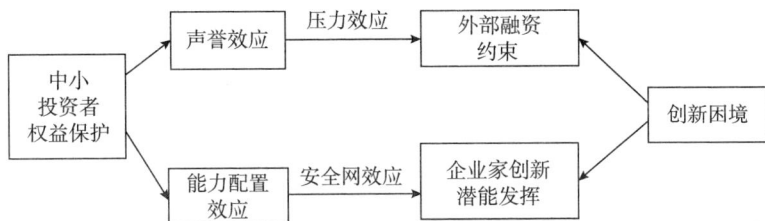

图7-1 本章的逻辑关系

三、研究设计

（一）关键变量定义

（1）企业创新。参考以往文献的相关做法，企业创新采用企业研发投入经费的对数来表示，为了确保回归结果的准确性和稳健性，将采用企业的专利授权数量作为创新的替代变量，并进一步进行回归验证。

（2）中小投资者权益保护。采用北京师范大学公司治理与企业发展研究中心主持开发的中国上市公司治理分类指数数据库中的中国A股上市公司2014～2018年的"中小投资者权益保护指数"来衡量。该指数从中小投资者的知情权、决策与监督权、收益权、维权环境四个维度出发，并建立了37个二级指标来评价。

（3）企业家能力。采用中国上市公司治理分类指数数据库中的中国A股上市公司"企业家能力指数"来衡量。在回归中，只采用了企业家能力总指数进行验证。

为了保证结果的准确性，还要考虑一些重要的控制变量。①企业规模。企业规模可能会影响企业创新战略的实施，企业规模越大，越有可能实施创新型战略，进行大量的研发投资活动。②企业资产负债率。企业资本结构对企业的创新同样具有一定的影响，资产负债率越高的企业可能对创新活动的态度就会越谨慎。③成长性。企业成长性与企业创新活动具有显著的相关性。④营运能力。企业营运能力与企业创新战略的实施同样关系密切，企业营运能力越强，企业资源利用效率就越高，更加有利于企业创新战略的实施，如表7-1所示。

表7-1 变量定义及测量方法

变量类型	变量名称	变量符号	测量方法
因变量	企业研发投入	*lgrfunds*	研发经费投入的对数
	企业发明专利	*lgbserve*	企业发明专利的个数
自变量	中小投资者权益保护指数	*CCMI*	见《中国上市公司治理分类指数报告 No.18（2019）》
	知情权指数分项指数	*MIK*	
	决策与监督权分项指数	*MIE*	
	收益权分项指数	*MIR*	
	维权环境分项指数	*MII*	
	企业家能力指数	*CCEI*	
控制变量	资产负债率	*aliab*	资产负债率
	资产收益率	*roa*	总资产收益率
	现金比率	*cashr*	经营活动现金流量净额/总资产
	第一大股东持股比例	*major*	排名第一的股东持股比例（%）
	前10大股东持股比例	*tenstoc*	前十大股东的持股比例之和
	企业规模	*size*	企业总资产的对数
	营运能力	*turnr*	销售收入/固定资产
	盈利能力	*princo*	总利润/营业收入

（二）数据来源

采用2014~2018年中国A股上市公司数据进行回归验证，其中中小投资者权益保护指数采用北京师范大学公司治理与企业发展中心高明华主持开发的"中国上市公司治理分类指数数据库"。企业专利申请数量来自中国研究数据服务平台（CNRDS），其他数据来自万得数据库。并对数据做以下处理：①剔除中小投资者权益保护指数缺失的公司。②参考已有研究的惯例，所有的连续变量均进行了上下1%分位的缩尾处理。

（三）计量模型的设定

为了验证本章的假设，我们建立以下计量经济学模型来检验中小投资者权益保护对企业创新的影响：

$$innovation_{i,t} = \alpha + \beta_1 investorp_{i,t} + \beta_2 control_{i,t} + \sum Industry + \sum Year + u_{i,t} \qquad (7-1)$$

在模型（7-1）中，被解释变量 $innovation_{i,t}$ 是企业创新，包括企业的研发投入经费（$lgrfunds$）和企业发明专利数量（$ivge$），$investorp_{i,t}$ 是核心解释变量，包括中小投资者权益保护总指数及知情权、决策与监督权、收益权、维权环境四个分项指数。参考相关文献，控制变量包括公司规模（size）、总资产收益率（roa）、经营活动现金流比率（cashr）、资产负债率（aliab）、第一大股东持股比例（major）、盈利能力（princo）。

（四）描述性统计

表 7-2 是变量的描述性统计结果。

表 7-2 变量的描述性统计

变量名称	定义	样本数	平均值	方差	最小值	最大值
mik	知情权	14646	58.8671	9.9723	2.5000	87.3963
mie	决策与监督权	14646	41.4119	9.7335	3.1818	85.0000
mir	收益权	14646	38.9012	11.9698	0.0000	75.8481
mii	维权环境	14646	54.9729	15.8763	−4.4444	88.8889
ccmi	中小投资者权益保护总指数	14646	48.5383	7.3314	15.8190	69.7475
roa	资产回报率	14284	5.1571	17.3036	−24.4243	24.9692
princo	总利润/总收入	14544	6.223686	22.31581	−139.0922	53.7841
xjinco	现金流/总收入	14544	7.200547	27.72285	−147.7214	96.4756
aliab	资产负债率	14545	44.3212	44.6739	0.9063	4615.9360
liqur	流动比例	14378	2.4040	3.0900	0.0201	78.4102
cashr	现金比率	14293	0.9773	1.8000	0.0002	70.4100
turnr	周转率	14177	33.24451	117.6611	0.7962	939.8654
roe	净资产收益率	14491	5.882898	14.45721	−78.7615	38.1348
major	大股东持股比率	14545	33.7720	14.8100	0.2900	89.9900
ccei	企业家能力总指数	14425	30.8376	5.9764	5.4729	58.2639

变量名称	定义	样本数	平均值	方差	最小值	最大值
invig	发明专利授权数量	14056	5.3159	46.2770	0.0000	2501.0000
umig	实用新型专利授权数量	14056	9.5272	57.9031	0.0000	2077.0000
desig	外观设计专利授权数量	14056	3.1024	21.4675	0.0000	1016.0000
*age*1	企业年龄	14545	13.1895	7.3492	0.0000	28.0000
lgrfunds	企业研发投入经费的对数	11332	17.8299	1.5031	8.4534	23.7699
size	企业规模	14545	22.3036	1.4862	14.9416	30.9524
sa	融资约束指数	14545	-3.5621	0.3590	-4.2779	-0.4697
ceo_c	CEO 是否离职	14646	0.0827	0.2754	0.0000	1.0000

资料来源：笔者根据 Stata 整理。

从表 7-2 中可以看出，上市公司之间研发投入的差距是比较大的。中小投资者权益保护指数的平均值为 48.5383，从平均值来看，中小投资者权益保护的水平还是比较低的，最大值也只有 69.7475，这说明我国上市公司中小投资者权益保护力度需要进一步加强。

表 7-3 是 2014～2018 年中小投资者权益保护指数均值比较。

表 7-3　2014～2018 年上市公司中小投资者权益保护指数均值比较

年份	样本量	总体指数	分项指数			
			知情权	决策与监督权	收益权	维权环境
2014	2514	43.0725	54.7728	35.6674	27.7833	54.0666
2015	2655	45.6560	57.2432	40.0962	40.9259	44.3587
2016	2840	47.6505	57.9181	38.2866	38.5055	55.8920
2017	3147	52.4006	62.1646	44.2825	43.8235	59.3320
2018	3490	51.7099	60.8504	46.5092	41.2533	58.2267

资料来源：《中国上市公司治理分类指数报告 No.18（2019）》。

从表 7-3 可以看出，2014～2018 年，中小投资者权益保护总体指数均值在 2015～2017 年连续 3 年持续上升，然后在 2018 年小幅下降，但下降后的指数均值仍明显高于 2016 年及之前的各个年度。相比于 2014 年，2018 年总体指数上升 8.6374；相比于 2017 年，2018 年总体指数下降 0.6907。

四、多元回归结果

利用模型（7-1）检验中小投资者权益保护对企业创新的影响，回归中采用研发经费的对数为因变量，中小投资者权益保护指数为自变量，分别采用总指数和分项指数回归，回归结果如表7-4所示。

表7-4 中小投资者权益保护与企业创新关系的回归结果

变量	（1） lgrfunds	（2） lgrfunds	（3） lgrfunds	（4） lgrfunds	（5） lgrfunds	（6） lgrfunds
ccmi	0.00852*** (9.31)		0.00844*** (9.14)		0.00336* (1.93)	0.00359** (2.05)
ccmi×nature					0.00755*** (4.02)	0.00656*** (3.48)
nature					−0.609*** (−6.09)	−0.458*** (−4.55)
mik		0.00245*** (4.20)		0.00265*** (4.54)		0.00442*** (3.66)
mie		−0.00119* (−1.94)		−0.00148** (−2.41)		−0.00245** (−2.00)
mir		0.00150*** (2.95)		0.00168*** (3.29)		0.00181* (1.83)
mii		0.00350*** (9.41)		0.00341*** (9.15)		0.00250*** (3.17)
_cons	16.57*** (119.54)	16.60*** (119.08)	15.90*** (108.52)	15.90*** (108.11)	16.77*** (102.06)	15.09 (0.89)
控制变量		控制		控制		控制
年份行业	控制	控制	控制	控制	控制	控制
N	13980	13980	13980	13980	13980	13980

注：*、**、***分别表示在10%、5%、1%的水平上显著，括号内为t值。

在表7-4中，列（1）为中小投资者权益保护总指数对企业创新的回归结果，列（2）为中小投资者权益保护分项指数的回归结果。从列（1）的回归结果来看，中小投资者权益保护对企业创新影响的系数显著为正，这说明中小投资者权益保护水平越高，企业创新水平就越高。从分项指数的相关回归来看，投资者知情权分项指数（mik）对企业创新影响的系数显著为正，说明保障中小投资者知情权对企业创新的影响是积极的。决策与监督权分项指数（mie）对企业创新影响的系数显著为负，说明中小投资者决策与监督权的保障对企业创新的影响是负面的，这可能是因为目前我国的中小投资者仍然以短期投资为主，缺少长期研发创新的意向和眼光，也意味着企业与中小投资者的信息沟通存在不到位的问题。收益权分项指数（mir）对企业创新的影响显著为正，说明保障中小投资者的收益权能够提升企业的创新水平。维权环境分项指数（mii）对企业创新的影响同样显著为正，说明积极保障中小投资的维权环境可以促进企业创新。列（3）和列（4）分别是控制相关变量后中小投资者权益保护总指数和分项指数的回归结果。结果表明在控制相关变量后，回归结果和列（1）和列（2）保持了一致。

由于不同的产权性质可能会影响企业的创新决策机制，本书通过构建企业性质的虚拟变量（nature），如果该企业是国有企业则为 0，非国有企业则为 1，并加入企业性质与中小投资者权益保护的交叉项进行回归，回归结果见列（5）和列（6），结果表明中小投资者权益保护的总指数（cmii）对企业创新的影响是显著为正的，中小投资者权益保护与企业性质虚拟变量的交叉项（ccmi×nature）的回归系数也是显著为正的，说明中小投资者权益保护对非国有企业创新的促进作用更大。

五、进一步影响机制研究

通过模型（7-1）的回归结果，得出中小投资者权益保护对企业创新存在显著的正相关关系。从理论分析得知，正相关关系可能是通过三个方面的影响机制产生，以下将验证三个相关影响机制。

（一）检验中小投资者权益保护缓解创新的融资约束的声誉效应

为了检验这一影响机制，将采用以企业规模和年龄两个变量为主的 SA 指数，因为企业规模和年龄具有较强的外生性，能较为准确地衡量企业的融资约束程度。根据 Hadlock 和 Pierce（2009）的方法构建 SA 指数：$-0.737 \times size + 0.043 \times size2 - 0.04 \times age$。具体而言，采用如下计量模型：

$$\text{lgrfunds}_{i,t} = \beta_0 + \beta_1 SA + \beta_2 SA \times investorp_{i,t} + \beta_3 investorp_{i,t} + \beta_4 control_{i,t} + \varepsilon \qquad (7-2)$$

式中，SA 为企业的融资约束指数，$investorp$ 为中小投资者权益保护指数，包括知情权、决策与监督权、收益权和维权环境四个分项指数，并加入中小投资者权益保护指数与融资约束指数的交叉项（$SA \times investorp_{i,t}$）。相关的回归结果如表 7-5 所示：

表 7-5　中小投资者权益保护、融资约束与企业创新的回归结果

变量	（1） lgrfunds	（2） lgrfunds	（3） lgrfunds	（4） lgrfunds	（5） lgrfunds
SA	-0.579*** (-4.05)	-0.449*** (-3.33)	-0.617*** (-5.96)	-0.470*** (-5.17)	-0.373*** (-4.09)
$SA \times ccmi$	0.00451* (1.73)				
$ccmi$	0.0245*** (2.65)				
$SA \times mik$		0.00110 (0.56)			
mik		0.00724 (1.03)			
$SA \times mie$			0.00559*** (3.02)		
mie			0.0189*** (2.85)		
$SA \times mir$				-0.000361 (-0.25)	
mir				0.000493 (0.09)	
$SA \times mii$					0.00244** (2.12)

续表

变量	(1) lgrfunds	(2) lgrfunds	(3) lgrfunds	(4) lgrfunds	(5) lgrfunds
mii					0.0122 *** (2.97)
aliab	0.00284 *** (7.42)	0.00267 *** (7.00)	0.00244 *** (6.45)	0.00270 *** (7.12)	0.00260 *** (6.83)
cashr	0.0104 (1.58)	0.00942 (1.43)	0.00855 (1.31)	0.00905 (1.38)	0.00821 (1.25)
liqur	−0.0199 *** (−3.99)	−0.0204 *** (−4.08)	−0.0198 *** (−3.99)	−0.0189 *** (−3.79)	−0.0200 *** (−4.00)
major	0.00325 *** (3.42)	0.00290 *** (3.05)	0.00302 *** (3.17)	0.00331 *** (3.49)	0.00289 *** (3.04)
princo	0.000519 *** (7.36)	0.000550 *** (7.82)	0.000561 *** (8.05)	0.000534 *** (7.63)	0.000549 *** (7.83)
turnr	−0.00000932 (−0.48)	−0.0000108 (−0.55)	−0.0000114 (−0.59)	−0.0000110 (−0.57)	−0.0000102 (−0.52)
_cons	14.26 *** (27.01)	14.93 *** (29.76)	14.60 *** (36.98)	14.86 *** (42.34)	15.36 *** (43.13)
N	13980	13980	13980	13980	13980

注：*、**、***分别表示在10%、5%、1%的水平上显著，括号内为t值。

在表7-5中，列（1）是中小投资者权益保护总指数的回归结果，结果表明SA指数对企业创新影响显著为负，也就是融资约束越强对企业创新越不利，这符合经济现实。SA指数与中小投资者权益保护指数的交叉项对企业创新影响的系数也显著为正，说明中小投资者权益保护力度越强，融资约束对企业创新的负效应就越弱。因此，列（1）的回归结果证明了中小投资者权益保护能够通过缓解企业融资约束来促进企业创新，这与本书理论部分的分析是一致的。列（2）至列（4）分别是中小投资者权益保护四个分项指数的回归结果，其中列（2）是知情权维度的回归结果，SA指数的回归系数显著为负，但SA与知情权分项指数交叉项（SA×mik）的系数都不显著，说明直接提升知情权并不能缓解融资约束来促进企业创新。列（3）是决策与监督权维度的回归结果，结果表明SA指数的回归系数显著为负，SA和决策与监督权分项指数交叉项（SA×mie）的系数则显著为正，说明中小投资者决策与监督权的保护越到位，越能通过缓解融资约束来促进企业创新。结合列（2）的回归结果，说明仅仅赋予中小投资者知情权是远远不够的，在获得知情权后，不能有效地参与决策和监督是很难发挥其对创新的促进作用的。列（4）是收益权分项指数的回归结果，结果表明 SA 分项指数的回归系数显著为负，而 SA 与收益权分项指数交叉项（$SA \times mir$）的回归结果不显著，说明收益权的提升没有能够通过改善融资约束来促进企业创新，这可能是由分红收益力度偏小所致。列（5）是维权环境分项指数的回归结果，结果表明 SA 指数的回归系数显著为负，SA 与维权环境分项指数交叉项（$SA \times mii$）的系数则显著为正，说明提升中小投资者维权环境会减弱融资约束带给企业创新的负效应，即保障中小投资者的维权环境有利于股东的安定并吸引更多的投资者。

（二）检验中小投资者权益保护对企业创新的企业家能力释放效应

在回归中，企业家能力采用中国上市公司治理分类指数数据库中"企业家能力指数"来衡量。采用如下计量模型：

$$\lg rfunds_{i,t} = \beta_0 + \beta_1 ability_{i,t} + \beta_2 ability_{i,t} \times investorp_{i,t} + \beta_3 investorp_{i,t} + \beta_4 control_{i,t} + \varepsilon$$

$$(7-3)$$

式中，$ability_{i,t}$ 是企业家能力（采用企业家能力总指数 $ccei$ 进行回归），$ability_{i,t} \times investorp_{i,t}$ 是企业家能力与中小投资者权益保护的交叉项。为了防止多重共线性问题，需要将数据进行中心化处理后再进行回归。回归结果如表7-6所示。

表7-6　中小投资者权益保护、企业家能力与企业创新的回归结果

变量	(1) lgrfunds	(2) lgrfunds	(3) lgrfunds	(4) lgrfunds	(5) lgrfunds
ccei	0.00790*** (7.39)	0.00794*** (7.45)	0.00827*** (7.83)	0.00771*** (7.26)	0.00779*** (7.36)
ccei×ccmi	0.000232** (1.99)				
ccmi	0.00784*** (8.34)				
mik		0.00300*** (5.12)			
ccei×mik		−0.0000146 (−0.17)			

变量	（1）lgrfunds	（2）lgrfunds	（3）lgrfunds	（4）lgrfunds	（5）lgrfunds
mie			−0.00127**（−2.05）		
ccei×mie			0.000261***（3.14）		
mir				0.00166***（3.24）	
ccei×mir				−0.0000977（−1.38）	
mii					0.00328***（8.74）
ccei×mii					0.000171***（3.24）
aliab	0.00310***（8.11）	0.00299***（7.83）	0.00281***（7.43）	0.00299***（7.87）	0.00289***（7.59）
cashr	0.0144**（2.19）	0.0141**（2.14）	0.0130**（1.97）	0.0136**（2.07）	0.0126*（1.91）
liqur	−0.0241***（−4.83）	−0.0247***（−4.95）	−0.0243***（−4.87）	−0.0232***（−4.66）	−0.0238***（−4.79）
major	0.00245***（2.59）	0.00219**（2.31）	0.00224**（2.36）	0.00259***（2.74）	0.00235**（2.48）
princo	0.000600***（8.65）	0.000631***（9.12）	0.000641***（9.33）	0.000611***（8.88）	0.000637***（9.04）
_cons	16.72***（120.80）	16.70***（120.33）	16.72***（119.67）	16.70***（120.27）	16.72***（120.26）
N	13829	13829	13829	13829	13799

注：*、**、***分别表示在10%、5%、1%的水平上显著，括号内为t值。

在表7-6中，列（1）的回归结果是中小投资者权益保护总指数的回归结果，结果表明企业家能力（ccei）对企业创新具有显著的积极效果，这与之前我们的研究保持一致（王健忠和高明华，2018）；企业家能力与中小投资者权益保护的交叉项（ccei×ccmi）对企业创新影响的系数同样显著为正，说明中小投资者权益保护可以加强企业家能力对企业创新的正效应。同时也证明了中小投资者权益保护可以通过释放企业家能力来促进企业创新。列（2）是中小投资者知情权维度对企业创新的影响，结果表明企业家能力对企业创新的影响显著为正，但中小投资者知情权与企业家能力的交叉项（ccei×mik）则不显著，这说明中小投资者知情权维度对企业家能力与企业创新之间关系的调节作用是不存在的。列（3）是中小投资者决策与监督权分项指数的回归结果，结果表明企业家能力对企业创新影响的系数显著为正，并且中小投资者决策与监督权维度与企业家能力的交叉项（ccei×mie）对企业创新的影响系数也显著为正，这说明中小投资者决策与监督权保障程度越高，越能加强企业家能力对企业创新的正效应，也说明保障中小投资者决策与监督权与企业能力的发挥并非是矛盾的。列（4）是中小投资者收益权的回归结果，结果表明企业家能力对企业创新的影响显著为正，而中小投资者收益权与企业家能力（ccei×mir）对企业创新的影响则不显著，这说明中小投资者收益权并没有加强企业家能力对企业创新的调节作用，这可能与中小投资者分红收益过少有关。列（5）是中小投资者维权环境的回归结果，结果表明企业家能力对企业创新影响的回归系数显著为正，并且企业家能力与中小投资者维权环境的交叉项（ccei×mii）对企业创新影响的回归结果也显著为正，这说明中小投资者的维权环境可以加强企业家能力对企业创新影响的正效应。

总结表 7-5 和表 7-6 的回归结果可以发现，在中小投资者权益保护指数中，中小投资者决策与监督权维度和维权环境维度可以减弱融资约束的消极作用，可以加强企业家能力的积极作用，而知情权维度和收益权维度并没有发挥调节作用。这反映出在中小投资者权益保护中，一方面要着眼于中小投资者最关心的决策与监督权，以及相应的维权环境；另一方面要强化中小投资者知情权和收益权的落实，不断加大它们的作用力度。

（三）检验中小投资者权益保护的压力效应还是安全网效应

本章将采用 Probit 回归，检验中小投资者权益保护与 CEO 离职概率之间的关系。计量模型如下：

$$Probit(ceo_c) = \beta_0 + \beta_1 investorp_{i,t} + \beta_2 control_{i,t} + \varepsilon \tag{7-4}$$

需要注意的是，CEO 离职采用 CEO 是否是被迫离职的虚拟变量，如果 CEO 是被迫离职则赋值为 1，否则为 0。该数据源自国泰安数据库，在企业公告中 CEO 离职的原因大体分为工作调动、退休、任期届满、控股权变动、辞职、解聘、健康原因、个人原因、完善公司法人治理结构、涉案、结束代理和其他。本章将 CEO 离职分为两类，被迫离职和正常离职，但主要关注是 CEO 的被迫离职，因为被迫离职体现的是中小投资者带来的压力导致的，但是比较困难的是如何在官方公布的离职原因中发现离职是否出于自愿，这里我们借鉴 Chang 和 Wong（2009）的方法，将退休、健康原因、公司治理结构的变化以及控股股东的变动归为正常离职，其他则是被迫离职。回归结果如表7-7所示。

表7-7　中小投资者权益保护与 CEO 离职之间关系的回归结果

变量	(1) ceo_c	(2) ceo_c	(3) ceo_c	(4) ceo_c	(5) ceo_c
ccmi	-0.0113*** (-5.88)				
mik		-0.0106*** (-9.05)			
mie			0.00549*** (4.24)		
mir				-0.00489*** (-4.17)	
mii					-0.00293*** (-3.53)
aliab	-0.0000382 (-0.24)	-0.0000380 (-0.24)	-0.000109 (-0.68)	-0.0000845 (-0.53)	-0.0000517 (-0.32)
cashr	0.000539 (0.04)	-0.00122 (-0.09)	0.00220 (0.16)	0.000207 (0.01)	0.00315 (0.23)
liqur	-0.0119 (-1.52)	-0.0108 (-1.39)	-0.0126 (-1.61)	-0.0120 (-1.53)	-0.0128 (-1.64)
major	-0.000407 (-0.49)	0.000130 (0.16)	-0.000577 (-0.69)	-0.000668 (-0.80)	-0.000545 (-0.65)
princo	-0.000270* (-1.67)	-0.000218 (-1.36)	-0.000396** (-2.46)	-0.000374** (-2.33)	-0.000296* (-1.83)
_cons	0.0744 (0.67)	0.134 (1.39)	-0.608*** (-6.71)	-0.242*** (-2.72)	-0.278*** (-3.40)
N	14933	14933	14933	14933	14933

注：*、**、***分别表示在10%、5%、1%的水平上显著，括号内为 t 值。

在表7-7中，列（1）是中小投资者权益保护总指数的回归结果，列（1）至列（4）是中小投资者权益保护各分项指数的回归结果。列（1）的回归结果表明，中小投资者权益保护总指数对企业创新影响的回归系数显著为负，说明中小投资者权益保护力度越大，CEO 越不容易离职，也就是说中小投资者权益保护并没有造成明显的 CEO 压力效应，或者说中小投资者的力量还不够强大，回归结果与中小投资者知情权 ［列（2）］、中小投资者收益权 ［列（4）］ 和中小投资者维权环境 ［列（5）］ 相同。但是列（3）的回归结果表明，中小投资者决策与监督权对 CEO 离职具有积极的作用，也就是说中小投资者决策与监督权的保护提高了 CEO 被迫离职的概率。这说明只有赋予中小投资者决策与监督权，才能让中小投资者真正地发挥公司治理的作用，给予经理人压力。

为了进一步检验压力效应机制，在以上回归的基础上，本书继续验证中小投资者权益保护能否降低 CEO 离职的业绩敏感性。采用如下的计量模型：

$$probit(ceo_c) = \beta_0 + \beta_1 mv3\_tpa_{i,t} + \beta_1 investorp_{i,t} \times mv3\_tpa + \beta_1 investorp_{i,t} +$$
$$\beta_2 control_{i,t} + \varepsilon \tag{7-5}$$

在模型（7-5）中，考虑到不仅 CEO 离职与当年的业绩有关，而且还可能与企业近几年的业绩有关，因此要加入企业业绩的 3 年移动平均。$mv3\_tpa_{i,t}$ 为企业利润率的 3 年移动平均值，在回归结果中加入企业利润率的 3 年移动平均值与中小投资者权益保护指数的交叉项。回归结果如表 7-8 所示。

表 7-8　中小投资者权益保护与 CEO 离职业绩敏感性关系的回归结果

变量	(1) ceo_c	(2) ceo_c	(3) ceo_c	(4) ceo_c	(5) ceo_c
$mv3\_tpa$	−0.00107 *** (−2.83)	−0.000920 *** (−2.87)	−0.000518 *** (−2.87)	−0.000398 (−1.51)	−0.000966 *** (−3.06)
$mv3\_tpa \times ccmi$	−0.0000421 ** (−2.07)				
$ccmi$	−0.0116 *** (−5.92)				
$mv3\_tpa \times mik$		−0.0000238 ** (−2.37)			
mik		−0.0109 *** (−9.13)			
$mv3\_tpa \times mie$			−0.00000593 (−0.24)		
mie			0.00539 *** (4.11)		

变量	(1) *ceo_c*	(2) *ceo_c*	(3) *ceo_c*	(4) *ceo_c*	(5) *ceo_c*
mv3_tpa×mir				−0.0000240 ** (−2.07)	
mir				−0.00511 *** (−4.31)	
mv3_tpa×mii					0.00000475 (0.42)
mii					−0.00277 *** (−3.28)
aliab	5.37*E*+08 (0.00)	0.0000974 (0.62)	−0.000141 (−0.80)	−0.0000550 (−0.32)	0.000160 (0.86)
cashr	0.00223 (0.16)	0.000706 (0.05)	0.00294 (0.21)	0.000920 (0.07)	0.00519 (0.38)
liqur	−0.0123 (−1.57)	−0.0110 (−1.40)	−0.0132 * (−1.67)	−0.0124 (−1.57)	−0.0127 (−1.62)
major	−0.000446 (−0.53)	0.000120 (0.14)	−0.000658 (−0.78)	−0.000751 (−0.89)	−0.000570 (−0.67)
_cons	−0.467 *** (−5.94)	−0.490 *** (−6.26)	−0.370 *** (−4.76)	−0.395 *** (−5.09)	−0.471 *** (−5.95)
N	14679	14679	14679	14679	14679

注：*、**、***分别表示在10%、5%、1%的水平上显著，括号内为 t 值。

在表 7-8 中，列（1）是总指数的回归结果，结果表明企业利润率的 3 年移动平均值对企业 CEO 离职影响的系数显著为负，也就是说企业业绩越好，CEO 越不容易离职，这与现实经济相一致；企业利润率的 3 年移动平均值与中小投资者权益保护总指数的交叉项（mv3_tpa×ccmi）对企业创新影响的系数也显著为负，意味着中小投资者权益保护水平越高，越能提高因业绩下降而使 CEO 离职的概率。这说明中小投资者权益保护对 CEO 提出了更高业绩的要求，增加了CEO 的压力，从而可以促进 CEO 积极从事能带来更高利润的创新研发活动。列（2）中小投资者知情权维度与列（4）中小投资者收益权维度与列（1）的回归结果一致，说明较好的中小投资者知情权和收益权，会加强 CEO 离职的业绩敏感性，更加证明了中小投资者权益保护对 CEO 存在压力效应。与前面理论分析不同，压力效应的产生并非是由中小投资者的决策与监督权及维权环境带来的，而是由知情权和收益权产生的，这是因为知情权和收益权是需要公司主动进行披露和保障的，而上市公司恰恰对此并不积极，这也充分说明了在我国现今的资本市场上，应加大对中小投资者知情权和收益权的保障，这样能够促进经理人进行企业创新。

第八章　研究结论与政策建议

一、研究结论

本书主要探究了公司治理对企业创新的影响，分别从董事会治理、企业家能力、自愿性信息披露和中小投资者保护四个方面展开研究，相关结论如下：

第一，董事会治理水平提升有利于企业创新，但仍然需要探索合适的董事会治理模式。

分别从董事会治理水平和董事会治理模式两个方面研究相关机制，并利用中国上市公司治理分类指数数据库中的"董事会治理指数"实证检验理论假设。在第一层面中研究董事会治理水平对创新战略选择的影响，我们借鉴董事会治理指数的四个一级指标，分别从董事会结构、董事会独立性、董事会行为、董事的激励与约束四个维度来探究其对企业创新战略选择的影响机理。①完善的董事会结构是企业创新的能力机制。完整性和互补性是董事会结构的主要特点，完整且具有互补性的董事会结构是董事会成员能够发挥其能力的基础条件。董事会结构的完整性决定了董事会成员的专业性和能力的多元性，也带来决策思维的多元性；不仅董事会结构的互补性带来了董事会成员年龄和性格以及其拥有资源的互补性，而且还能形成决策的制衡性。②董事会独立性是企业创新决策的动力机制。董事会独立性能够起到高效的监督作用并提供专业的建议咨询，这两点能够保证董事会决策的独立和科学，避免董事会成为大股东或者董事长的"一言堂"。③董事会行为以及董事的激励与约束是创新决策的制度保障机制。董事会是一个集体决策的机构，董事会成员之间必须要有充分的信息沟通机制和良好的决策氛围，董事会行为侧重于从以上方面来保证决策的顺利制定。董事会成员同样需要合理的激励与约束机制来对评价其对决策结果的贡献。以上都能够保证决策的科学性和高效性，从而利于创新战略决策的制定和实施。

我国经济正处于转型之中，其资源配置逻辑也正从以政府为主导的政治导向型的配置转向以市场为主导的能力导向型配置转变。在这个过程中，制度因素可能成为影响企业创新战略制定的关键因素。在实证检验部分，本书采用北京师范大学中国公司治理分类指数数据库中的"董事会治理指数"进行理论的实证检验，并从董事会结构、董事会独立性、董事会行为和董事激励与约束四个维度分别检验其对创新的影响。本书得出以下结论：

总体来看，董事会治理对企业创新具有积极的影响，这是因为合理的董事会治理水平能够保证董事会有足够的能力和动力及制度保障选择创新型战略。①董事会结构对企业战略选择不具有显著的积极作用，董事会独立性并不利于企业创新战略的实施，董事会行为对企业创新战略具有积极的作用，董事激励与约束对企业创新战略的实施具有积极的作用。②董事会结构可以促进企业研发经费的增长，董事会独立性对企业研发经费的增长具有显著的消极影响，董事会行为对企业研发经费的增长具有显著的积极作用，董事激励与约束对企业研发经费具有显著的积极影响。③进一步分产权研究表明，第一，国有企业董事会治理对企业创新战略选择的积极作用并不显著，分项指数中只有董事会结构对企业创新战略选择存在积极的影响。在对国有企业董事会治理与研发经费的关系进行实证检验后得出了同样的结论，董事会治理总指数对企业研发经费的影响是不显著的，分项指数中只有董事会结构对研发经费存在显著的积极影响。第二，非国有企业的回归结果表明，非国有企业的董事会治理对企业创新战略选择具有积极的影响，并且可以促进企业研发经费的增长。从分项指数的回归结果来看，董事会行为和董事激励与约束对创新战略选择和研发经费的增长具有积极的作用。通过以上结论可以得出，相比于非国有企业，国有企业受到监管部门严格的监管，已经从形式上建立起了完备的董事会结构，但是从董事会行为、董事激励与约束等实质上衡量董事会有效性指标的回归结果来看，其效果并不理想。④为了保证结果的稳健性，本书继续研究了董事会治理对企业业务招待费的影响。回归结果表明，董事会治理对企业业务招待费具有显著消极的影响，这说明董事会治理水平越高，企业业务招待费则越低。从而进一步证明了董事会治理对于企业创新战略选择的积极影响。此外研究董事会治理模式对企业创新的影响。根据委托代理理论，经理人在面对创新失败后的信任危机和离职风险时，会选择具有稳定现金流的非创新型项目，在众多影响 CEO 创新决策的因素中，董事会扮演着重要的角色。采用数理模型分析的方法，通过构建 CEO 和董事会的支付函数并探究其最大化的条件，研究了控制干预型和监督合作型的董事会对 CEO 创新决策的影响。可以得到以下结论。

相比于控制干预的董事会治理模式，监督合作型的董事会治理模式更有利于 CEO 作出创新研发决策。这是因为董事会干预程度越小，经理的自主裁量权也就越大，因为更加有利于 CEO 做出高风险性的创新行为。具体的结论如下：①用独立董事占董事会成员比例和董事会会议次数衡量董事会的监督程度，结果表明董事会监督可以促进企业创新。②用 CEO 权力衡量董事会的干预程度，回归结果表明 CEO 权力越大越倾向于作出创新研发决策并利于提升创新研发经费。但随后的研究证明，其分项指标除了 CEO 选聘路径、CEO 工作年限，CEO 的受教育水平（学术研究生及以上学历）、CEO 与董事长是否两职合一以及 CEO 是否持有公司股份对企业创新具有显著的积极影响。进一步研究表明董事会监督对 CEO 权力与企业创新之间起到了负的调节作用，但这并不能得出降低董事会监督强度的结论。继续将样本分为非国有企业和国有企业的研究表明，对于非国有企业来说，董事会监督能力越强，CEO 权力对创新的正效应就会减弱；而对于国有企业来说，董事会监督能力越强，CEO 权力对创新的负效应就会减弱，这说明国有企业更需要较强的监督。③采用独立董事中是否有担任其他公司高管和独立董事中是否具有政府工作背景衡量董事会的服务职能。研究结果表明，在高研发强度企业中，董事中具有其他公司高管对企业创新具有积极的影响；而在低研发强度样本中，独立董事具有政府工作背景对企业创新有积极的影响。这是因为研发强度越高，其执行需求也就越大，更加需要具有丰富行业经验的独立董事。④进一步研究表明，在董事会不干预 CEO 经营决策的情况下，董事会监督强度越大，对企业开展创新战略决策越具有积极作用，并且监督强度的提升可以加强董事会服务职能对企业创新的积极作用，而董事会的干预则减弱了董事会服务职能对企业创新的积极作用，以上结论存在于高研发强度的样本中。⑤进一步对其影响机制研究发现，在高研发强度的企业中，董事会干预程度越小，越能降低 CEO 离职的业绩敏感性（安全网效应），降低代理成本对创新的不利作用（治理效应），提升 CEO 能力对创新的积极作用（能力释放效应）。这说明董事会和经理人关系的和谐能够形成容忍创新失败的文化环境，并且给予 CEO 充分的授权和信任能够对企业创新起到积极的作用，而以上效应的积极作用又建立在董事会监督作用积极有效的前提下。⑥利用倾向评分匹配法（PSM）进行稳健性检验得知，董事会干预程度较低的企业，一般拥有较高的研发投入强度，企业 CEO 能力也普遍较高，并且拥有较小的离职概率，这也证明了结论的稳健性。

第二，企业能力对企业创新具有积极影响，但仍需改善企业家能力发挥的内外部条件。

本书从董事长—CEO 关系探究企业家能力对企业创新的影响。董事长和 CEO 关系对企业研发投入至关重要，鲜有文献对此进行详细探究。本书以代际年龄差距作为研究董事长—CEO 关系的突破口，深入研究其对企业研发投入的影响，并从企业内部和企业外部两个方面分别探究其影响机制。结果表明，董事长—CEO 存在代际年龄差距对企业研发投入有促进作用。进一步对影响机制研究发现，在特定文化背景下的代际年龄差距可以降低 CEO 离职的业绩敏感性，进而激励 CEO 进行研发活动；外部市场竞争激烈程度与董事长—CEO 代际年龄差距之间存在互补关系。但是，以上结论不适用于国有企业。Heckman 两阶段模型的回归结果表明，在排除了样本选择的偏差后，董事长—CEO 存在代际年龄差距对国有企业的研发投入有抑制作用，这可能与国有企业具有政策工具的性质和高管评价机制有关。本书的研究将董事长—CEO 关系作为研究对象，既着眼于我国公司治理的现实特点，又拓展了高管人员异质性经济后果的研究。相关研究结论可以为公司构建融洽的董事长—CEO 关系，形成良好的高管梯队尤其是董事长—CEO 合理年龄梯度提供参考。同时，也为改革国有企业高管评价激励机制，发挥董事长—CEO 年龄差距对公司的积极作用提供理论支持与政策建议。

第三，自愿性信息披露对企业创新具有积极作用，但仍然需要完善企业自愿性信息披露的政策环境。本书主要研究自愿性信息披露对企业创新的影响。外部融资约束和内部代理冲突是制约企业创新的重要因素，降低二者对创新的不利影响需要高效的资本市场和互信的股东与经理层关系，这有赖于企业充分的信息披露。本书利用上市公司自愿性信息披露指数，探究自愿性信息披露能否促进企业创新，并从声誉效应、治理效应和安全网效应三个方面深入研究其影响机理。结果表明，自愿性信息披露对企业创新绩效具有显著的提升作用，其影响机制是自愿性信息披露可以显著减轻企业融资约束和代理成本对创新的负面影响（声誉效应和治理效应），并且可以降低 CEO 离职业绩敏感性（安全网效应），从而可以促进企业创新。进一步研究发现，三种影响机制在国有企业中并不显著，这可能与国有企业政策工具性和垄断性特征有关系。

第四，中小投资者能发挥"推车者"的积极作用，仍然要创造发挥中小投资者监督和决策权的政策环境。本书研究中小投资者保护对企业创新的影响。对企业创新而言，外部融资约束和企业家能力得不到有效发挥是制约企业创新的两个关键因素。由于来自中小投资者的投资已经占据资本市场的半壁江山，因此在缓解企业融资约束及改善公司治理上的作用日趋凸显。本书利用我国上市公司中小投资者权益保护指数，实证检验了中小投资者权益保护对企业创新的影响，并从声誉效应、企业家能力释放效应两个角度分析了中小投资者权益保护对企业创新的影响机制。实证研究结果表明，中小投资者权益保护对企业创新具有显著的积极影响。从具体的影响机制来看，中小投资者权益保护特别是决策与监督权及维权环境的保障能有效地缓解企业的融资约束（声誉效应），促进企业家能力向创新方向配置（企业家能力释放效应），企业家的能力释放更多的是由中小投资者知情权及收益权带来的经理人创新压力效应，容忍创新失败的安全网效应并不显著。由此可见，中小投资者不仅是"搭车者"，而且是促进企业创新的"推车者"。因此应该强化中小投资者的权益保护，以更好地促进企业创新。

二、政策建议

根据上述的研究结论，总体来看董事会治理对企业创新具有显著的积极影响。那么，为了促进企业制定创新战略和研发效率的提升，完善董事会的治理机制是切实提升公司创新的有效途径。本书尝试提出以下政策建议：

（一）董事会内部治理机制的完善

（1）完善董事会结构，应注重"实质"大于"形式"。董事会结构是董事会治理的重要组成部分，本书相关的回归结果也同样表明，董事会结构对企业创新的积极作用显著存在，但是国有企业的回归结果以及相关的稳健性检验的回归结果却并不能说明董事会结构对企业创新所产生的稳健作用，这说明形式上健全的董事会结构并不一定产生实质的治理效果。那么在不断健全董事会结构的同时，更应该关注治理机制所带来的效果。继续发挥独立董事对创新项目的监督作用。回归结果表明，独立董事制度对企业开展创新决策存在显著的消极作用，一方面说明我国的独立董事正在逐渐摆脱"花瓶董事"的现状，也敢于对一些决策投反对票。另一方面独立董事可能是在现有的制度环境下出于对风险的厌恶和明哲保身的处世哲学而作出的最优决策。随着市场竞争的加剧和独立董事制度的不断完善，独立董事对创新的消极作用将进一步转化为对创新项目的选择作用，能选择出成功概率较大的创新型项目。应高度重视建设董事会治理机制。相比于建立完善的董事会结构，董事会机制的设计和完善更能直接地提高董事会治理的效率，并能为企业创新决策的制定提供有效的制度保障。第一，不断完善董事会行为制度，增强董事会成员之间的凝聚力，提高决策的科学性。并从董事会治理的实践出发，积极落实董事会行为相关制度。第二，建立积极有效的董事激励与约束制度。董事的激励制度能够根据每位董事在科学决策的过程中的贡献给予相应的合理激励，能形成良好的集体决策环境，如建立董事会备忘录制度。

（2）建立新型政商关系。构建新型政商关系可以促进企业向创新战略转型，增加企业实施关系型战略的成本。另外，应加强政府层面和公司层面的立法，进而促进企业的转型升级并提升企业的创新绩效，需要说明的是不仅公司层面的立法可以规范企业不正当的竞争行为，而且可以为发挥资本市场的作用提供强有力的支持。

（3）积极创建容忍创新失败的企业文化氛围，构建监督合作型董事会。①坚实履行监督责任。由于创新本身的不确定性，经理人极其容易出现机会主义行为，因此董事会依然要积极地履行监督职能。监督职能作为董事会的基本职能，其监督作用的发挥有赖于完善和互补的董事会结构。需要说明的是，董事会正常履行监督作用并不能干预经理人正常的经营决策。②加大董事会向经理人授权的力度。由于创新的风险性，创新型企业应该加大董事会向经理层授权的力度，充分的授权是董事会对经理层信任的表现，可以增强董事会对经理人创新失败的容忍度，有利于经理人作出创新研发决策。不能否认的是充分的授权也必须以董事会坚实地履行监督责任为前提。③加强经理人的自我约束机制。控制干预型的董事会过度干预经理人的正常经营会对经理人作出创新研发决策产生消极的影响，而监督合作型的董事会更利于经理人积极开展创新研发活动。事实上，一个公司董事会治理模式的形成需要一定的董事会文化的积淀，而监督合作型董事会文化的形成并非一蹴而就的，更为重要的是经理人相应自我约束机制规则的制定和实施，即经理人开展创新活动不是被动而行，而是主动为之。高明华（2017）认为，实现经理人的自我约束机制需要满足三个条件：责任者"犯错"被惩罚的力度足够大、责任清晰到个人和加大激励力度。在责任清晰的基础上，加大惩罚的力度和激励的力度，使经理人在出现违规行为时得到严厉的惩罚，而在做不好的情形下损失很大，从而诱导经理人能够进行自我约束。

（二）激发企业家潜能不断释放

（1）企业外部营造企业创新的政商环境。塑造"亲""清"政商关系，重塑企业家能力配置的方向。政府应扮演服务者和引导者的角色，为企业创新提供政策支持和资源保障。保持政策的稳定性和连贯性可以让企业有长远的规划和预期，从而更愿意投入创新。对创新型企业减少烦琐的行政审批程序，提高政府服务效率，为企业创新提供便利。维护公平的市场竞争环境，防止不正当竞争和垄断行为，保障企业创新的公平性。政府与企业之间应建立有效的沟通渠道，及时了解企业需求，解决企业在创新过程中遇到的问题。加强信用体系建设，提高企业和个人的诚信意识，为创新活动提供良好的信用保障。

（2）企业内部建立和谐的董事长—CEO关系。不同年龄段的人可能具有不同的经验和专业知识，这可以在决策和问题解决方面提供更多的视角和思路。当存在代际年龄差距时，董事长可能更注重传统和稳定，而CEO可能更具创新精神，这种组合可以在保持企业稳定的同时推动创新。董事长的经验和远见可以帮助制定长期战略规划，而CEO的年轻活力和对新趋势的敏感度可以确保企业适应变化。

（三）打造促进自愿性信息披露的制度环境

对于上市公司而言，应定期发布社会责任报告，展示公司在环境、社会等方面的表现，以此来提升公司形象。成立专门的投资者关系管理团队，与投资者保持密切沟通，及时解答疑问。另外，企业要创新就要先形成容忍创新失败的文化。对于企业而言，要给予CEO试错的机会，一个重要的前提是要减少股东和CEO之间的信息不对称，增加二者的相互信任程度，而自愿性信息披露在其中发挥着重要作用，此外还要保证自愿性信息披露真实有效，政府和市场要共同发挥作用来进行监督。对国有企业来说，继续深化国有企业改革，必须坚持市场化为主导的方向，自愿性信息披露将在国有企业改革中扮演越来越重要的角色，鼓励国有企业加强自愿性信息披露，让社会公众了解国有企业发展的成绩和面临的问题，并且发挥各方利益相关者对企业的监督作用，以降低政府的不当干预程度，为国有企业改革营造良好环境。

（四）强化中小投资权益者的决策与监督权

什么是中小投资者权益保护的核心？无疑是要保障中小投资者的监督和决策权，从本书的结论看，中小投资者权益保护能够对企业创新起到"推车者"的作用，不可否认的是中小投资者决策和监督权作用发挥的结果。但是决策和监督权的实现来自于中小投资者应该拥有较为充分的信息，因此上市公司应加强信息披露，确保中小投资者能够及时、准确地获取公司的重要信息推行网络投票、累计投票等方式，方便中小投资者行使表决权以便作出决策，并且保障中小投资者参与股东大会的权利，提高他们在公司重大决策中的话语权，那么加强董事会的独立性和监督职能，确保其能够有效代表中小投资者的利益。从监管方面，加大损害中小投资者合法权益的赔偿力度，从而引起上市公司重视中小投资者的作用，这对发挥中小投资对创新的作用具有积极的作用。

三、研究局限及研究展望

尽管本书从新的视角比较系统地研究了董事会治理对企业创新的影响机制，并且采用了董事会治理水平的评价指标体系进行了验证，提出了相应的政策建议。然而不可否认的是，本书的研究仍然存在以下不足和局限性：

（1）企业创新是一项非常复杂的系统工程，从董事会治理的角度探究其对创新的影响，无论从董事会治理水平评价的视角，还是深入到内部董事会治理模式的视角，都不能完全解释不同企业在面临竞争环境时所进行创新活动的不同经济后果，因为创新的成功还取决于企业所处行业特征、制度环境以及创新主导者对市场需求的研究判断等因素。

（2）本书所选取的样本全部为上市公司的样本，上市公司的董事会治理更加成熟与规范，随着互联网的蓬勃发展及人工智能的兴起，越来越多的具有较强创新性的非上市创业型公司更有研究价值，因为这些公司面临着更激烈的竞争环境和更强的融资约束，董事会的决策将改变公司的命运轨迹。然而在公司上市之前，很难获得其董事会治理方面的数据。此外，不同公司的董事会运行机制也是千差万别，那么本书的结果是否能够为这些创业型公司提供有益的借鉴还值得进一步探讨。

（3）董事会治理模式变量的选取仍需进一步优化。对于外部显性的董事会治理水平的评价本书采用了较为全面的董事会治理指数体系，但是深入企业内部董事会治理模式的研究如董事会治理模式（控制干预和监督合作）的鉴别及指标体系的形成还需进一步研究，特别是监督合作型董事会是以董事会和 CEO 之间的关系为研究出发点的，然而直接对两者关系的评价和测量具有较大的难度，对此学术界还没有较为统一的认识。

针对以上董事会治理与企业创新关系的研究不足之处，未来可以在以下方面继续开展深入研究，本书认为的研究方向如下：

（1）将研究视角拓展到经理人市场研究方面。本书研究了董事会治理与企业创新的关系，其中董事会与 CEO 之间的关系是重点探讨的内容，在构建和谐董事会—CEO 关系的同时，还需要进一步开展经理人市场的研究，如构建合理的职业经理人评价体系，建立职业经理人人才库等。

（2）将研究对象拓展到非上市公司领域，尤其是针对一些处于创业阶段的创新型非上市公司，可以采用调查研究和案例研究相结合的方法，进一步对特定公司在特定环境中董事会治理对企业创新活动的影响机制的研究是对本书的有益补充。

（3）继续丰富董事会治理模式评价的指标体系，可以在指标体系中增加董事会文化的指标，因为监督合作型董事会的一个特点是董事会对创新失败有较高的容忍度。长期来看，这不仅需要构建和谐的董事会—CEO 关系，而且还需要形成容忍创新失败的董事会文化，这对企业创新至关重要。而董事会文化的建设不仅需要监管部门的积极引导，而且还需要企业自己的探索。

参考文献

［1］Adams R B, Ferreira D A. Theory of Friendly Boards ［J］. Journal of Finance, 2007, 62 （1）: 217-250.

［2］Adams R B. Asking Directors about Their Dual Roles ［J］. Social Science Electronic Publishing, 2009.

［3］Aghion P, Van Reenen J, Zingales L. Innovation and Institutional Ownership ［J］. American Economic Review, 2013, 103 （1）: 277-304.

［4］Alfred D C. Corporate Strategy and Organization Frame Work ［M］. New York: Harper Press, 1965.

［5］Ambrick D C, Finkelstein S. Managerial Discretion: A Bridge between Polar Views of Organizational Outcomes ［J］. Research in Organizational Behavior, 1987, 9 （4）: 369-406.

［6］Amir E, Lev B. Value-relevance of Nonfinancial Information: The Wireless Communications Industry ［J］. Journal of Accounting and Economics, 1996, 22 （1-3）: 3-30.

［7］Anokhin S, Schulze W S. Entrepreneurship, Innovation, and Corruption ［J］. Journal of Business Venturing, 2009, 24 （5）: 465-476.

［8］Armitage S, Marston C. Corporate Disclosure, Cost of Capital and Reputation: Evidence from Finance Directors ［J］. The British Accounting Review, 2008, 40 （4）: 314-336.

［9］Athanasakou V, Hussainey K. The Perceived Credibility of Forward-looking Performance Disclosures ［J］. Accounting and Business Research, 2014, 44 （3）: 227-259.

［10］Balkin D B, Markman G D, Gomez-Mejia L R. Is CEO Pay in High-technology Firms Related to Innovation? ［J］. Academy of Management Journal, 2000, 43 （6）: 1118-1129.

［11］Baumol W. Entrepreneurship: Productive, Unproductive, and Destructive ［J］. Journal of Political Economy, 1990, 98 （5）: 893-921.

［12］Baysinger B D, Butler H N. Corporate Governance and the Board of Directors: Performance Effects of Changes in Board Composition ［J］. Journal of Law, Economics & Organization, 1985, 1 （1）: 101-124.

［13］Beasley M S. An Empirical Analysis of the Relation between the Board of Director Composition and Financial Statement Fraud ［J］. Accounting Review, 1996, 71 （4）: 443-465.

［14］Belloc F. Corporate Governance and Innovation: A Survey ［J］. Journal of Economic Surveys, 2012, 26 （5）: 835-864.

［15］Belloc F. Law, Finance and Innovation: The Dark Side of Shareholder Protection ［J］. Cambridge Journal of Economics, 2013, 37 （4）: 863-888.

［16］Bernard D. Is the Risk of Product Market Predation a Cost of Disclosure? ［J］. Journal of Accounting and Economics, 2016, 62 （2-3）: 305-325.

［17］Bertrand M, Mullainathan S. Enjoying the Quiet Life? Corporate Governance and Managerial Preferences ［J］. Journal of Political Economy, 2003, 111: 1043-1074.

［18］Beyer A, Dye R A. Reputation Management and the Disclosure of Earnings Forecasts ［J］. Review of Accounting Studies, 2012, 17: 877-912.

［19］Bob T. Corporate Governance, Principle, Police, and Practice ［M］. London: Oxford University Press, 2009.

［20］Boone A L, Field L C, Karpoff J M, et al. The Determinants of Corporate Board Size and Composition: An Empirical Analysis ［J］. Journal of Financial Economics, 2007, 85 （1）: 66-101.

［21］Brew F P, Cairns R. Styles of Managing Interpersonal Workplace Conflict in Relation to Status and Face Concern: A Study with Anglos and Chinese ［J］. International Journal of Conflict Management, 2004, 15 （1）: 27-56.

［22］Brick I E, Chidambaran N K. Board Meetings, Committee Structure, and Firm Value ［J］. Journal of Corporate Finance, 2010, 16 （4）: 533-553.

[23] Brickley J A, Coles J L, Jarrell G. Leadership Structure: Separating the CEO and Chairman of the Board [J]. Journal of Corporate Finance, 1997, 3 (3): 189-220.

[24] Bushman R M, Smith A J. Financial Accounting Information and Corporate Governance [J]. Journal of Accounting and Economics, 2001, 32 (1-3): 237-333.

[25] Bushman R M, Smith A J. Transparency, Financial Accounting Information, and Corporate Governance [J]. Economic Policy Review, 2003, 9: 65-87.

[26] Buyl T, et al. Top Management Team Functional Diversity and Firm Performance: The Moderating Role of CEO Characteristics [J]. Journal of Management Studies, 2011, 48: 151-177.

[27] Chang E C, Wong S M L. Governance with Multiple Objectives: Evidence from Top Executive Turnover in China [J]. Journal of Corporate Finance, 2009, 15 (2): 230-244.

[28] Chen L, Sibo L, Gustowo M. Shareholder Litigation and Corporate Innovation [J]. Management Science, 2020, 67 (6): 3346-3367.

[29] Cloodt M, Hagedoorn J, Kranenburg H V. Mergers and Acquisitions: Their Effect on the Innovative Performance of Companies in High-tech Industries [J]. Research Policy, 2006, 35 (5): 642-654.

[30] Coles J L, Daniel N D, Naveen L. Managerial Incentives and Risk-taking [J]. Journal of Financial Economics, 2006, 79 (2): 431-468.

[31] Conyon M J, Peck S I. Board Control, Remuneration Committees, and Top Management Compensation [J]. Academy of Management Journal, 1998, 41 (2): 146-157.

[32] Corbetta G, Salvato C. Self-serving or Self-actualizing? Models of Man and Agency Costs in Different Types of Family Firms: A Commentary on Comparing the Agency Costs of Family and Non-family Firms: Conceptual Issues and Exploratory Evidence [J]. Entrepreneurship Theory and Practice, 2004, 28 (4): 355-362.

[33] Cropanzano R, Mitchell M S. Social Exchange Theory: An Interdisciplinary Review [J]. Journal of Management, 2010, 31: 874-900.

[34] Cunningham G B. Perceptions as Reality: The Influence of Actual and Perceived Demographic Dissimilarity [J]. Journal of Business and Psychology, 2007, 22:

79−89.

[35] Dechow P, Ge W, Schrand C. Understanding Earnings Quality: A Review of the Proxies, Their Determinants and Their Consequences [J]. Journal of Accounting and Economics, 2010, 50 (2−3): 344−401.

[36] Defond M L, Hung M. Investor Protection and Corporate Governance: Evidence from Worldwide Ceo Turnover [J]. Journal of Accounting Research, 2004, 42 (2): 269−312.

[37] Dhaliwal D S, Li O Z, Tsang A, et al. Voluntary Nonfinancial Disclosure and the Cost of Equity Capital: The Initiation of Corporate Social Responsibility Reporting [J]. The Accounting Review, 2011, 86 (1): 59−100.

[38] Dosi D. Sources, Procedures, and Microeconomic Effects of Innovations [J]. Journal of Economic Literature, 1988, 26 (3): 1120−1171.

[39] Eisenberg T, Sundgren S, Wells M T. Larger Board Size and Decreasing Firm Value in Small Firms [J]. Journal of Financial Economics, 1998, 48 (1): 35−54.

[40] Eng L L, Mak Y T. Corporate Governance and Voluntary Disclosure [J]. Journal of Accounting and Public Policy, 2003, 22 (4): 325−345.

[41] Faleye O, Hoitash R, Hoitash U. The Costs of Intense Board Monitoring [J]. Journal of Financial Economics, 2011, 101 (1): 160−181.

[42] Fama E F, Jensen M C. Separation of Ownership and Control [J]. Journal of Law & Economics, 2013, 26 (2): 301−325.

[43] Farrell K A, Whidbee D A. Impact of Firm Performance Expectations on CEO Turnover and Replacement Decisions [J]. Journal of Accounting and Economics, 2003, 36 (1−3): 165−196.

[44] Finkelstein S, Hambrick D C, Cannella A A. Strategic Leadership: Theory and Research on Executives, Top Management Teams, and Boards [M]. Oxford: Oxford University Press, 2009.

[45] Fischer M M, Fröhlich J. Knowledge, Complexity and Innovation Systems [J]. Advances in Spatial Science, 2001: 1−17.

[46] Glosten L R, Milgrom P R. Bid, Ask and Transaction Prices in a Specialist Market with Heterogeneously Informed Traders [J]. Journal of Financial Economics, 1985, 14 (1): 71−100.

［47］Goergen M, et al. Mind the Gap: The Age Dissimilarity between the Chair and the CEO ［J］. Journal of Corporate Finance, 2015, 35: 136-158.

［48］Goyal V K, Park C W. Board Leadership Structure and CEO Turnover ［J］. Journal of Corporate Finance, 2002, 8 (1): 49-66.

［49］Gulati R, Westphal J D. Cooperative or Controlling? The Effects of CEO-Board Relations and the Content of Interlocks on the Formation of Joint Ventures ［J］. Administrative Science Quarterly, 1999, 44 (3): 473-506.

［50］Hadlock C J, Pierce J R. New Evidence on Measuring Financial Constraints: Moving Beyond the KZ Index ［J］. Review of Financial Studies, 2010, 23 (5): 1909-1940.

［51］Haidar J I. Investor Protections and Economic Growth ［J］. Economics Letters, 2009, 103 (1): 1-4.

［52］Hambrick D C, Finkelstein S. Managerial Discretion: A Bridge between Polar Views of Organizational Outcomes ［J］. Research in Organizational Behavior, 1987, 9 (4): 369-406.

［53］Hambrick D C, Mason P A. Upper Echelons: The Organization as a Reflection of Its Top Managers ［J］. Academy of Management Review, 1984, 9 (2): 193-206.

［54］Hellmann T, Thiele V. Incentives and Innovation: A Multitasking Approach ［J］. American Economic Journal Microeconomics, 2011, 3 (1): 78-128.

［55］Hermalin B E, Michael S Weisbach. Information Disclosure and Corporate Governance ［J］. The Journal of Finance, 2012, 67 (1): 195-233.

［56］Hermalin B E, Weisbach M S. The Determinants of Board Composition ［J］. The RAND Journal of Economics, 1988, 19 (4): 589-606.

［57］Hermalin B E. Trends in Corporate Governance ［J］. The Journal of Finance, 2005, 60 (5): 2351-2384.

［58］Hillman A J, Dalziel T. Boards of Directors and Firm Performance: Integrating Agency and Resource Dependence Perspectives ［J］. Academy of Management Review, 2003, 28 (3): 383-396.

［59］Hirshleifer D. Are Overconfident CEOs Better Innovators ［J］. The Journal of Finance, 2012, 67: 1457-1498.

［60］Hoffman D E. The Oligarchs: Wealth and Power in the New Russia ［M］. New York: Public Affairs, 2002.

［61］Holmlstrom B. Pay without Performance and the Managerial Power Hypothesis: A Comment ［J］. Journal of Corporation Law, 2005, 30 (7) .

［62］Iskandar-Datta M E, Jia Y. Investor Protection and Corporate Cash Holdings around the World: New Evidence ［J］. Review of Quantitative Finance and Accounting, 2014, 43 (2): 245-273.

［63］Jaffe A B, Le T. The Impact of R&D Subsidy on Innovation: A Study of New Zealand Firms ［R］. National Bureau of Economic Research, 2015.

［64］Jain P, et al. Executives' Horizon, Internal Governance and Stock Market Liquidity ［J］. Journal of Corporate Finance, 2016, 10: 1-23.

［65］Jehn K A, Mannix E A. The Dynamic Nature of Conflict, A Longitudinal Study of Intragroup Conflict and Group Performance ［J］. Academy of Management Journal, 2001, 44: 238-251.

［66］Jensen M C, Meckling W H. Theory of the Firm: Managerial Behavior, Agency Costs and Ownership Structure ［J］. Journal of Financial Economics, 1976, 3 (4): 305-360.

［67］Jensen M C. The Modern Industrial Revolution, Exit, and the Failure of Internal Control Systems ［J］. Journal of Finance, 1993, 48 (3): 831-880.

［68］Jiang B, Murphy P J. Do Business School Professors Make Good Executive Managers? ［J］. The Academy of Management Perspectives, 2007, 21 (3): 29-50.

［69］Jiraporn P, Lee S M, Park K J, et al. How Do Independent Directors Influence Innovation Productivity? A Quasi-natural Experiment ［J］. Applied Economics Letters, 2018, 25 (7): 435-441.

［70］Jones D A. Voluntary Disclosure in R&D-Intensive Industries ［J］. Contemporary Accounting Research, 2007, 24 (2): 489-522.

［71］Kaplan S N, Zingales L. Do Investment-cash Flow Sensitivities Provide Useful Measures of Financing Constraints? ［J］. The Quarterly Journal of Economics, 1997, 112 (1): 169-215.

［72］Khan W A, Vieito J P. CEO Gender and Firm Performance ［J］. Journal of Economics and Business, 2013, 67: 55-66.

［73］ Kiel G C, Nicholson G J. Board Composition and Corporate Performance: How the Australian Experience Informs Contrasting Theories of Corporate Governance ［J］. Corporate Governance: An International Review, 2003, 11 （3）: 189-205.

［74］ Klapper L F, Love I. Corporate Governance, Investor Protection, and Performance in Emerging Markets ［J］. Journal of Corporate Finance, 2004, 10 （5）: 703-728.

［75］ Kleinknecht A. Firm Size and Innovation ［J］. Small Business Economics, 1989, 1 （3）: 215-222.

［76］ Knyazeva A, Knyazeva D, Masulis R W. The Supply of Corporate Directors and Board Independence ［J］. The Review of Financial Studies, 2013, 26 （6）: 1561-1605.

［77］ Krebs S A, et al. Virtual Teams and Group Member Dissimilarity Consequences for the Development of Trust ［J］. Small Group Research, 2006, 37: 721-741.

［78］ La Porta R, Lopez-de-Silanes F, Shleifer A, et al. Investor Protection and Corporate Valuation ［J］. The Journal of Finance, 2002, 57 （3）: 1147-1170.

［79］ Lamont O, Polk C, Saa-Requejo J. Financial Constraints and Stock Returns ［R］. National Bureau of Economic Research, 1997.

［80］ Larcker D F, Richardson S A, Tuna I. Corporate Governance, Accounting Outcomes, and Organizational Performance ［J］. Accounting Review, 2007, 82 （4）: 963-1008.

［81］ Lee E Y, Cin B C. The Effect of Risk-sharing Government Subsidy on Corporate R&D Investment: Empirical Evidence from Korea ［J］. Technological Forecasting and Social Change, 2010, 77 （6）: 881-890.

［82］ Leftwich R. Market Failure Fallacies and Accounting Information ［J］. Journal of Accounting and Economics, 1980, 2 （3）: 193-211.

［83］ Li H, Atuahene-Gima K. Product Innovation Strategy and the Performance of New Technology Ventures in China ［J］. Academy of Management Journal, 2001, 44 （6）: 1123-1134.

［84］ Lilienfeld-Total U V, Ruenzi S. CEO Ownership, Stock Market Performance, and Managerial Discretion ［J］. The Journal of Finance, 2014, 69 （3）:

1013-1050.

　　[85] Lin C, Lin P, Song F M, et al. Managerial Incentives, CEO Characteristics and Corporate Innovation in China's Private Sector [J]. Journal of Comparative Economics, 2011, 39 (2): 176-190.

　　[86] Lipton M, Lorsch J. A Modest Proposal for Improved Corporate Governance [J]. Business Lawyer, 1992, 48 (1): 59-77.

　　[87] Liu Y, et al. Do Women Directors Improve Firm Performance in China [J]. Journal of Corporate Finance, 2014, 8: 169-184.

　　[88] Luan C J, Tang M J. Where is Independent Director Efficacy? [J]. Corporate Governance: An International Review, 2007, 15 (4): 636-643.

　　[89] Luo Y, Huang Y, Wang S L. Guanxi and Organizational Performance: A Meta-analysis [J]. Management and Organization Review, 2012, 8 (1): 139-172.

　　[90] MacAvoy P W, Millstein I M. The Active Board of Directors and Its Effect on the Performance of the Large Publicly Traded Corporation [J]. Journal of Applied Corporate Finance, 1999, 11 (4): 8-20.

　　[91] Mahagaonkar P. Corruption and Innovation: A Grease or Sand Relationship [J]. Jena Economic Research Papers, 2008, 17.

　　[92] Mak Y T, Kusnadi Y. Size Really Matters: Further Evidence on the Negative Relationship between Board Size and Firm Value [J]. Pacific-Basin Finance Journal, 2005, 13 (3): 301-318.

　　[93] Manso G. Motivating Innovation [J]. The Journal of Finance, 2011, 66 (5): 1823-1860.

　　[94] Mcclelland P L, O'Brien J P. Transaction Cost Economics and Corporate Governance: The Case of CEO Age and Financial Stake [J]. Managerial and Decision Economics, 2011, 32 (3): 141-158.

　　[95] Mcginnis J D, et al. Executive Compensation and the Horizon Problem: A Synthesis of the Economics of Age and Decision Management [J]. Managerial Finance, 2013, 5 (19): 9405-9410.

　　[96] Michelon G. Sustainability Disclosure and Reputation: A Comparative Study [J]. Corporate Reputation Review, 2011, 14: 79-96.

　　[97] Musteen M, Barker V L, Baeten V L. CEO Attributes Associated with Atti-

tude Toward Change: The Direct and Moderating Effects of CEO Tenure [J]. Journal of Business Research, 2006, 59 (5): 604-612.

[98] Nguyen P, Rahman N, Tong A, et al. Board Size and Firm Value: Evidence from Australia [J]. Journal of Management & Governance, 2015, 20 (4): 1-23.

[99] Oakey R P, Thwaites A, Nash A. The Regional Distribution of Innovative Manufacturing Establishments in Britain [J]. Regional Studies, 1980, 3 (14): 235-253.

[100] Peng M W, Sun S L, Pinkham B, Chen H. The Institution-Based View as a Third Leg for a Strategy Tripod [J]. The Academy of Management Perspectives, 2009, 23 (3): 63-81.

[101] Pfeffer J, Salancik G R. The External Control of Organizations: A Resource Dependence Perspective [M]. California: Stanford University Press, 2003.

[102] Philippe A. Innovation and Institution Ownership [J]. American Economic Review, 2013, 103: 277-304.

[103] Plumlee R David, Marlene A. Assurance on XBRL for Financial Reporting [J]. Accounting Horizons, 2008, 22 (3): 353-368.

[104] Posner R A. Aging and Old Age [M]. Chicago: University of Chicago Press, 1995.

[105] Renée B Adams, Poole J, Rohatgi S, et al. What Do Boards Do? Evidence from Board Committee and Director Compensation Data [J]. Social Science Electronic Publishing , 2005.

[106] Rothschild M, Stiglitz J. Equilibrium in Competitive Insurance Markets: An Essay on the Economics of Imperfect Information [J]. The Quarterly Journal of Economics, 1976, 90 (4): 629.

[107] Scaltrito D. Is Voluntary Disclosure Value Relevant? Evidence from Italian Listed Companies [J]. The International Journal of Business and Finance Research, 2016, 10 (2): 17-30.

[108] Schellenger M H, Wood D D, Tashakori A. Board of Director Composition, Shareholder Wealth, and Dividend Policy [J]. Journal of Management, 1989, 15 (3): 457-467.

[109] Schmitz J A. Imitation, Entrepreneurship, and Long-run Growth [J].

Journal of Political Economy, 1989, 97 (3): 721-739.

[110] Schwartz-Ziv M, Weisbach M S. What Do Boards Really Do? Evidence from Minutes of Board Meetings [J]. Journal of Financial Economics, 2013, 108 (2): 349-366.

[111] Serfling M A. CEO Age and the Riskiness of Corporate Policies [J]. Journal of Corporate Finance, 2014, 25: 251-273.

[112] Sharma. Board Composition and Innovation [J]. Applied Finance Letters, 2016, 5 (2): 12-27.

[113] Shen S, Jia J. Will the Independent Director Institution Work in China [J]. Loyola of Los Angeles International and Comparative Law Review, 2005, 27 (2): 223-247.

[114] Shleifer A, Wolfenzon D. Investor Protection and Equity Markets [J]. Journal of Financial Economics, 2002, 66 (1): 3-27.

[115] Silva A L C D, Leal R P C. Corporate Governance Index, Firm Valuation and Performance in Brazil [J]. Revista Brasileira De Finanças, 2005, 3 (1): 1-18.

[116] Simsek Z. CEO Tenure and Organizational Performance: An Intervening Model [J]. Strategic Management Journal, 2007, 28 (6): 653-662.

[117] Singh Manohar, Davidson N Wallace. Agency Costs Ownership Structure and Corporate Governance Mechanisms [J]. Journal of Banking and Finance, 2003, 27 (5): 793-816.

[118] Spence A. Market Signaling [M]. Cambridge, MA: Harvard University Press, 1974.

[119] Spence A M. Job-Market Signaling [J]. Quarterly Journal of Economics, 1978: 283-306.

[120] Sundaramurthy C, Lewis M. Control and Collaboration: Paradoxes of Governance [J]. Academy of Management Review, 2003, 28 (3): 397-415.

[121] Thursby J G, Thursby M C. Who is Selling the Ivory Tower? Sources of Growth in University Licensing [J]. Management Science, 2002, 48 (1): 90-104.

[122] Tian X, Wang T Y. Tolerance for Failure and Corporate Innovation [J]. Review of Financial Studies, 2014, 27 (1): 211-255.

[123] Tsui A S, Xin K, Egan T. Relational Demography: The Missing Link in

Vertical Dyad Linkage [M]. American Psychological Association, 1995.

[124] Tsui A S. When Both Similarities and Dissimilarities Matter: Extending the Concept of Relational Demography [J]. Human Relations, 2002, 8: 899-929.

[125] Vafeas N. Board Meeting Frequency and Firm Performance [J]. Journal of Financial Economics, 1999, 53 (1): 113-142.

[126] Wang S L, Terra M. The Marital Satisfaction of Differently Aged Couples [J]. Journal of Population Economics, 2017, 3: 21-26.

[127] Warther V A. Board Effectiveness and Board Dissent: A Model of the Board's Relationship to Management and Shareholders [J]. Journal of Corporate Finance, 1998, 4 (1): 53-70.

[128] Weisbach M S. Outside Directors and CEO Turnover [J]. Journal of Financial Economics, 1988, 20: 431-460.

[129] Westphal J D. Collaboration in the Boardroom: Behavioral and Performance Consequences of CEO-board Social Ties [J]. Academy of Management Journal, 1999, 42 (1): 7-24.

[130] Whited T M, Wu G. Financial Constraints Risk [J]. Review of Financial Studies, 2006, 19 (2): 531-559.

[131] Xiao G. Legal Shareholder Protection and Corporate R&D Investment [J]. Journal of Corporate Finance, 2013, 23: 240-266.

[132] Yermack D. Higher Market Valuation of Companies with a Small Board of Directors [J]. Journal of Financial Economics, 1996, 40 (2): 185-211.

[133] Zahra S A, Neubaum D O, Huse M. Entrepreneurship in Medium-size Companies: Exploring the Effects of Ownership and Governance Systems [J]. Journal of Management, 2000, 26 (5): 947-976.

[134] Zahra S A, Pearce J A. Boards of Directors and Corporate Financial Performance: A Review and Integrative Model [J]. Journal of Management, 1989, 15 (2): 291-334.

[135] Zhang H, Wang M, Jiang J, et al. Investor Protection and Stock Crash Risk [J]. Pacific-basin Finance Journal, 2017, 43: 256-266.

[136] Zhou J, Lan W. Investor Protection and Cross-border Acquisitions by Chinese Listed Firms: The Moderating Role of Institutional Shareholders [J]. International

Review of Economics & Finance，2017（56）：438-450.

[137] 蔡贵龙，张亚楠，徐悦，卢锐. 投资者—上市公司互动与资本市场资源配置效率——基于权益资本成本的经验证据 [J]. 管理世界，2022（8）：199-217.

[138] 陈明明，张国胜，孙秀. 国有企业、政府补贴与企业创新供给——基于上市工业企业的实证研究 [J]. 当代财经，2016（10）：34-44.

[139] 陈志军，赵月皎，刘洋. 不同制衡股东类型下股权制衡与研发投入——基于双重代理成本视角的分析 [J]. 经济管理，2016，38（3）：57-66.

[140] 初旭. 董事会治理对企业战略转型驱动及实施保障的影响研究 [D]. 天津：南开大学，2013.

[141] 党印. 公司治理与技术创新：综述及启示 [J]. 产经评论，2012，3（6）：62-75.

[142] 邓晓飞，辛宇，滕飞. 官员独立董事强制辞职与政治关联丧失 [J]. 中国工业经济，2016（2）：130-145.

[143] 丁维国，穆秋予，王丽敏. CEO 注意力对公司创新战略的影响：两职合一的作用 [J]. 产业经济评论（山东大学），2015，14（1）：73-84.

[144] 范建红，陈怀超. 董事会社会资本对企业研发投入的影响研究——董事会权力的调节效应 [J]. 研究与发展管理，2015（5）：22-33.

[145] 冯祯缘. 中小投资者权益保护微型评价指数的建立研究 [J]. 广西质量监督导报，2019（10）：45-46.

[146] 高明华，蔡卫星，等. 中国上市公司董事会治理指数报告 2015 [M]. 北京：经济科学出版社，2015.

[147] 高明华，蔡卫星，赵旋，等. 中国上市公司中小投资者权益保护指数报告 2015 [M]. 北京：经济科学出版社，2015.

[148] 高明华. 创造低制度成本的营商环境 [N]. 经济参考报，2017-03-23（008）.

[149] 高明华，等. 中国公司治理分类指数报告 No.16 [M]. 上海：中国出版集团东方出版中心，2017.

[150] 高明华，等. 中国上市公司自愿性信息披露指数报告 [M]. 北京：经济科学出版社，2014.

[151] 高明华，苏然，方芳，等. 中国上市公司董事会治理指数报告

（2013）［M］. 北京：经济科学出版社，2013.

［152］高明华，苏然，方芳. 中国上市公司董事会治理评价及有效性检验［J］. 经济学动态，2014（2）：24-35.

［153］高明华. 用市场化机制激发企业家最大潜能［J］. 董事会，2017（10）：37-39.

［154］龚红. 董事会结构、战略决策参与程度与公司绩效［J］. 财经理论与实践，2004，25（128）：103-107.

［155］韩鹏，岳园园. 企业创新行为信息披露的经济后果研究——来自创业板的经验证据［J］. 会计研究，2016（1）：49-55.

［156］郝文杰，鞠晓峰. 智力资本对高技术企业绩效影响的实证研究［J］. 北京理工大学学报，2008（5）：467-470.

［157］何威风. 高管团队垂直对特征与企业盈余管理行为研究［J］. 南开管理评论，2015，18（1）：141-151.

［158］贺小刚，李新春. 企业家能力与企业成长：基于中国经验的实证研究［J］. 经济研究，2005（10）：101-111.

［159］胡国柳，章翔，曾春华. 董事高管责任保险、中小投资者权益保护与企业技术创新［J］. 软科学，2018，32（7）：89-92+138.

［160］胡奕明，唐松莲. 独立董事与上市公司盈余信息质量［J］. 管理世界，2008（9）：149-160.

［161］胡元木，纪端. 董事技术专长、创新效率与企业绩效［J］. 南开管理评论，2017，20（3）：40-52.

［162］黄继承，盛明泉. 高管背景特征具有信息含量吗？［J］. 管理世界，2013（9）：144-153+171.

［163］黄泽悦，罗进辉，李向昕. 中小股东"人多势众"的治理效应——基于年度股东大会出席人数的考察［J］. 管理世界，2022（4）：159-185.

［164］姜付秀，黄磊，张敏. 产品市场竞争、公司治理与代理成本［J］. 世界经济，2009，32（10）：46-59.

［165］姜付秀，支晓强，张敏. 投资者利益保护与股权融资成本——以中国上市公司为例的研究［J］. 管理世界，2008（2）：117-125.

［166］蒋小敏. 友好型董事会对公司治理的影响分析［J］. 现代管理科学，2011（5）：53-55.

［167］金智，徐慧，马永强．儒家文化与公司风险承担［J］．世界经济，2017（11）：170-192.

［168］孔东民，刘莎莎．中小股东投票权、公司决策与公司治理——来自一项自然试验的证据［J］．管理世界，2017（9）：101-115+188.

［169］黎文靖，孔东民，刘莎莎，邢精平．中小股东仅能"搭便车"么？——来自深交所社会公众股东网络投票的经验证据［J］．金融研究，2012（3）：152-165.

［170］李德玲．创新型企业创新发展战略研究［J］．中国科技论坛，2007（7）：19-22.

［171］李宏彬，李杏，姚先国，等．企业家的创业与创新精神对中国经济增长的影响［J］．经济研究，2009（10）：99-108.

［172］李慧云，郭晓萍，张林，等．自愿性信息披露水平高的上市公司治理特征研究［J］．统计研究，2013，30（7）：72-77.

［173］李维安，孙文．董事会治理对公司绩效累积效应的实证研究——基于中国上市公司的数据［J］．中国工业经济，2007（12）：77-84.

［174］李维安，徐建．董事会独立性、总经理继任与战略变化幅度——独立董事有效性的实证研究［J］．南开管理评论，2014，17（1）：4-13.

［175］李文贵，余明桂．民营化企业的股权结构与企业创新［J］．管理世界，2015（4）：112-125.

［176］李小荣，刘行．CEO vs CFO：性别与股价崩盘风险［J］．世界经济，2012，35（12）：102-129.

［177］林洲钰，林汉川，邓兴华．政府补贴对企业专利产出的影响研究［J］．科学学研究，2015（6）：842-849.

［178］刘超，原毅军．结构资本视角下企业价值模型的动态分析［J］．工业技术经济，2008（5）：128-130.

［179］刘华芳，杨建君．大股东参与度、战略共识与企业突破式创新的实证研究［J］．管理学报，2013，10（7）：1034-1040.

［180］刘善仕，孙博，葛淳棉，等．人力资本社会网络与企业创新——基于在线简历数据的实证研究［J］．管理世界，2017（7）：88-98.

［181］刘鑫．基于年龄视角的CEO接班人遴选机制对企业战略创新的影响［J］．管理学报，2015，12（5）：668-678.

［182］鲁桐，党印．投资者保护、创新投入与企业价值［J］．金融评论，2012，4（5）：15-33+122.

［183］鲁桐，孔杰．2004年中国上市公司100强公司治理评价［J］．国际经济评论，2005（3）：37-43.

［184］陆国庆，王舟，张春宇．中国战略性新兴产业政府创新补贴的绩效研究［J］．经济研究，2014（7）：44-55.

［185］陆万军，张彬斌．夫妻收入差别和年龄差距会影响幸福感吗？——来自微观数据的经验证据［J］．南方人口，2017，32（1）：14-24.

［186］罗正英，李益娟，常昀．民营企业的股权结构对R&D投资行为的传导效应研究［J］．中国软科学，2014（3）：167-176.

［187］马骏，席酉民，曾宪聚．战略的选择：管理认知与经验搜索［J］．科学学与科学技术管理，2007（11）：114-119.

［188］马连福，冯慧群．董事会资本对公司治理水平的影响效应研究［J］．南开管理评论，2014（2）：46-55.

［189］毛其淋，许家云．政府补贴对企业新产品创新的影响——基于补贴强度"适度区间"的视角［J］．中国工业经济，2015（6）：94-107.

［190］潘红波，杨海霞．利益相关者"创新关注"促进了企业创新吗——来自深交所"互动易"的证据［J］．南开管理评论，2022，25（3）：85-96.

［191］彭中文，李力，王媚华．政治关联、公司治理与研发创新——基于高端装备制造业上市公司的面板数据［J］．湖南师范大学社会科学学报，2015，44（2）：124-131.

［192］饶育蕾，丁庆锋，陈地强．儒家文化与公司高管—员工薪酬差距——基于权力距离的视角［J］．厦门大学学报（哲学社会科学版），2022（2）：47-60.

［193］饶育蕾，游子榕，梅立兴，等．CEO年龄、公司风险与风险决策行为［J］．财经理论与实践，2015（6）：50-57.

［194］申慧慧，吴联生．股权性质、环境不确定性与会计信息的治理效应［J］．会计研究，2012（8）：8-16+96.

［195］申尊焕．董事会行为：一个新的研究课题［J］．董事会，2008（1）：84-85.

［196］沈艺峰，肖珉，林涛．投资者保护与上市公司资本结构［J］．经济研

究，2009，44（7）：131-142.

[197] 盛丹，王永进. "企业间关系"是否会缓解企业的融资约束 [J]. 世界经济，2014，37（10）：104-122.

[198] 史春玲，王茁. 投资者保护、财务独立董事与盈余管理 [J]. 会计之友，2020（8）：18-25.

[199] 宿金香. 电子信息行业企业 R&D 投入的影响因素研究 [D]. 南京：南京农业大学，2008.

[200] 唐跃军，吕斐适，程新生. 大股东制衡、治理战略与信息披露——来自 2003 年中国上市公司的证据 [J]. 经济学（季刊），2008（2）：647-664.

[201] 田轩，孟清扬. 股权激励计划能促进企业创新吗 [J]. 南开管理评论，2018，21（3）：176-190.

[202] 王斌，童盼. 董事会行为与公司业绩关系研究——一个理论框架及我国上市公司的实证检验 [J]. 中国会计评论，2008，6（3）：255-274.

[203] 王昌林，蒲勇健. 企业技术创新中的控制权激励机制研究 [J]. 管理工程学报，2005（3）：52-56.

[204] 王健忠. 董事长—CEO 代际年龄差距对企业研发投入的影响研究 [J]. 金融评论，2018（1）：68-86.

[205] 王金秋，蔡荣，黄承捷. 政治资本、集体声誉与民营企业融资约束 [J]. 宏观经济研究，2019（1）：37-48+136.

[206] 王鹏，张俊瑞. 董事会独立性与会计稳健性关系研究 [J]. 山西财经大学学报，2009，31（5）：109-117.

[207] 王旭. 技术创新导向下高管激励契约最优整合策略研究——企业生命周期视角 [J]. 科学学与科学技术管理，2016，37（9）：143-154.

[208] 王跃堂，朱林，陈世敏. 董事会独立性、股权制衡与财务信息质量 [J]. 会计研究，2008（1）：55-62.

[209] 吴建祖，曾宪聚，赵迎. 高层管理团队注意力与企业创新战略——两职合一和组织冗余的调节作用 [J]. 科学学与科学技术管理，2016（5）：170-180.

[210] 吴文锋，吴冲锋，刘晓薇. 中国民营上市公司高管的政府背景与公司价值 [J]. 经济研究，2008（7）：130-141.

[211] 吴文锋，吴冲锋，芮萌. 中国上市公司高管的政府背景与税收优惠

［J］.管理世界，2009（3）：134-142.

［212］夏瑞卿.企业的领导权结构对技术创新的影响——基于上市公司的实证研究［J］.当代经济管理，2014，36（7）：11-16.

［213］夏芸，唐清泉.我国高科技企业的股权激励与研发支出分析［J］.证券市场导报，2008（10）：29-34.

［214］谢绚丽，赵胜利.中小企业的董事会结构与战略选择——基于中国企业的实证研究［J］.管理世界，2011（1）：101-111.

［215］谢永珍.董事会治理评价研究［M］.北京：高等教育出版社，2006.

［216］谢志华，崔学刚，杜海霞，等.会计的投资者保护功能及评价［J］.会计研究，2014（4）：34-41+95.

［217］谢志华，张庆龙，袁蓉丽.董事会结构与决策效率［J］.会计研究，2011（1）：31-37.

［218］辛宇，黄欣怡，纪蓓蓓.投资者保护公益组织与股东诉讼在中国的实践——基于中证投服证券支持诉讼的多案例研究［J］.管理世界，2020（1）：69-87+235.

［219］徐宁，张阳，徐向艺."能者居之"能够保护子公司中小股东利益吗——母子公司"双向治理"的视角［J］.中国工业经济，2019（11）：155-173.

［220］许婷，杨建君.股权激励、高管创新动力与创新能力——企业文化的调节作用［J］.经济管理，2017，39（4）：51-64.

［221］严若森，钱晶晶.董事会资本、CEO股权激励与企业R&D投入——基于中国A股高科技电子行业上市公司的经验证据［J］.经济管理，2016（7）：60-70.

［222］严子淳，薛有志.董事会社会资本、公司领导权结构对企业R&D投入程度的影响研究［J］.管理学报，2015（4）：509-516.

［223］杨慧军，杨建君.股权集中度、经理人激励与技术创新选择［J］.科研管理，2015，36（4）：48-55.

［224］杨建君，王婷，刘林波.股权集中度与企业自主创新行为：基于行为动机视角［J］.管理科学，2015，28（2）：1-11.

［225］杨建君，张峰，孙丰文.企业内部信任与技术创新模式选择的关系［J］.科学学与科学技术管理，2014，35（10）：94-104.

[226] 杨林，俞安平．企业家认知对企业战略变革前瞻性的影响：知识创造过程的中介效应 [J]．南开管理评论，2016，19（1）：120-133.

[227] 杨林．管家理论与代理理论的比较分析——对上市公司董事会与CEO关系指导思想的一种新阐释 [J]．管理评论，2003（10）：34-39.

[228] 杨其静．企业成长：政治关联还是能力建设？[J]．经济研究，2011（10）：54-94.

[229] 杨洋，魏江，罗来军．谁在利用政府补贴进行创新？——所有制和要素市场扭曲的联合调节效应 [J]．管理世界，2015（1）：75-86.

[230] 杨震宁，赵红．中国企业的开放式创新：制度环境、"竞合"关系与创新绩效 [J]．管理世界，2020，36（2）：139-160.

[231] 叶志强，赵炎．独立董事、制度环境与研发投入 [J]．管理学报，2017，14（7）：1033-1040.

[232] 伊志宏，姜付秀，秦义虎．产品市场竞争、公司治理与信息披露质量 [J]．管理世界，2010（1）：133-141+161+188.

[233] 于连超，张卫国，毕茜．盈余信息质量影响企业创新吗？[J]．现代财经（天津财经大学学报），2018，38（12）：128-145.

[234] 曾湘泉，周禹．薪酬激励与创新行为关系的实证研究 [J]．中国人民大学学报，2008（5）：86-93.

[235] 张峰，杨建君．股东积极主义视角下大股东参与行为对企业创新绩效的影响——风险承担的中介作用 [J]．南开管理评论，2016，19（4）：4-12.

[236] 张建君，张闫龙．董事长—总经理的异质性、权力差距和融洽关系与组织绩效——来自上市公司的证据 [J]．管理世界，2016（1）：110-120+188.

[237] 张洁梅．自愿性信息披露的影响因素——基于董事会治理视角 [J]．经济管理，2013，35（7）：154-160.

[238] 张龙，刘洪．高管团队中垂直对人口特征差异对高管离职的影响 [J]．管理世界，2009（4）：108-118.

[239] 张照南，王裕，姜越群．监督还是干扰：中小股东积极主义与企业财务风险 [J]．财务研究，2020（2）：71-83.

[240] 张志波．现代管家理论研究述评 [J]．山东社会科学，2008（11）：155-158.

[241] 张宗新，张晓荣，廖士光．上市公司自愿性信息披露行为有效

吗？——基于 1998—2003 年中国证券市场的检验 [J]. 经济学（季刊），2005（1）：369-386.

[242] 赵洪江，夏晖. 机构投资者持股与上市公司创新行为关系实证研究 [J]. 中国软科学，2009（5）：33-39.

[243] 赵旭峰，温军. 董事会治理与企业技术创新：理论与实证 [J]. 当代经济科学，2011（3）：110-116.

[244] 郑志刚，吕秀华. 董事会独立性的交互效应和中国资本市场独立董事制度政策效果的评估 [J]. 管理世界，2009（7）：133-144.

[245] 周城雄，赵兰香，李美桂. 中国企业创新与并购关系的实证分析——基于 34 个行业 2436 个上市公司的实证分析 [J]. 科学学研究，2016，34（10）：1569-1575.

[246] 周建，金媛媛，袁德利. 董事会人力资本、CEO 权力对企业研发投入的影响研究——基于中国沪深两市高科技上市公司的经验证据 [J]. 科学学与科学技术管理，2013（3）：170-180.

[247] 周建，李小青，金媛媛，等. 基于多理论视角的董事会—CEO 关系与公司绩效研究述评 [J]. 外国经济与管理，2011，33（7）：49-57.

[248] 周建，李小青. 董事会认知异质性对企业创新战略影响的实证研究 [J]. 管理科学，2012（6）：1-12.

[249] 周建，许为宾. 产权、董事会领导权分离模式与企业战略变革 [J]. 经济管理，2015，37（4）：51-60.

[250] 周小宇，符国群，王锐. 关系型导向战略与创新导向战略是相互替代还是互为补充——来自中国私营企业的证据 [J]. 南开管理评论，2016，19（4）：13-26.

[251] 周云. 家庭成员年龄特点与家庭养老 [J]. 中国人口科学，2000（2）：28-33.

[252] 朱湘忆. 真实盈余管理、产权性质与创新绩效 [J]. 中央财经大学学报，2020（5）：53-64.

[253] 佐斌，高倩. 熟悉性和相似性对人际吸引的影响 [J]. 中国临床心理学杂志，2008，16（6）：633-636.

后　记

本书是在我博士论文的基础上修改完善而成的，博士毕业后参加工作已经五年有余，回首博士研究生三年多的时光，如白驹过隙，虽然短暂，但是过得充实而有意义，自身也得到了一定的提升，算是正式开启了自己的科研生涯。

首先，特别感谢我的恩师高明华教授，高老师治学严谨，诲人不倦，不仅在学业上给予我无私的帮助和鼓励，而且在生活上也是关怀备至。每次与老师交谈都如沐春风，老师的一言一行都对我有着潜移默化的影响，是我求学、治学甚至为师的楷模，更是我一生做人的榜样。特别是在写作过程中，老师的指导让我的撰写能力有了较大程度的提升，使我对研究的理解也上了一个台阶。

其次，衷心感谢给我提供过宝贵建议和解答过我疑惑的博士班的同学们，他们的优秀同样激励着我不断前行。同时还要感谢我家人多年来的支持，无论我遇到什么困难，他们都是我坚强的后盾。

再次，感谢聊城大学学术出版基金对本书出版的支持，在本书的写作和出版过程中，商学院的领导和老师们给予了我极大的鼓励与专业的指导，从提供丰富的学术资源到给予宝贵的时间和空间让我能全身心地投入到写作中，每一份支持都至关重要且意义非凡。在此，我衷心地向聊城大学商学院的领导和同事们表达我最深厚的感激之情。

最后，感谢经济管理出版社的张昕编辑，感谢她为本书的出版付出的辛苦和努力。还要感谢对本书进行细致入微审阅和修改的编审老师们，是他们让这本书能够以更好的面貌呈现在读者面前。

王健忠

2024 年 8 月 20 日于聊城